《道德经》品读

李永刚　董在权　著

东南大学出版社
SOUTHEAST UNIVERSITY PRESS
·南京·

内 容 简 介

《道德经》是中国春秋时期老子的哲学作品,是道家哲学思想的重要来源。本书作者精心研究《道德经》多年,颇有心得,对其有独特的见解。作者在研究中国传统文化经典的基础上编写该书,以浅显易懂的语言,逐章逐句地解读老子《道德经》的内容,并重点解读《道德经》的核心思想,力求深入浅出,让读者全面了解《道德经》的思想智慧,帮助读者理解其中的哲学思想和在现实社会中的作用及价值,体现中国优秀传统文化的博大精深,引导读者感受中国传统文化的智慧。

图书在版编目(CIP)数据

《道德经》品读 / 李永刚,董在权著. -- 南京:东南大学出版社,2024.5
ISBN 978-7-5766-1102-1

Ⅰ.①道… Ⅱ.①李… ②董… Ⅲ.①《道德经》-研究 Ⅳ.①B223.15

中国国家版本馆 CIP 数据核字(2023)第 256717 号

责任编辑:张新建　责任校对:李成思　封面设计:王　玥　责任印制:周荣虎

《道德经》品读
《Daodejing》Pindu

著　　者:	李永刚　董在权
出版发行:	东南大学出版社
社　　址:	南京四牌楼 2 号　邮编:210096　电话:025-83793330
网　　址:	http://www.seupress.com
出 版 人:	白云飞
经　　销:	全国各地新华书店
印　　刷:	徐州绪权印刷有限公司
开　　本:	880 mm×1230 mm　1/32
印　　张:	13.875
字　　数:	350 千字
版　　次:	2024 年 5 月第 1 版
印　　次:	2024 年 5 月第 1 次印刷
书　　号:	ISBN 978-7-5766-1102-1
定　　价:	78.00 元(精)

本社图书若有印装质量问题,请直接与营销部联系。电话(传真):025-83791830。

为天地立心，
为生民立命，
为往圣继绝学，
为万世开太平。

北宋·张载

前　言

春秋之际，道统失序，诸侯纷争，老子遁世。

他骑青牛，至函谷，受守关将领尹喜之请，留下体道真言五千多字，然后西出流沙，不知所终。

两千多年来，老子其人其书，给后世人们留下了太多的神秘与思考。于道教，他是神仙道祖、道德天尊、太上老君；于尘世，他是圣哲。老子的道德智慧犹如北斗，一直光而不耀、直而不肆地润养着民族认知，使人们在精进中学会淡静，在自强中学会"有所为，有所不为"。

鲁迅先生说："不读《道德经》一书，不知中国文化，不知人生真谛。"当我们有幸沉下心来，能以亲敬的心情认认真真地品读几年《道德经》的时候，才能慢慢体会到什么叫作中国文化的博大精深，什么叫作人生路上的精神和畅、身体健康、工作顺利、生命充实。

自二十世纪末以来的二十余年中，我们喜读《道德经》，多种版本相互参照，越是难懂之处，越想推求究竟。久之，便渐渐有了一些自己的感悟和见解，并且认为，道家的"有无是一"与佛家的"色空不二"，虽表述不同，但理性相通，而佛道两家关于"有无"与"色空"的理性见地，又与物理学家们的实验结果有着惊人的相似之处。我们认为，这或许就是"先知"与

"后证"的某种必然联系。时空是无限的，人类对宇宙真相和天地玄机的科学探索也是永无止境的。

《道德经》是春秋时期那个特殊历史阶段的经世之作。老子"观天之道，执天之行"，始终把着眼点落在"爱民治国"上。他的许多话，是直接讲给天子、诸侯们听的。他劝诫统治者要"少私寡欲""无为治世"，也痛愤统治者的"失德悖道"和"生生之厚"，并告诉他们"不道早已"。大德老子的心是极度悲天悯人的。

我们合作撰写《〈道德经〉品读》，主要立足于两个基本点：第一，尽最大可能贴近老子原意，感悟老子，承认老子的"道"是宇宙人生的终极真实。第二，彰显老子"爱民治国"的思想初衷和天地智慧。凡读《道德经》者，如能从心底注重这两点，便可达到人生的大格局与大智慧及大境界。我们二人均系教师出身，一个早年在辽宁中医药大学经年讲授中医基本理论课程，一个一直生活修行于道观之中，并且长期从事道教协会的道教文化研究工作与教育工作。《黄帝内经》的"天人合一"思想，与老子"道法自然"的哲学思辨理出一辙，而中医文化的思想构架，实质就是中国道家文化的重要分支。这一点决定了我们读《道德经》时，既感亲切，又觉方便。由于我们教师身份的职业习惯，所以本书的编写格式，有点儿接近教材体例，对《道德经》的每一章，都"抽象"出一个提纲挈领的标题，然后是题解、原文、直译、读解、小结。在读解中，根据不同内容，又随机立出若干个小标题，有利于分清层次，也随机介绍点儿读书体会，虽然难以准确表达老子的本意，但也力求无限贴近老子。

由于我们才疏学浅,对《道德经》的"品读"也仅仅是个人的读书体会与修行感悟,且我们的生命修为没在圣哲境界,所以不敢言"解",只敢说"品"与"读"。我们共同品读《道德经》,在书中以作者视角叙述时,有时"我"即代表"我们",有时代表我们其中之一。望广大读者不吝赐教,诚愿与有缘者互相交流学习,不断共同提高各自的修养。

李永刚　董在权
2023年仲秋于江苏省茅山风景区
大茅峰脚下青竹斋

目　录

上　篇

绪　论	001
第 一 章　道本一元　众妙之门	007
第 二 章　自然道理　对立统一	016
第 三 章　为而无为　则无不治	023
第 四 章　大道渊远　象帝之先	028
第 五 章　多言数穷　不如守中	033
第 六 章　谷神不死　天地之根	037
第 七 章　天长地久　大德长久	042
第 八 章　上善若水　为而不争	047
第 九 章　功遂身退　天之道也	053
第 十 章　修褉玄德　爱民治国	059
第十一章　有无利用　无乃大用	071
第十二章　物欲伤人　虚静为宝	075
第十三章　以身作则　可托天下	079
第十四章　执古之道　御今之有	085
第十五章　得道之人　微妙玄通	091
第十六章　归根复命　知常曰明	097
第十七章　为政之道　贵言守信	103

第十八章	道德仁义	各有千秋	108
第十九章	见素抱朴	少私寡欲	113
第二十章	独异于人	而贵食母	118
第二十一章	孔德之容	唯道是从	125
第二十二章	效法自然	无为不争	132
第二十三章	希言自然	为政贵简	138
第二十四章	企者不立	跨者不行	142
第二十五章	天地规则	道法自然	145
第二十六章	重为轻根	静为躁君	153
第二十七章	抱玄守一	是谓要妙	157
第二十八章	修禊常德	大制不割	162
第二十九章	天下神器	不可为也	168
第三十章	物壮则老	不道早已	172
第三十一章	佳兵不祥	有道不处	177
第三十二章	道常无名	无为自化	183
第三十三章	知人者智	自知者明	189
第三十四章	不自为大	而成其大	196
第三十五章	大象无形	其用无穷	200
第三十六章	国之利器	不可示人	203
第三十七章	道常无为	而无不为	208

下　篇

绪　论 …… 213

第三十八章	上德不德	是以有德	215
第三十九章	万物得一	就是守道	222
第四十章	道之真谛	贵在反观	228
第四十一章	道隐无名	善贷且成	234

第四十二章	万物存续	秉承道性	243
第四十三章	无为之益	天下希及	250
第四十四章	知足不辱	知止不殆	254
第四十五章	大成若缺	其用不弊	257
第四十六章	知足之足	可以常足	262
第四十七章	天道有常	不见而明	266
第四十八章	为学日益	为道日损	270
第四十九章	圣人之心	百姓之心	274
第 五 十 章	出生入死	道说生死	278
第五十一章	道德造化	表里相应	284
第五十二章	见小曰明	守柔曰强	289
第五十三章	大道甚夷	而民好径	295
第五十四章	修德养真	兼济天下	299
第五十五章	含德之厚	比于赤子	305
第五十六章	知者不言	言者不知	309
第五十七章	以正治国	以奇用兵	313
第五十八章	祸福倚伏	孰知其极	319
第五十九章	治人事天	俭省积德	324
第 六 十 章	治理大国	若烹小鲜	328
第六十一章	立世之道	谦卑处下	332
第六十二章	道无弃人	有求可得	337
第六十三章	天下难事	必作于易	342
第六十四章	其安易持	未兆易谋	347
第六十五章	以智治国	国之贼也	352
第六十六章	江海处下	不争自成	356
第六十七章	我有三宝	持而保之	360
第六十八章	善战不怒	善胜不与	367

第六十九章	抗兵相加	哀者胜矣	371
第 七 十 章	知我者希	则我者贵	376
第七十一章	圣人不病	以其病病	381
第七十二章	民不畏威	则大威至	385
第七十三章	天网恢恢	疏而不失	389
第七十四章	民不畏死	莫以死惧	393
第七十五章	上之有为	乱世之源	397
第七十六章	强大处下	柔弱处上	401
第七十七章	天道合理	自调盈虚	404
第七十八章	受国之垢	谓社稷主	408
第七十九章	天道无亲	常与善人	412
第 八 十 章	小国寡民	返璞归真	417
第八十一章	信言不美	善者不辩	423

后记 ……………………………… 427

上 篇

绪 论

从《道德经》的第一章"道可道,非常道",到第三十七章"道常无为而无不为",古来习称《道经》。

什么是"道"?"道"为何物?这是一个品读《道德经》时必须推究的问题。

实际情况是,人在道中,不知有道。就像人们天天在说话,而不须考虑什么是语法一样,没有人能简单地说清什么是"道"。因为"道"太大了,其大无外,无所不包;而"道"又很小,其小无内,不可再分。世间的一切,都是"道",又都不是真正的"道"。

那么,什么是真正的"道"呢?可以这样回答:真"道"是"无",它很难说。但是,难说也得说。老子说了八十一章,五千多字;我们逐字逐句读解《道德经》,用了三十多万字。

在此,由博返约,来把老子很想说清的"道",以"上篇绪论"的形式做一个总体的概括。目的就是让读者对老子的"道"有一个概括性把握,以便贴近老子而感悟《道德经》的谆谆道启。

道,不是老子的发明,而是老子的发现。他发现了宇宙的本原,发现了天地万有的根源,老子称之为"道"。在老子的观察与"证得"中,"道",是"无物之物",也是纯粹的理性,还是万物遵循的法则，更是人类谋求平安长久的终极依靠。"道"所表达的，是宇宙人生的终极真实。

根据这样一个评断，我们想把老子很想说清但又很难说清的"道"，归纳为三个层面。

第一，"道"是物质，是"无物之物"。这个"无物之物"是创造宇宙万有的本原。

为了能说清老子的"道"，我们必须先了解老子。

老子是"修道有得"的大德，具备"致虚极，守静笃"的超凡能力，用他自己的话说，叫"独异于人"。有人说，老子是身在人间、心在宇宙看世界的智者。在生命科学研究领域，有太多事实说明，人的灵性具备"超凡"能力，人们把这种能力称作"第四意识"。

日本人村田晴彦在《第四意识的奇迹：人类能量的新型刺激法》一书中提到，德马修（美）、克莱门兹（英）、黑格林等认为：第四意识，是意识中的真空状态；第四意识，是一切能量的本原；世界上一切自然法则的全部潜在力的秘密，都藏在这个本原之中。

在春秋那个天下大乱的时期，老子是忧国忧民的大德隐士，他分析着天下纷争的根源，探索着爱民治国的出路。他把人生的意义向上推求，并在"致虚极，守静笃"的意识状态下，发现了万有的根源，发现了"道"，并把"道"作为他生命的立足点和归宿地。

老子的伟大，首先在于他有超常的能力和智慧，其次在于他能把宇宙真相和天地真知告诉人们。老子做到了"无为而无不为"。

在《道经》里，每当老子在描述"道"的时候，他总是处在"恍恍惚惚"的境界之中。在"恍恍惚惚"之中，他发现了

"其中有象……其中有物……其中有精；其精甚真，其中有信"，并断言"天下万物生于有，有生于无"。老子发现了宇宙的隐秘。

伦敦大学理论物理学家狄贝德·鲍姆说：人的肉眼所看见的世界，实际上，只是肉眼所看不见的世界的表现。宇宙的整体，是全息的物质。

我们所面对的这个世界，是显在世界，显在世界只是真实世界的一个侧面；而另一个侧面，是潜在世界。潜在的，才是本原。道家、佛家、科学家，都是这个观点。

今时的科学家们，正在用科学实验的手段，不断解读着宇宙的奥秘。以不确定性原理闻名的著名物理学家，也是诺贝尔奖获得者沃纳·海森堡指出：这个世界，往日科学一直按外在世界与内在世界、精神与物质的习惯分类法来理解。今天，我们应该懂得，我们所在的现实世界，乃是相对的世界，不过是绝对世界的一个侧面；而另一侧面，是暗在世界，即第四意识世界，也就是真空世界。实际的世界，是这两个侧面合成的整体世界。就基本粒子而言，宇宙万物，本质上，都是一种物质。比如夸克，这是很小的粒子，同时它以波的形式存在。这就是说，粒子与波，同时表示一个实体，它们不过是夸克的两个侧面罢了。空间的波动产生物质。

还有，原子物理科学家波洛尹博士也指出：光与波的世界和物质与基本粒子的世界，不是两个分别的（世界）而是同一个世界。从某种意义上说，我们人类也是一种物质，所以，凡是适用于物质的规律，也都适用于人本身。

我们相信，科学家的验证，与道家、佛家的核心理性，说的都是一回事。

《道德经》断言："天下万物生于有，有生于无。"老子认为

"有无是一"，"两者同出而异名，同谓之玄。玄之又玄，众妙之门"。世间万物，都是从同一个"无物之物"中"变现"出来的。

《心经》说，"色不异空，空不异色，色即是空，空即是色"。

佛道两家理论的建立，都是源于在"第四意识"状态下的认知。有一点我们必须确信，"圣人"是不会说谎的。

基于对"先知"与"后证"的考量，综合道家、佛家、科学家的认识，有理由认定："道是物质"，是"反物质""潜物质"，它以光与波的形式存在，应当属于夸克、玻色子之类。它是"无物之物，无状之状"，充斥宇宙，遍布虚空，质量巨大，能量无穷。"空间的波动，产生物质。"在西方宗教界，这应当属于对"上帝造物"的解读，那是当时科学的无奈。而老子则称之为"道"，并认定它是"天地之始""万物之母"，"其用不穷"。

在当时的社会背景和历史局限下，老子是无论如何也没办法说清楚自己的认知的，所以也只能归结为"玄"。而今天看来，老子当是揭示真实宇宙另一个侧面的朴素的唯物论者。老子的建树，没有迷信可言。

第二，"道"是天地规律、宇宙法则，是古朴的唯物辩证法思想，是纯粹的理性。

不可否认，世界是物质的，包括老子的"道"。物质是运动的，运动是物质的存在方式和固有属性。运动着的物质有着同一规律，这个总规律是对立统一，相反相成，从量变到质变，物极必反。一切存在着的事物，都在运动变化之中，并且最终都会走向自己的反面。这种规律，自然而然，天生如此，没有为什么，也不为什么。所以《道德经》说："反者道之动。"他告诉人们，看事物不要只看一面，要看到两面。自然规律，也就是法则，可谓"天网恢恢，疏而不失"，无可逃脱。这就是"道"，是纯粹理性层面的"道"，它是从"物性"里面"运动"出来的。

我们所面对的这个世界，从精神到物质，从宏观到微观，从一事物的外部到一事物的内部，都是按对立统一、相辅相成这个法则构成的。一切事物都是既对立又统一的矛盾共同体。这在《易经》中叫"一阴一阳之谓道"，在《道德经》中叫"万物负阴而抱阳"。毛泽东则说："没有矛盾就没有世界。"

《道德经》说，"正复为奇，善复为妖"，"物壮则老，是谓不道，不道早已"。所以，老子告诉人们要效法天道，守柔守静，无为自化，不争无忧，知止不殆，这样可以防止走向极端，从而可以天长地久。

第三，"道"是世间规范、人生准则，是天理民心，是人类谋求平安长久的终极依靠。

世间万物，都是按照自然属性去运作和存续的。唯有人类，灵性太大，能力太强，且私欲难控，贪得无厌。所以，人类需要教化，需要文化。老子找到了教育世人的根本途径，就是"弘道"，向天地学习，少私寡欲、不争无忧、守雌守静、知白守黑、安时处顺。他告诉人们，无私才能成就自己，不争可以成就大争。老子告诉人们怎样做才合乎自然，他反对人为的刻意，认为虚伪强加，效果不好。《道德经》的准则，是柔性的，需要用悟性去理解，能悟到，便可直达人心。

老子的"道"，不是说教，他以"出世"的智慧，告诉人们如何做好"入世"，所以道家的理性与儒家的规范，在立足点上有着天壤之别。道家是站在宇宙看地球，立足天道谈人世；而儒家是站在地上看人间，忠君孝亲排人伦。两者虽境界不同，但是可以相互补充。社会人群都是俗人，而圣人只是人类智慧的代表。在人类社会里，仁义礼智信、忠孝忍静和是必须要有的，但只要心中有"大道"，所有这些则都是"替代品"。

　　总之，"道"的内存总体可分为三个层面，它在《道德经》中被混称为"道"。其一是物质，是"无物之物"，它是构成天地万物的本原，一切有形，皆来自道，万物同属于道。其二是规律，一切有形物质的存续，都是按对立统一、相反相成这个法则构成的。事物在运动变化中，最终都要走向自己的反面。《道德经》告诉人们，怎么做才能"天长地久""没身不殆"。其三是法则，也叫规范。《道德经》的规范是没有规范，是告诉人们道法自然，顺其自然，有所为，有所不为。其中要妙，尽在全书八十一章之中，需要细细感悟。能入心，才是自己的。

第一章
道本一元　众妙之门

▶[题解]

"道"，是老子哲学的专有名词和核心概念。在本章，老子开宗明义，以极凝练的笔触，阐明了"道本是无，无能生有"的道的一元论思想。亦即，"道"是创造万物和支配万物的本原，天地间一切有形的东西，都是从无形的"道"中变化出来的。这种结论，是老子以"无欲观妙，有欲观徼"的洞察力"观照"并"证得"出来的。世间万物，从"无"中而来，生生化化，最后，再回归于无，回归于道，没有尽时。其中奥妙，实在是玄之又玄，深不可测。但总而言之，世间万物不论它是以"有"的形式存在，还是以"无"的形式回归，都是道的"变现"。道是"众妙之门"。

两千多年前，老子哲学以"道创万物"立论，这与古代西方哲学认为上帝创造一切的学说相比，显得更具唯物主义的理性光辉，也为中华民族"天人合一"世界观的确立，增添了精妙的理论根基。

▶[原文]

　　道可道，非常道。名可名，非常名。
　　无，名天地之始；有，名万物之母。

故常无欲，以观其妙；常有欲，以观其徼。

此两者同出而异名，同谓之玄。玄之又玄，众妙之门。

▶[直译]

道，如果可以用语言来表述，那它就不是恒常不变的真实的"道"。名，如果可以用名称来界定，那它就不是恒久长存的事物。

道是"无"，可以名为天地的资始。"无"生"有"，可以名为万物的"生母"。

因此，经常把身心置于"无欲"的状态，以此可以"观照"到道的变化的奥妙。亦常将身心置于"有欲"的状态，以此可以观察到万物的存在状态。

有和无，两者的本原是一，同出于道，名称各异而已，都可以称作玄妙。天地造化的玄妙无穷，道正是一切奥妙的由来与根源。

▶[读解]

道超物外　真道难说

"道可道，非常道。"意即，"道"是可以说的，但是，能用语言界定并表达出来的"道"，就不是那个无物无形、恒存无名的道。言外之意，能说的，均是道的表象，是人间所能理解并且可以遵循的道，而不是常道（恒道）。

那么，什么是"常道"？其原本为"恒道"。"恒"，是永恒之意。但汉代时为避文帝刘恒之讳，改"恒"为"常"。

"常道"，若借用佛家《心经》的观念来解读，它的性体是

"不生不灭，不垢不净，不增不减"的妙有真空。它"其大无外"，无始无终，恒存不变。"道"在哲学概念里，具有两大属性：一是"超越性"，即"道"超物外，独立不改，永远不随万物的生灭而生灭，即便是地球没了，太阳毁灭了，"道"依旧存在。二是"内存性"，即"道"在万物中，万物在"道"中。一花一世界，一叶一菩提。宇宙万物，是一体的，是全息的。比如：一个细胞，可以克隆出一个动物；一粒种子，又复制出一棵植株。每个细胞，每粒种子，其中都有"道"。

为什么会这样？现代人说：有基因。为什么有基因？回答说：不可穷究，这是"道"。没有为什么，也不为什么。道，本来如此。否则，世间便什么都没有了。在佛界，称作"如来"，天生即如此，如如不动，恒存不改，无所从来，亦无所去。

所以，真道难说，言语道断。因为人类是生活在一个相对的时空当中，其观念和语言都是相对的、局限的。以人的能为，能够体悟到大道的人极少，所以孔子在解读《易经》时说："百姓日用而不知，故君子之道鲜矣。"鲜，即是少。

凡属有名　皆是过程

"名可名，非常名。"意即，名，如果可以用名称来界定，那它就不是恒久长存的事物。老子说的是："道"造化了万物，也造化了人。人类，是万物灵长，极具智慧，为了生产生活，为了方便交流，创造了语言文字，便有了观念和概念。这样，给某个东西起个名字，当然是必须的了。比如：山川河海、日月星辰、东西南北、上下左右。人们在交流中离不开概念的界定。但是人类在一个相对的环境中所界定的一切，都是相对的，不是长久的，更不是永恒的。比如秦皇汉武，早成了历史。人们熟悉的"BB机"，它的生命也只有十几年。

老子告诉人们，世间存在着的一切"有名"的东西，到最后都要回归于"无"。地球、太阳也是如此，有生必有灭。

有形有名的物质如此，而无形无名的观念更是如此。站在宇宙看地球，这个星球是无所谓上下左右和东西南北的。这就是"境界"问题。在地球上，你站在沈阳，说北京是在西边；站在山东，北京就在北边。从广义上讲，一切都是相对的。

人间的事，没有绝对，都是相对的。这就是"名可名，非常名"。一切存在着的事物，都有发展变化的过程，都是"滚滚长江东逝水"。这一点，古人早就看透了。另外，人类给物类起的名字，也只是一个代号，并不能完全反映出事物的内在本质。

"无"是本原　开天辟地

"无，名天地之始。"意即，在天地万物尚未显现，而处在"无"的状态时，可以称为天地的资始状态。此处的"名"字，作动词用，作"称谓"解。

关于宇宙万物的来源，科学家倾向于"宇宙爆炸说"，因为这种现象，在球外星云中还在发生着。同时，天外的黑洞，也正在以不可思议的引力，吞噬着周边的一切，包括光在内。

我们的祖先很伟大，他们常常借助神话故事，来描述还原天地自然的伟大，借以确立人类自身在天地自然中的位置。

比如，讲述盘古开天辟地故事的《三五历纪》一书说："天地混沌如鸡子，盘古生其中，万八千岁。天地开辟，阳清为天，阴浊为地，盘古在其中。一日九变，神于天，圣于地。天日高一丈，地日厚一丈，盘古日长一丈。如此万八千岁，天数极高，地数极深，盘古极长。"虽着墨不多，却把天地人的由来、天地人的关系、天地人的神圣、天地人的演化，包括阴阳二气的相对关系，都尽述其中。而所谓"盘古日长一丈"是神话，在现实世界中指的就不是肉体，而是人类的"神于天，圣于地"的神圣智慧。现实中，人类不是已经能登上月球，并正在不断探索外太空吗？

"混沌"状态，就是物质的无形无名的未分状态。《道德经》第二十五章中描述的"有物混成，先天地生"，就是这种状态。老子勉强给它起个名字，叫作"道"。无形无名，可以解读为"无"。在哲学上，这叫建立概念。也正是这个混混沌沌的"无"，才是天地开辟的原始基础。所以老子立言："无，名天地之始。"

"有"是展现　"无"指道存

"有，名万物之母。"意即，当"无"生化出"有"的时候，"道"可称作是万物的母体，即本原的意思。

《道德经》说"无"，不是真无，不是空无一物。《道德经》说"有"，是大有，是万有，在此不指某一特定事物。无能生有，所以无是母，有是子。就哲学上的逻辑关系而言，两者是不能分开的。在存在界，有子必须有母，无母何以为子。母子关系确定之时，就是母子概念确立之际，两者是同时产生的，没有先后。

所以，道又是万物之母。这是道的造化之功。

无欲观妙　有欲观徼

"故常无欲，以观其妙；常有欲，以观其徼。"老子说：因此，我们常把意念置于"无欲"状态，以此"观照"道的奥妙；也常将身心置于"有欲"的状态，以此观察道化万物的客观现象。

老子用字，极其简约，点到即止，内存深广。"无欲"二字，是体道悟道功夫。现在的人们将其称作"打坐""入静""禅定""静功"等。在生命科学研究领域，将其称为"第四意识"状态，即意识的真空状态。佛家说："唯有空空是大道。"在没有六根（眼、耳、鼻、舌、身、意）和六尘（色、声、香、味、触、法）干扰的境界下，"入静"者"神于天，圣于地"的"本性真如"便自然显露出来了。佛家称其为"真我"，亦叫佛性，即觉性。此时，可以做到视有为无，色空不二。孙猴子跳不出如来佛祖的手掌心，是神话，也不是神话。"如来"，即本来如此，这是佛家智慧的善巧。真懂佛理的人，并不迷信，不向外求，而是自求，求自己的本心，把命运交给自己。

学习《道德经》，需要了解老子。他是超凡脱俗的圣人，实际上，他的造化应当超越圣人。在《黄帝内经·上古天真论》中，黄帝把修行得道之人分为三个层次，即真人、至人、圣人。在道教里，老子位列"真人"之序。老子时代，佛教在印度刚刚诞生，还没传到中国，但就道、佛两家对宇宙人生的感悟认知而言，理性相通，万法归宗。因为宇宙天地只有一个，真理只有一个。

我们之所以在解读《道德经》时提到佛学，是因为"他山之石，可以攻玉"，用其他的途径是难以阐明老子的"无欲观妙"的。

这里的"观"字，指"观照"，是佛学用语，它不是用感观去看，而是用人的自性灵光去"观照"，也是"观照"一个真实的世界，去"观照"常人感观系统所看不到的一面。一般情况下，"观照"到什么，不说，叫不偏有，不偏无，不着相，不泄天机。

老子所说的"妙"，点到即止。他在《道德经》后面的许多章节中，多次提到了他的"观照"的情景。比如："致虚极，守静笃。万物并作，吾以观复，夫物芸芸，各复归其根。"仅在这里，老子留下的玄机就很大，像时空隧道，进入其中可以追溯历史。所以他的"形而上"的见地，被人们称为玄学。"玄"的本意不是玄乎，而是深奥，深不可测。至今，人类对宇宙仍有太多的不解。如牛顿的"万有引力"学说，只能解释地球上的事物，但是地球为什么亘古围着太阳转而不偏离，他却无法解释。到最后，他只好回归宗教，解读为"那是上帝的托举"。

也就是说，人类永远不可以狂妄自大，必须尊重自然，道法自然。

至于"常有欲，以观其徼"，就无须太多解释了。徼：音（较）jiào，边界之意。可以引申为世间万物的形形色色，形象特征。这是老子用感观考察万物的一种方法。此处的"观"字，当做"观察"而不是"观照"解。

总之，"妙"是观"无"，是内观之妙；"徼"是观"有"，是观察事物迹象。

有无是一　万物一体

"此两者同出而异名，同谓之玄。玄之又玄，众妙之门。"老子提示人们：道是以"无"和"有"两种形态存在的。人们的感观看不到的那面，概念上叫"无"。而感观能感知的那面，概念上叫"有"。两者同出于道，称谓不同而已。无能生有，有又化无，其中的变化是非常玄妙莫测的。宇宙间万类事物的无穷变化，都是道的造化之功，所以，道是"众妙之门"。

有是道，无是道，二者为一，是谓"大道"。佛家讲"色空不二"，反复强调"不二法门"。两者殊途同归，佛、道两家，讲的都是天地间最后的真实。越是顶级的科学家往往越能够承认"圣人的理性"，这是真正的科学态度。

进入"化境"的人是可以做到视有为无,视色为空的。这是第四意识的奇观,是意念的功夫。心即是佛,人就是神,妙即是道。"神"字以"示"和"申"二字会意构成,指的是人的智慧潜能之"展示延伸"而已。这就是道,是妙。

我们中国人自古就倡导天人合一的世界观。只有在深刻地感悟古圣先贤的思想时,才能对中国文化的博大精深有所体会。

▶ [小结]

本章是《道德经》的开篇,略略数语,其内在却涵盖了宇宙、天地、万物的由来。有许多人欲读《道德经》,但是一翻开此书此篇,便顿觉看不懂,遂望而却步,望洋兴叹。也有太多的人只记住"道可道,非常道。名可名,非常名"几个字。

我们读《道德经》十几年,并且参阅了古今十多个"解老"的版本,方对老子的思想略知一二,或曰有点感悟。我们的体会是,读《道德经》需要一遍一遍地通读,在能够达到"以经解经"的熟悉程度之后,才能够较好地体悟到《道德经》的真意。同时,还需要在精神层面真信老子的天道观。

本章,老子阐述了如下内容:

一、"道"不可说,真"道"难说,能说的都不是真"道"。因为"道"是"无",但它却是宇宙万有的本原、本体。在解读上,我们可以把"道"理解为三种情况:

1. "道"是无物之物、暗物质,它无中生有地创造了一切。
2. "道"是天地规律、宇宙法则,它支配一切,裁判一切。
3. "道"是人间规范、天地良知,是人性中固有的东西。

也就是说,在不同的语言环境中,在不同的判断前提下,"道"的内涵是不一样的。总而言之,"道",不是具体的东西,而是一种纯粹的理性概念。"道"很大,其大无外,任何一种人间的理性都没有办法把它说清楚。这就是"道可道，非常道"。

二、一切有形，都不长存。有名必有实，有实就有灭，这是"名可名，非常名"的真谛。一切存在，到头来都归空、归无、归灭。唯有道，能够永恒，无生无灭。

三、一切都从无中走来，一切都从"道"的"无"中而生出"有"。有和无，是一个事物的两个方面，把两个方面加到一块儿，才能算得上"圆满"的认识事物的方法。但世俗社会只认识"有"，而不认识"无"，这是圣凡两界在认识论上的差异。所以人性的最大缺点是贪婪，且放不下。

四、老子认识事物的方法是二分法，一是"无欲观妙"，二是"有欲观徼"。"无欲观妙"是内观法、心观法，是一种"禅态"，是一种没有时空限制的天人合一的状态。宇宙奥秘，尽在心中，明白四达，无所不晓。这正如中医《黄帝内经》的成书，书中对天人关系的描述，尤其是对五运六气、星象人体、经络腧穴、气脉周天的描述，都是大觉者的认知。没有修道、得道、明道的功夫，没有"内证"的功夫，是写不出《黄帝内经》这种天人之学的。"有欲观徼"则是用肉眼观察。无欲是观无的，有欲是观有的。这是圣人观察事物的方法。

五、无，是形而上学；有，是形而下学。"道"超一切有形之外，又在一切有形之中。无和有，是一个事物的两个方面，老子称之为"两者同出而异名"。比如，几十年前没有你，几十年后你又没了，但是，你的那个"自性真灵"则是永恒的、轮回的、不灭的，这是"道"，而不是"迷信"。

第二章

自然道理　对立统一

▶ [题解]

在本章，老子用他的"道本一元"的思想，来告诫现实生活中的人们：人类社会所建立的某些观念，以及人们所追求的某些价值取向，往往都是有所偏颇的。美与丑，是同胞兄弟；善与恶，是孪生姐妹。有如难和易、长和短、高和低、前和后一样，任何事物，都既对立又统一，既相反又相成，这是永恒不变的道理。

所以，老子把"天理"引入人间，提出"处无为之事"，"行不言之教"的处世原则和治世主张，同时也告诉人们：道生万物，但从不居功。人若如此，便能平安长久。

如果说，《道德经》的第一章是古朴的唯物论，那么第二章便是自发的辩证法。《道德经》此后各章的观点立论与谆谆教诲，都是一以贯之地建立在老子的古典哲学基础之上的。

唯物辩证法的基本观点是：世界是物质的，物质是第一性的，是运动的。物质运动的基本规律是，对立统一，相反相成，相互转化，并最终走向事物自身的反面。

▶ [原文]

　　天下皆知美之为美，斯恶已；皆知善之为善，斯不善已。

故有无相生，难易相成，长短相较，高下相倾，音声相和，前后相随。

是以圣人处无为之事，行不言之教。

万物作焉而不辞，生而不有，为而不恃，功成而弗居。

夫唯弗居，是以不去。

▶[直译]

当天下人都知道怎样才算是"美"的时候，同时也就有了"丑"的观念；都知道怎样才算作"善"的时候，同时就有了"不善"的跟随。

所以，有无相互产生，难易相互促成，长短相互比对，高低相互衬形，音声相互配合，前后相互跟随。

因此，圣人以无为的态度处世，以不言的方法施教。

这样，万物自然运作而不会辞去，生养万物不为己有，培育万物不恃己能，成就万物不居己功。

正是因为不居己功，所以功绩便永远不会离去。

▶[读解]

美丑同根　善恶一体

"天下皆知美之为美，斯恶已；皆知善之为善，斯不善已。"这两句原文如果稍做展开来读解，意思是：如果天下人都知道按着美的界定去评价美，追求美，那么，丑恶的观念和事物也就同时产生。都知道什么是善的观念而去为善，那么，不善的一面也会同时展露。

唯物辩证法认为，没有任何事物是孤立存在的，没有矛盾就没有世界。凡事都如双刃剑。

什么是美？什么是丑？自然界中本无美丑。动物有灵，只知雌雄，不知美丑，这是"道"。"食色，性也"，"性"就是本能。

美和丑的观念界定，是人为"造作"的。人不但具本能，而且有思想，能创造。人有人的"造化"，这无可厚非。可惜的是，人有私心，欲念无穷。某个君王一旦得了天下之后，就想按着个人的意志去支配天下，自我享乐。

春秋之际，以"窈窕"为美，所以就出现了"楚王好细腰，宫中多饿死"的现象。唐朝时期，以"丰腴"为美，唐明皇独宠杨贵妃，结果整个后宫被冷落，并且出了"安史之乱"。

当今时代，有的人以整容为美，结果损害了身体，不可收拾，把整容变成了毁容。

人间的"美"，没有固定形态，莫要妄心乱动。跟着的，是丑恶。

什么是美？只能说"自然是美"。人间的价值判断，应当以自然为坐标。所以聪明人，不做作，不刻意，保持朴素自然，落落大方。

善，也是如此。有"善"的出现，随之就有"恶"的区分，更有"假善"的跟随。贪占了许多钱去求神拜仙，捐了许多款，为的是保命，你说他是"善"还是"恶"？

美丑的标准在天地，是无我无私、大公无私。老天下雨浇地，从不收钱，不求回报，不知下雨，这才是大美。

有时候，人们的动机是好的，但结果却是坏的。家长总怕孩子缺营养，结果喂出个胖子，还得减肥，甚至吃药治病，折腾一番。善恶美丑，相对相随。

总之，围绕《道德经》的一个字，可以展开说许多。所以感悟《道德经》，贵在举一反三。否则，任何一个例子，都难圆本意。

有无难易　相反相成

"故有无相生，难易相成，长短相校，高下相倾，音声相和，前后相随。"《道德经》中的这段话很美，也很好懂。但重要的不是文字，而是哲思。

哲人有句话，叫作"凡是存在，就是道理"。什么是道理？"道"所表露在外的事物，就是"理"，合称"道理"。把它放在哲学范畴去说，叫"辩证法"。懂哲理的人，办事不走极端。中国文化讲"中庸"，"执其两端用其中"。这在哲学上叫"度"，就是恰到好处。

说到哲学问题，我想到一件事。早些年我回老家，有位我中学时的老师问我："在权，你说事物为什么会相反相成？"我愣了一会儿，说："没法儿回答。用咱们乡下的土话说，天生就这样。"

如果是现在，我就会说，"没有为什么，这是道"。如果不这样，也就没有一切。

是这样的，虫子有公母，电线有两根，花儿要授粉，天气有阴晴。世间的一切都在对立统一的矛盾法则中运行。

有所作为　有所不为

"是以圣人处无为之事，行不言之教。"这两句话，分量很重，有三个概念需要理清一下：

一是"圣人"，老子常用。"圣人"没有固定划一的概念标准。它出自老子口中，自然就是指世事洞明、极具道德修养的人。《道德经》所讲的"道德"二字，是天地概念，不是现在人们所说的"道德"规范。老子、孔子是圣人,庄子、孟子叫"亚圣"。圣人的标准很高。实际上,老子言"圣人",是隐晦地说给当时的统治者们听的,他希望王权"圣明"。因为那时的普通人没书可念。

二是"无为"。无为不是不作为,而是不妄为,不为所欲为。老子明确希望,人的作为要依道而行,最好是达到"无为而无不为"的境界。老子的"无为"主要是指"少私寡欲"。

事物总是按着自己的规律去发展的,它从来不以人们的主观意志为转移。"九层之台,起于累土",循序渐进,不悖实际,才是"道"。

三是"不言之教"。不言,不是不说话,而是少说话,慎说话,说有用的话。老子的另一层意思是,希望统治者们不要政令多颁,不要过多地干扰社会的自然运作,不要过多地把上层的意志强加给百姓。《道德经》在后边的章节里强调"我无为则民自化"。

少说话,多干活,祸从口出,多言无益,"身教胜于言教"。说得再好,做得不行,不如不说。好事,做了不说,才叫高尚。

《中庸》中说:"慎思之,明辨之,笃行之。"

孔子从而立之年开始,讲学到七十三岁。佛祖释迦牟尼讲经说法四十九年,没有停时。离世前,他们都说自己"什么都没说","是在替天说话"。因为天地无言,但什么都做了。

老子是在尹喜的盛邀下,仅仅留下五千多字长存于世,而其人,便再也不知所之了。他无我,无私,少言。

老子真正做到了有所为而有所不为,也做到了有所言而有所不言。他的理性光芒,与日月同辉。《道德经》的每个字,似乎都有太多的内在,总让人们发掘不止,这就是"无为之益""不言之教"。老子给人们留下了许多的"悟道"空间。

功成不居　功德永存

"万物作焉而不辞，生而不有，为而不恃，功成而弗居。夫唯弗居，是以不去。"意即，（天地在"无为"且"不言"的状态下）万物都在自然中生长运作而不止息。天地自然生长万物而不为己有，有所作为而不恃己能，造化一切而不居功自傲。正是因为不居功，因此，它的作为和功绩才不会消失。

以天理，说人文，有理有据，有礼有节，这是老子的智慧。他隐晦地提醒统治者，希望他们做圣人，或向圣人学习，无为而少言，不要瞎折腾，不要以主人自居，居位自高，自恃己能，以为自己就是天下的主宰。只有向天地精神学习，依"道"而行，才能长久。

中国历史上的改朝换代，多数都是因为君主无道。而今，又有多少单位的荣辱兴衰，都是随着当权者的意志品质而展开的。

人们的意识形态的定位，就是"灵魂支配机体"的问题。

毛泽东同志有一句名言："人间正道是沧桑。"此言也可用来解释"夫唯弗居，是以不去"。

▶[小结]

在本章，老子环环相扣地讲了如下问题：事物总是有"正"必有"反"的，即使是人们主观界定的"美"和"善"的观念，同样也会有"恶"和"不善"同时相生，随后而至。他在文中列举的"有无相生……前后相随"等例证，旨在强调这是自然之理。一切事物的发展，绝不以人的主观愿望为转移。美好愿望的实施，不一定就会有美好的结果。所以，老子反对不合常理的主观刻意，主张顺应自然规律办事。这是他提出"处无为之事""行不言之教"的理论根据。

　　在本章中，老子用"圣人"的概念，隐晦提醒天下的统治者，不要有太多的人为造作，真正的真、善、美，是合乎自然、顺乎自然的。上边"无为""无言"，下边才会"万物作焉而不辞"。"不辞"，也暗喻着百姓不离开的意思。老子言辞谦卑，但极具张力。所以，统治阶层要学习天道"生而不有""功成弗居"的精神。这样，天下才能长治永安。

　　老子讲整体论，讲辩证法，总是有的放矢，发人深省，极具治世安民的契机与契理之深意。

第三章
为而无为　则无不治

▶[题解]

公元前五世纪前后，史称"春秋"时期。这一时期的特点是：人们的思想比较解放，生产力发展比较快速，剩余价值相对较多，思想文化比较活跃。实际上，这是中国社会从奴隶制向封建制转型的动荡时期。周朝天子势力衰弱，分封诸侯不统于王，为争财富，相互间弱肉强食，攻伐兼并，战端四起。

如何治世？诸子百家各有主张。儒家主张"克己复礼"；法家主张"严明法纪"；墨家主张"兼爱非攻"；兵家主张"武以定国"；纵横家不断"合纵连横"，善于用计。到头来，天下还是战乱难息。

老子，是乱局中的隐士。他深刻地分析了天下动乱的原因，根源是人们的欲望不止。所以，他在遁世之前，以其"大道无为"为依据，提出了"无为"治世的思想主张，并且提出了较为具体的解决办法，诸如"不尚贤""不贵货""不见可欲""虚心""实腹"等等。他主张恢复"道统"。老子的思想，无论过去、现在、将来，都可具历史与现实意义。

▶[原文]

不尚贤，使民不争；

不贵难得之货，使民不为盗；
不见可欲，使民心不乱。
是以圣人之治，虚其心，实其腹；弱其志，强其骨。
常使民无知无欲，使夫知者不敢为也。
为无为，则无不治。

[直译]

不崇尚贤能的名分，使人们不争名夺利；
不以难得的财物为贵，使人们不生偷盗之心；
不展示可以刺激欲望的一面，使人们不乱心志。
因此，圣人治理天下，虚静人们的心灵，满足人们的温饱，削弱人们的志向，强健人们的筋骨。
常使人们不用智巧，消减欲望，使那些足智的人不敢乱为。
只要遵循"无为"的理性，则没有不好治理的事情。

[读解]

浮华可欲　生乱之源

"不尚贤，使民不争。"意即，不人为地推崇那些可以勾起人们欲念的名分，便不会有争名夺利的事情发生。

"贤"不是自然的产物，而是人为的概念，属于"有为"的产品。一般而言，德才兼备没有什么不妥，但人有私心，做起事易走样。从古到今，都是如此。

在官场，人们总有名利之争，有时不择手段，黑白颠倒。任人唯贤与任人唯亲，界限不清。

在民间，为了评选先进，人们常大动脑筋，但也不免鱼龙混杂，多有负面影响产生。人为操作，良莠不齐。

"不贵难得之货，使民不为盗。"意即，不彰显奇珍异宝，使人们不会起盗心，做盗贼。《易经》有"慢藏诲盗"一词，意思是财物不好好收藏，就等于诱导盗贼来偷。所以老子与孔子对话时说："良贾深藏若虚。"不要张扬，低调做人。

"不见可欲，使民心不乱。"意即，不展示可以引起欲望的事物，可使人们不胡思乱想。"见"，在古文中是"现"的通用。不"现"就无所"见"。

当今社会，"可欲"的事物太多。为了生活质量好一点，不知有多少人欲念不遂，心烦意乱，焦躁不安。又不知有多少心灵脆弱者，不堪压力，年少轻生。

老子认为，"尚贤""贵货""见可欲"等名与实的现实存在，是引起人们心灵不静和社会动乱的根源。治理社会，须从细节具体做起。它既是根源，也是表现形式，当标本兼治。

圣人之治　虚心实腹

"是以圣人之治，虚其心，实其腹；弱其志，强其骨。常使民无知无欲，使夫知者不敢为也。"意即，因此，圣人治理社会的方法是，虚静人们的心灵，保证人们的温饱，削减人们的追求，强壮人们的筋骨。使人们处于不动心计、知足无欲的状态。良好的社会环境，会使那些有智慧的人也不敢胡作非为。

此章内容，有人说老子倡导"愚民"，我们认为可能是"愚者见愚"，不懂《道德经》。看一看当今世界，人在此处，可以在网络上作案彼处，连信息带金钱，一概不拒。能做"网贼"的，大多是"智者"，难道他比"愚者"好吗？

老子说的"愚"，本意是"大智若愚"。能做大事的智者，没有斤斤计较的时间，也没有邪魔鬼祟式的聪明。有大智慧的人心系天下，胸怀道德，纯朴无邪，认可吃亏是福。

"虚其心",是说怎么教育人。"实其腹",是说"民以食为天"。"弱其志",是告诉人们不要想入非非。"强其骨",是让人们身体健康。

老子的语言,常常是内存广泛,也常常是正话反说。

国家如果有一个良好的社会风气,自会消解乱象滋生的情况,从而达到"使夫知者不敢为也"的目的。比如2007年,有人说"不炒股票,不倒房子,就是傻子"。人们随波逐流,催生着"泡沫",滋生着危机。当整个社会都以"得"为念的时候,便是物质嚣张而道德晦暗的时候。

为而无为　民安国泰

"为无为,则无不治。"这里的第一个"为",是"作为"。一个人,一个家庭,一个单位,一个国家,为了生存不可能无所事事。不作为怎么生存？老子提出的"无为",是指不要胡作非为,任意而为。老子强调天地"无为而无不为",是想让人们也懂得这个道理。其中关键是少私寡欲。

社会稳定,首先得"民安"。民若乱了,哪有国家太平。"高以下为基"嘛！但是,上边有治理的责任,叫"我无为则民自化"。这是相辅相成的关系。

▶[小结]

《道德经》第一章讲"本体论",第二章讲"辩证法",本章是讲"实践论"。三章内容看似风格不一,实则逻辑连贯,共同构筑了《道德经》思想体系的基础。

一个学术体系、一个学说的提出,关键是在用,在于能用管用。汉朝定国后,推崇"黄老"之学,即黄帝和老子的主张,文帝和景帝致力于朝政和社会的休养生息,"无为"治世,去除

"苛政",所以出现了史上有名的"文景之治",奠定了大汉江山四百年基业。社会稳定了,物阜民丰了,后来董仲舒便提出了"独尊儒术"的主张,因为儒家讲"忠君",所以儒家思想就逐渐成为封建统治阶级治世的主流思想。

但是,一旦出现社会变革,造反派们又常常打出"替天行道"的口号。所以儒家思想,在中国历史上也是数经折腾,时起时伏。

道家思想之所以未能成为历史上的主流思想,是因为它提倡谦卑,极隐晦,只讲天道,不言忠君,虽能警世,使君民受益,但也会导致统治者经常挨批。不过,道家思想一直平平静静,润物无声,备受尊重。

在本章,老子找到了"乱世"的根源是"有欲",提出了"治世"的方法是"无为"。更可贵的是,提出了解决问题的办法是"不尚贤""不贵货""不见可欲"。虽然几千年过去了,但对今日人们而言,仍然极具领悟价值。

真有道德修养的人,往往都能淡泊名利,活得超脱。

第三章 为而无为 则无不治

第四章
大道渊远　象帝之先

▶[题解]

这一章内容，是老子"观照并证得"道的真实存在时的记录，或叫感叹。因为道不可说，所以老子只能用"似"或"象"（像）来描述。

感悟《道德经》，我们必须了解和承认老子其人具有"我与天地万物共往来"的能力，那是一种超凡的"化境"。庄子的著述常有"化境"的描述。有达官向庄子请教"道"，结果是听不懂，庄子说"夏虫不可以语冰"。因为夏虫没有见过冰，所以说了他也听不懂。

人外有人，天外有天，这是一个境界问题。古代先哲仰观天文，俯察地理，中知人事，乃至洞悉天外，不行而知。五千年文明所积淀下来的博大精深，很难用文字细致说清。

在本章，老子描述的"挫其锐，解其纷，和其光，同其尘"的"道性"，也足以使智慧者受益终身。

▶[原文]

　　道冲，而用之或不盈。
　　渊兮，似万物之宗。

挫其锐，解其纷，和其光，同其尘。
湛兮，似或存。
吾不知谁之子，象帝之先。

▶[直译]

道以冲和的状态造化万物，其作用似乎是没有极限的。
是那么渊深啊！像是万物的宗根。
它挫掉锐气，解除纷争，调和光芒，混同于尘垢。
是那么深沉啊！像是若有若无地存在着。
我不知道它是怎么来的，好像是在天帝出现之前就已经存在了。

▶[读解]

道冲造化　没有极限

"道冲，而用之或不盈。"意即，道以冲和的状态造化万物，它的作用似乎是没有极限的。

古人写书没有标点，所以给后人解读时带来许多猜想，标点的位置不同，意思就不一样。这一句，有的书干脆不标标点，有的书是"道，冲而用之或不盈"。分析发现，这是对"冲"字的理解不同造成的。比如有许多书都认为："冲"，古字为"盅"，引申为虚。但我认为，还是以"冲气"理解为妥。

"冲"是动词，"盅"是名词，两者表意各不相同。解读《道德经》，需要通读全书，才能较完整地理解老子的思想体系，对有关表述要相互印证，才能较好地掌握《道德经》的本意。比如《道德经》第四十二章说："道生一，一生二，二生三，三生万物。万物负阴而抱阳，冲气以为和。"据此，我们可以知道，这里的"冲"字，指的是"冲气"。"道生一，一生二"，二是什么？二是阴阳二气。阴阳二气相互吸引，互相作用，相互冲动所产生的"冲和"之气，就是冲气。《道德经》所说的"挫锐、解纷、和光、同尘"，是在描述"道冲"的"中和"状态。只有"中和"状态，才能造化万物。所以《老子河上公章句》说："冲，中也。"儒家讲"中庸"，说白了，中庸才"中用"。没有"万物负阴而抱阳"，那么道的内在只是单极的，那是不可能造化出万物的。问题在于，老子用字太简约，给后人留下的感悟空间实在是太大。这也正是老子的魅力。

"渊兮，似万物之宗。"意即，道是那么渊深啊！像是万物的祖先。祖先，就是本原、根源的意思。前面说过，"道"的存在无始无终。时间没有起始，空间没有极限，"道"就是如此。所以老子在悟道中不断发出感叹。但是受人类语言文字的限制，他是无论如何也难把"真道"说清楚的，只能比喻。

挫锐解纷　和光同尘

"挫其锐，解其纷，和其光，同其尘。"意即，道的存在，混同万物。道与万物同在，万物与道同生，浑然一体。

道很柔弱，没有"分别"心。万物平等，是佛道两家说众生平等的理论根源。因为万物一体，同属于道，你就是我，我就是你，万物同"根"。懂得这个道理，就有慈悲心。我们周围的一切，都是同源同根。

站在"道"的立场上，老子讲"挫锐、解纷、和光、同尘"，是在教化世人。春秋之际，社会分化已经很明显，天下纷争不断，老子的表述是有深刻的历史根源和有所针对的。老子说的"道"，就是说给人听的。

"湛兮，似或存。"意即，道是多么深邃深远啊，它好像总是若有若无地存在着。老子用语柔和谦卑，他在疑问中感叹着"道"的深远。

道无始终　象帝之先

"吾不知谁之子，象帝之先。"意即，我们不知道"道"是何时出现的，像是在天帝出现之前就存在了。老子肯定了"道"在无史之前就存在，比"天帝"还早。"天帝"是中国古已有之的概念，西方人叫"上帝"。在人们的传统观念中，肯定存在着一个主宰，"玉皇大帝"就是道教认知出来的一个人格化的三界主宰。因为人在精神上，总是需要有个依附的，要不然，人们在关键的时候，怎么都喊"天"呢？可能"天"就是人的最后的依靠吧。其实，"道"是人生最可靠的依靠，是终极依靠。依道而行，安全可靠。从来就没有什么救世主，还是自己靠自己最可靠。自己靠什么？靠"道"。

老子言"象帝之先"，是说"道"比"帝"大。"天帝"如此，"人帝"更当如此。老子的话，柔中带刚，不露锋芒，发人深省。他告诉帝王们，不要以"天子"自居，天下的一切，都要顺从于"道"，"道"比一切都大，比"天帝"大，比"人帝"更大。

▶ [小结]

在本章，老子在第一章说"本体论"，第二章说"辩证法"，第三章说"实践论"的基础上，开始叙述"道"的渊深博大，无始无终。除此之外，老子的深意是"和光同尘""象帝之先"，他在"以道说人"。人生在世，如果能谦卑，人和人之间如果能"和光同尘"，能"方而不割""直而不肆"，社会定能和谐。帝王将相，如果能明白道的大，明白道"象帝之先""光而不耀"，感悟觉醒，定能厚德亲民。老子讲的是意识形态，是灵魂定位，是人的知行观。

我们感悟《道德经》，需要感悟老子"言而未发"的一面，要在老子的道中，找到人生的坐标。这个坐标就是"道"，它比"人帝"和"天帝"都大。

所以，在天道面前，任何人都没有理由狂妄自大、傲慢不羁、为所欲为，包括"天子"。

这就是最一般的品经悟道。

第五章
多言数穷　不如守中

▶[题解]

这是老子站在"道法自然"的立场上,来阐述道家的处世原则和治世主张的重要篇章。

老子所处的春秋时期,社会形态有两大特点:一方面是各路分封诸侯不统于王,纷争不断,天下大乱;另一方面是思想领域非常活跃,"诸子蜂起,百家争鸣"。争论的焦点就是如何平定天下,关于这一点众说纷纭。

道家主张尊重人的自然属性,反对太多的人为治世和主观刻意。所以老子开篇即讲出了"天地不仁"和"圣人不仁"的惊世之语。他以天道为喻,主张让人们自由生息,按自然的规律做事。如果人为干预太多,反而会事与愿违,不断碰壁。因而在本章最后,老子提出了"多言数穷,不如守中"的劝诫。

老子思想哲意深邃,他的言辞简约宽泛,无论是他的人生修为,还是他的安邦治世之策,都不失为圭臬指南,都具普世价值。

▶[原文]

　　　　天地不仁,以万物为刍狗;
　　　　圣人不仁,以百姓为刍狗。

天地之间，其犹橐龠乎？
虚而不屈，动而愈出。
多言数穷，不如守中。

▶[直译]

天地是没有仁慈概念的，它把万物当作没有主观意志的刍狗；

圣人是不讲求仁慈偏爱的，它把百姓当作无亲无疏的刍狗。

天地之间，不就像一个风箱吗？

虽然空虚但不枯竭，鼓动起来愈加绵绵不绝。

多言多事会常常碰壁，不如恪守中道虚静。

▶[读解]

天无意志　万物平等

"天地不仁，以万物为刍狗。"意即，天无意志，没有偏亲偏爱，自然运作，它把万物当作没有觉性的刍狗一样，平等对待。"不仁"，就是大仁，一视同仁。一株植物，花开花谢，春生夏长，秋收冬枯，任其自生自灭，自灭自生。一群动物，弱肉强食，生克制化，听命由天，自找平衡，没有仁慈偏爱可言。猫捉老鼠，虎豹吞羊，在人间看来非常残忍，但在动物界，若无天敌，弱者则会因懒散而病死，抑或因无食而饿死。天地间的一切，都是自然的安排，都是合理的。

圣人尊道　一视同仁

"圣人不仁，以百姓为刍狗。"意即，圣人遵行天道，对天下人没有偏亲偏爱，没有厚此薄彼，而是平等看待。天下人本无高低贵贱之分，都像刍狗一样，人权平等，价值无二，原本都是天地间的客观存在，生物之一。但由于生产进步，社会分化，便有了高低贵贱之分，统治阶级便任意妄为，无谓地剥夺他人的权利。老子在第十八章说："大道废，有仁义。"仁，是道统失序的结果。有"仁"产生，就会有"不仁"与之对应。

"刍狗"，是指草扎的狗，为古人的祭祀用品。《庄子·外篇·天运》描述，人们在当用之时对它很重视，把它放在筐里，"巾以文绣"，主祭者还要先斋戒才接送它。等到祭祀过后，它就被抛弃了，行人踩它的头背，捡柴的人把它拿走当柴烧。

老子为什么拿"刍狗"做比喻呢？我思考了良久，百思不解。后来反复琢磨庄子的描述，才有点明白：原来是人们在用刍狗的时候，对它很好，把它打扮一番，似乎对它很仁义。一旦用完，它就被抛弃了。

老子的意思是：天地任由万物自行荣枯。圣人当任由百姓自由生活。而一旦有了"仁"的概念，便有了利用之心，像养猪为了吃肉一样，不是真仁。人间的有的观念其实是很虚伪的，一般都有目的性。所以人间的有些事，难长久。

无欲则刚　无穷无尽

"天地之间，其犹橐籥乎？虚而不屈，动而愈出。"意即，天地间，不正像一个大风箱吗？虽然空虚但不枯竭匮乏，鼓动起来，源源不绝。

天无意志，无为而治，无求无欲，无欲则刚。它看似空虚，但天地的造化之功是无穷无尽、永无终止的。

橐籥：橐，音 tuó；籥，音 yuè。古来人们烧火鼓风时所用的风箱，一推一拉，动而愈出。天地间的风云变幻，四季转换，不也很像是个大风箱吗？

人间智慧　应当守中

"多言数穷，不如守中。"意即，多言多事，人为造作，政令多颁，许多时候行不通，要碰壁，事与愿违。不如恪守中道，保持虚静，顺应天道。

"多言"，是指人的想法太多；"数穷"是指屡屡碰壁，行不通。特别是当政者，如果想一出是一出，政令多颁，文山会海，总想搞出一点政绩，如果不合时宜、不合规律的话，结果必然是适得其反。

比如土地使用问题，计划经济时期，各级政府总是插手多管，连种什么不种什么都要一管到底，结果是粮食不够吃。现在放开了，农民最知道自己该怎么做，根本不需要"上边"指手画脚去"多言"，土地连年丰产。"上边"该做的，是宏观指导，信息沟通，扶持"三农"。现在不要税收，农民自然高兴。"上边"该做的是服务，服务就等于下雨，符合天道，是为"守中"，何乐而不为！

既不强加干预，又不放任自流，这就是"守中"的智慧。即宏观指导，适当调控。

老子充满了智慧，他的话，一般都是说给统治者听的。

▶ [小结]

老子是站在人类智慧的顶端来看待这个世界的。他说的"不仁"，正是天地的大仁；他诉说着"刍狗"，隐喻着功利背后的两端。他的话隐忍而柔，但不留情面；他的观点有理有据，能直指弊端。我们感悟本章，能知晓万物平等、众生平等，符合佛心道性、人间正义，能提高我们对"爱心"理解的自觉性。同时，能够领悟"多言数穷，不如守中"的真实深意，足可以智慧终身。

第六章
谷神不死　天地之根

▶[题解]

这一章，老子用极简捷的语言描述了"道"的特征。他用"谷神不死"来说明"道"的永恒不灭；用"玄牝之门"来比喻"道"是生化万物的"天地之根"；用"用之不勤"来说明"道"的功用永不完结。他像在隐约地告诉人们，"道"是天地万物的生母，是人类安顿心灵的终极依靠。老子的境界看似离我们很远，假如你能亲近它，它就在你身边。人在道中，道在人中。

▶[原文]

> 谷神不死，是谓玄牝。
> 玄牝之门，是谓天地根。
> 绵绵若存，用之不勤。

▶[直译]

虚谷之神无生无死，可以称作具有神奇生殖能力的伟大母体。

神奇母体的生殖能力，可以称作造化生成天地的根源。

它若隐若现地在冥冥之中绵绵存在着，它的作用在虚静中是没有穷尽的。

▶ [读解]

谷神是道　功如玄牝

"谷神不死，是谓玄牝。"意即，虚谷之神不生不灭，不会死亡。它可以称作神奇的母体，生育万物。

"谷"，山谷之意，是老子用以比喻大道空虚的一个名词。同时，"谷"字在古代，也是一个用来代指女性生殖器官的代词，体现了远古母系氏族社会对女性的生殖能力的崇拜。人们认为它是很神圣的。"谷"字在此，可以有一星管二的意思，比喻"道"如母体，具生养能力。

现时社会中的人们一提到"神"字，常常会将其理解为具象的"神仙"。《黄帝内经》是医书，它对"神"字的解释是"变化莫测谓之神"。所以"谷神"二字，是指造化万物的大道。

"不死"二字，是说大道不存在生死问题，道无具象，无始无终，无生无死，无边无沿，且永恒存在。用佛家的话说，叫"尽虚空，遍法界"。法界，就是有物质、有意识存在的具象世界。

关于"玄牝"。玄，意指深奥，幽深。凡是人们不认识、不理解的事物，都会认为它很"玄妙"。所以老子的形而上的道学，也被称为"玄学"，因为它太深奥，许多地方很难懂。

"牝"（音pìn），意指雌性生殖器官。我国自古就有"丘陵为牡，溪谷为牝"的说法。"牡"是雄性，"牝"是雌性，古代文献中常用。冯友兰先生说："《老子》(《道德经》)在这里所说的'牝'，就是女性的生殖器。它所依据的原始宗教，大概以女性生殖器为崇拜的对象。因为它不是一般的女性生殖器，所以称为'玄牝'。"

总之，老子为了说明"道"的空虚和巨大的造化功能，巧妙地使用了"谷神"和"玄牝"的概念。

玄牝之门　谓天地根

"玄牝之门，是谓天地根。"意即，神奇母体的生殖能力的门户，可以称作造化天地的根。根，也就是根源、根本、出处。

老子的意思是，"道"是造化宇宙万物的本原。因为"道"不可说，只能悟，只能证得，而人类的语言文字有局限性，都是具象的，能说的，就不是他想说的，真真是"道可道，非常道"。

就我们世俗中人而言，能明白老子说的"道"，已属不易。如果能"勤而行之"，就非常可贵了。人世间，能"证得大道"的人很少，即使是高僧、高道。

人的一生，忙忙碌碌，为了生存，活得都很辛苦。人们似乎都把升官发财作为人生成功的标准，但是，升官与发财，都不是人生的终极依靠。

说到这里，我们应当明白，无名无形的"道"，才是人生的终极依靠。人是怎么来的？都说是父母生的。父母是怎么来的？往前推五代，恐怕大部分人就说不清了。古时的观念叫"出五服"了。

人们如果能读懂《道德经》，就知道：人是从"道"中来的，道生万物，其中也包括人类；还要回"道"中去，叶落归根。从生到死的中间这段怎么办？要靠"道"。"道"虽然无形，但它支配机体，是人间终极智慧。《道德经》中的话，是终极依靠，你可以走到哪里，带到哪里。你若想发财，必须取之有道；你若想官位平稳，必须为官有道。否则，你得到了也是难保的。

我们读书，要懂书中的无字之处。"道"是天地之根，所以我们要"知根"，要为人生找到一个平安的立足点，这样才能活得洒脱，才能天长地久。

读书悟道，是为了增加生命的厚度，有了厚度，或可增加生命的长度。心神淡定了，身心就容易健康。

道性柔隐　用之不尽

"绵绵若存，用之不勤。"意即，道，绵柔不断、若隐若现地存在于虚空之间，它的作用是无穷无尽的。

"不勤"，就是不必勤劳。老子的观念，常与儒家观念相反，儒家倡导"自强不息"，老子则说"柔弱胜刚强"、"不为而成"。道的存在，老子说"与物反矣"。道寂然不动，随感而应。比如，我们不写作时，并不觉得脑子里装有什么太多东西，一旦提起笔来，时而思如泉涌，欲罢不能。灵性也是道性。

中国古人说："上下四方谓之宇，古往今来谓之宙。"实际上，宇宙的概念是时空概念。空间之大，没有边际。时间之长，没有开始，没有结束。老子言道，而不言宇宙，是因为古人的概念有局限性。在宇宙那里，没有核心，所以也没有上下四方。中国有五千年的文明史，我们已经很自豪了。在宇宙那里，地球已存在几十亿年了。地球、太阳、银河系消亡那天，"道"依旧存在，它超越物质之外，又存在万物之中。它既具超越性，又具内存性。因为它是无物之物，同时还是规律法则，它是"形而上"，又是"形而下"。没有什么事物能离开"道"。

所以，"道"是"用之不勤"的恒久存在。

▶ [小结]

就本章而言，除了知识，似无重要的名言警句可取。但古人告诉我们,善读书者,读无字之书。在书中的无字之处,老子告诉世人,"道"永不消逝,它是人生的终极依靠。其他的都会变。所以人的一生,只能靠自成自立。对于《道德经》的理解,只能靠自己去读、去想、去悟。人生必须给自己找一个安全而又清明的立足点、方向标。书读《道德经》后,人就知道什么事该做,什么事不该做了。只有这样,做事才容易成功。

第六章　谷神不死　天地之根

第七章
天长地久　大德长久

▶[题解]

在本章，老子以"天长地久"为题，依天理，说人道，诉说了天地之所以能"长且久者"，是因为天地无欲无求；人如果能效法天地，无私无我，也必能成就自我。老子说"道"，有理有据。"天理"就是"人心"，正所谓"得民心者得天下"，这是天下人的共识。实际上，评价一个人的"道德"标准很简单，就集中体现在"利他"还是"利己"，"为公"还是"为私"上。大德长久，小私一时，自古及今，皆是如此。

所以，在人间，人们如果有志成就一番事业，至少要懂得"舍"与"得"的辩证关系。而天理，则是老子留给我们的更高层次的启示。

▶[原文]

　　天长地久。
　　天地所以能长且久者，以其不自生，故能长生。
　　是以圣人后其身而身先，外其身而身存。
　　非以其无私邪？故能成其私。

▶ [直译]

天地一直长久存在着。

天地之所以能够长久存在，是因为它们不寻求自己的生存，所以才能长久生存。

因此，圣人总是先人后己才被拥戴而担当在前，并能奋不顾身而获得自身生存。

这不正是因为他公而忘私吗？故而更能成就他自己。

▶ [读解]

天地无私　所以长久

"天长地久。天地所以能长且久者，以其不自生，故能长生。"意即，天地总是长长久久地存在着。天地之所以能够长久存在，是因为它不谋求自己的生存。

天无意志，无私无我，无欲无求，只按自然规律去运作。天地的无私，不是刻意的，毛泽东诗词云："天若有情天亦老，人间正道是沧桑。"天如果有情有义，早就该寿终正寝了。

在中国古代，人们无法解释天地自然现象，所以就编了许多神话故事，比如"女娲补天"，说天上有个洞，天漏了，总有东西掉到地上来，人们深受其害。女娲炼五彩石，把天补上了。其实神话故事都有它的合理性。因为早期的地球大气层非常稀薄，天外的陨石总来"造访"地球，后来大气层厚度够了，地球就被保护起来了。"后羿射日"的神话，大概也是这个道理，因为没有大气层的保护，太阳是很"毒"的。

古人总是喜欢拿理想的、幻想的联系，来代替他们还不知道的真实的联系，所以就虚构出一个神仙的伟力，把真实的欠缺添补起来。

由于有神话故事的存在，所以古人有天地崇拜，敬畏天地，认为天地之间有个主宰，并承认有一个玉皇大帝，主持三界事务。

儒家喜欢说"天"，孔子喜欢把天作为最高依靠，所以文人喜欢"问天"，并将之作为一种精神寄托。

老子则不然，他说"天法道"，道是天地之根，比天大，没法比。在这一章，老子把"天地"搬出来，是因为天地离人很近，很具象，人们能懂。更因为天地是无私无欲的，更方便说理。老子只相信道，他不谈鬼神，他说"以道莅天下，其鬼不神"。

先哲们都说要为天地立心，正是因为天地无心。其实，为天地立心，为的是为百姓立命，要让统治者懂得"天理"。

圣人无私　成就自己

"是以圣人后其身而身先，外其身而身存。"意即，因此，圣人不争名夺利而被人们推举在前，圣人置身家性命于度外反而能保全自己。

原文中的"是以"，就是"以是"，译为"因此"，介宾短语。"是以"是宾语前置的标志，是古人的行文习惯。

"圣人"这个概念，老子常用，指代明白大道的领导者，比如唐尧、虞舜、大禹等先贤名流。实际上，在中国本土文化中，能称得上"圣人"的，唯有老子、孔子，他们能独创一家，千古流传。

"后其身"，在语法中是使动用法，"使其身在后"的意思。意指谦卑谦让，不争名夺利，吃苦在前，享受在后。只有这样，才能得民心，才会得到人民的拥护、爱戴，才能成为人民群众的领头人、领导者。老子拿圣人打样，是希望统治者要向圣人学习，这是智慧。

"外其身而身存"，很有深意，一个人如果为了家国天下置生死于度外，人民就会拥戴他。中国的老一辈革命家，爬雪山过草地，不是都走过来了吗？朱德行武一生，双手提枪冲锋陷阵，他的德行造化，难道不是大德长久吗？

"非以其无私邪？故能成其私。"意即，不正是因为他无私吗？所以才能真正地成就自己。或者说才能体现人生价值，实现人生目标。

"邪"，是"耶"，疑问词，通用。

"成其私"，不是指私心，而是指人生理想目标的自我实现。

毛泽东主席一生不碰钱，只争理，他富有的是一个独立的中国。周恩来总理鞠躬尽瘁，死而后已，死后连骨灰都回归了江河大地。他的人格魅力之伟，死后联合国都为他降半旗。

在人世间，凡是自私的人，是成就不了什么事业的。"得道多助，失道寡助"，大德长久，小私一时。

▶[小结]

实际上，在世间，任何人都是难以做到纯粹意义上的"无私"的。因为人有私身，有私家，有私亲，有私事，这都是天经地义的事情，必须要做。但是，不能让自己的私欲无限延伸。人间的一个一个小私聚合在一起，就叫公，也叫共。在"公共"里面，只取自己应得的，不无偿占有，这叫公平正义。人的这个"私"，就是自成自立，自尊自爱，自己管理好自己。如果有人觉得学习《道德经》太吃力，不妨去感悟一句土话："你的心有多大，事儿就能做多大。"觉悟、境界、格局、能力，决定一个人的能量。

中国人的土话就是几千年来众生的感悟,也有许多是从圣人口里演变过来的。圣人所说的,大多是老百姓心中有而口中无的东西。

至于老子说的"外其身而身存",是暗喻在修炼得道的真人、至人层次里,还有一个"身外身",佛家和道家称之为"法身"。"法身"是不存在生死问题的,是永恒的,是科学所不可解释的。这一概念和现象,超越了人们的社会属性和后天意识。这不是迷信,而是暗在的真实。

第八章

上善若水 为而不争

▶[题解]

"上善若水",是《道德经》哲学体系的名句,也是代表东方文化的名言。几千年来,老子的思想正是以"上善若水"的品质,谦卑柔顺、润物无声地滋养着一个民族的意识形态,涵养着一个民族的意志品格。这一章的表述,字字珠玑,似乎分不清他是在说水,还是在说人。在简约而质朴的美中,他以"七善"为喻,诉说了人生在世的知行观的基本准则。知,是诚意正心;行,是行为有方。站在老子的立场上,"水"当是人类学习的最佳榜样,因为水的品格,最接近"道"。

▶[原文]

上善若水。
水善利万物而不争,处众人之所恶,故几于道。
居善地,心善渊,与善仁,言善信,政善治,事善能,动善时。
夫唯不争,故无尤。

▶[直译]

水的品格是可谓上等完善的。

水善于滋润万物而不相争,居于人们所厌恶的低洼沉潜处,所以很接近道性。

以谦卑之位为善地,心志善于保持渊深,施与善于无求,言出善于守信,从政善于治理,办事善于效能,行动善于适时。

正是由于不与物争,所以没有过失和忧惧。

▶ [读解]

品物流形　水德上善

"上善若水。"意即,道生万物,品物流形,而水的品格,可以称作"上善"。

"上善",当如何解读呢?

自古以来,国人喜欢以"上、中、下"三个层级为尺子,来谋划、评价、决策相关事物。有时还加上"上上""下下"两个层级。这是中国文化的人文特点,也是一种智慧。

"善"这一概念,在中国古代文献中很常见,它的内涵一般有三:一是"善良";二是"完善";三是"善于"。中国文字古今意思一般不变,古人写作习惯于使用单字,所以对字意的分析要根据前后文的语言环境。

在本文,"上善"就是"上等的完善",而不是"善良"或"善于"。读书需要品读,品读才能入脑入心,否则就是过眼烟云。品读《道德经》的过程,就是读书与思考的过程,也是人生修炼与安顿心灵的过程。

利物不争　接近于道

"水善利万物而不争,处众人之所恶,故几于道。"意即,水的品格是善于滋润万物而不与万物相争。它表现在总是处于世人所厌恶的卑下之处，乃至沉隐不现，所以水的特性接近于道性。

"人往高处走，水往低处流。"这是世人皆知的谚语。

而老子则站在"道"的高度上，善于展开反向思维，把真实的"道"告诉人们。这叫"反观理，真智慧"。

水因不争，成就大。它积雨成溪，汇成江河湖海，汪洋无际，那是何等气派。

水滋养万物。世间一切生物，没有哪一个物种可以离开水的涵养，这是水的"道德"。

中国人郑和，七下西洋，只通商不掠抢，友好交往，互通有无。即便是在威武强盛之时，也不曾侵略、欺压、殖民某一个外族。在历史上，对于周边小国，我国一贯采取"抚近怀远"的怀柔政策，以"宗主国"的地位予以保护，安定一方，守土有责。这是文明、强盛的体现。

在历史上，中国也曾数经外族侵略而改朝换代，例如元朝、清朝，但到头来，他们的人群包括土地，从皇帝起，都被强大的中国文化给"化"掉了。今时的满人、满文、满语，似乎已全部"汉化"了。这是文化的伟力。古人说"半部《论语》治天下"，这是因为中国有"圣人"。

近几十年来，中国的发展战略从"韬光养晦"走向"和平崛起"。中国人的治国智慧，有着深厚的中国传统文化的根基。

如果把东西方文化做对比，东方文化是"上善若水"，也可叫作"形如太极"，它的柔性可以做到"抽刀断水水更流"，五千年里绵绵不息。一旦发力，或可具备排山倒海之势。

西方文化，特别是在政治家那里，可以叫作"社会达尔文主义"的。他们信奉实力，贪图荣誉，一贯弱肉强食，总想站在生物链的顶端，大喊着民主自由，骨子里逞强是理。大英帝国疯狂一时，再也不是"日不落帝国"了。盛极而衰，这是规律。老子说："天下神器，不可为也。"

当太极高手与拳击高手"过招"的时候，后者往往拿不准前者的奥秘。这是"道"。

水之"七善"　人生规范

"居善地，心善渊，与善仁，言善信，政善治，事善能，动善时。"意即，以谦卑的态度安时处顺，安身立命，使心志渊博渊深，施济万物善于无求无欲，言出即行善于守信守诚，从事政事善于公平治理，办理事务善于实现效能，行动过程善于把握时机。

老子的这段话讲得很精彩，很简要，根本分不清他是说水，还是说人。考虑到他是在教化人，所以就先按"说人"的理念来理解一下：

不同的人对同一个事物，往往会产生不同的反应。这就叫"仁者见仁，智者见智"。

有一个故事：苏东坡和佛印和尚面对面打坐，坐毕睁眼后，苏东坡问佛印："打坐时你看我像什么？"回答说："我看你像佛。"佛印又问苏东坡："打坐时你看我像什么？"回答说："我看你像牛粪。"

这就叫心里有什么，看见的就是什么。而老子却能从百姓眼中最普通不过的水里，看到启迪人生的智慧和品格。

大自然永远是人类最好的老师，科学家们在那里开启了创造发明，哲学家们在那里开启了哲思原理。我们中国人应当自豪，因为我们的民族有老子、孔子等为代表的先哲。

古人苏辙　解读"七善"

老子的哲思妙想、老子的惜墨如金、老子的含蓄隐晦，使《道德经》给后世人们留下了太多的想象空间，自古及今，解读者不断。

前面，我们只从人的知行观立场上解读了《道德经》的"七善"，下面我们来看看水的品格上的"七善"是什么。

苏轼（东坡）的弟弟苏辙也是《道德经》的"粉丝"，他解读水的物性很有深意。下面，我们看看苏辙的解读：

①"避高趋下，未尝有所逆，善地也。"即，从上而下，一往无前，水不倒流，以谦卑之所为立足境。

②"空虚静默，深不可测，善渊也。"即，心空无求，以少积多，深不可测，谦卑受益积蓄内涵。

③"利泽万物，施而不求报，善仁也。"即，雨露润泽，灌田浇物，不求回报，上仁无求，无我无私。

④"圆必旋，方必折，塞必止，决必流，善信也。"即，水性至柔，随形顺势，令行禁止，随遇而安，不失信于外。

⑤"洗涤群秽，平准高下，善治也。"即，万物以水为净，依水观平，既洁又正，清正廉洁兼顾公平。

⑥"遇物赋形，而不留于一，善能也。"即，水无定形，随物就形，不留空隙，且可内渗机体养生活命。

⑦"冬凝春泮，涸溢不失节，善时也。"即，冬天凝结，春天融解，干涸与满溢均不背节气，待时而动。

在苏辙的"解水"里边，我们还可以感悟到许多做人做事的道理，这也是老子隐而不说的。

圣人说话一般不爱说得太直白，点到即止，如果说得太明白，道理反而就变窄了。

无私无畏　不争无忧

"夫唯不争，故无尤。"意即，正是因为水有不争之德，所以它没有过失，无忧无惧。

"尤"，即过失、错误。没有过失错误，也就没有忧惧。

人如果能活得心安理得、无忧无惧，大概就算得上"上善若水"了。

▶ [小结]

"问渠哪得清如许，为有源头活水来。"老子的一句"上善若水"，就是中国式思维的源头活水。它以反向思维，克服着人间的浮躁，可以收到正面的效果。

有人说老子很"毒"。老子站在"大道"里说真机，何以为"毒"？

有人说老子很"消极"。等到人们被撞得头破血流、身败名裂时，或才能想起可敬的老子。

中国文化博大精深，或许也不能算大，从某种意义上讲，它就隐身于一汪水中。难怪孔夫子说："知者乐水，仁者乐山；知者动，仁者静；知者乐，仁者寿。"圣人真是"心善渊"啊！

所以，不要误读老子的"无为"，他所倡导的水性的"七善"，是人间正道，是有所作为。

第九章
功遂身退　天之道也

▶[题解]

老子在这一章里,从五个大同小异的事项入手,讲述了一个"知易做难"的道理,那就是物极必反,适可而止。老子总是能从事物的这一端看到事物的另一端,这是哲学思想的穿透力。

人类的一个共同的缺点就是欲望太多。欲望一方面在不断地推动着人类社会的发展进步,提高着人类的生存质量;另一方面,它的负面产能也在不断地干扰着人类的生命健康。在老子时代,他还不可能想到"环境污染"这个概念,所以老子想得更多的是人的灵魂安顿、人生路径问题,他要的是从根儿上的治理。

就灵魂安顿与人生路径而言,老子的智慧是终极依靠,能做到见好就收就是明智之举。

▶[原文]

持而盈之,不如其已。
揣而锐之,不可长保。
金玉满堂,莫之能守。
富贵而骄,自遗其咎。
功遂身退,天之道也。

▶ [直译]

持着容器求盈满,不如适可而止。
打磨得过于尖锐,难以做到长久保持。
金玉堆满了厅堂,没人能长久守住。
富足显贵而骄横,是自己坑害自己。
功成名遂而身退,这合乎天道人理。

▶ [读解]

凡事有度　适可而止

"持而盈之,不如其已。"意即,端着的这个容器已经倒满了,别再倒了。老子为什么要拿这个三岁孩子都能懂的事情说事儿呢?因为凡事隔行不隔理,浅中有深,小中有大。一理能通,理理皆通。老子深挖世象乱局的思想根源——人的欲望无休,所以他反复强调少私寡欲,再上一个层次,叫清心寡欲。对于我们一般人而言,如果能知道"凡事有度,适可而止"这种哲言俗语,并且能在生活过程中按着它去做,形成思维习惯和行为习惯,那么就能成为一个很有内涵修养的人。

我在农村医疗队待过,那是1978年中秋节的下午,突然来了一个急腹症患者,是二十多岁的壮劳力。因为过节了,他妈妈蒸了粘豆包,还烀了晚苞米,炖了一锅肉菜,小伙子中午回来,狼吞虎咽,吃了四个大豆包,啃了两穗晚苞米,当然还吃了不少肉。坏事了,吃多了,得了急性胃扩张,手术吧。如果当地没有条件好的医疗机构,等用大马车拉到县城里,小伙子可能要送命。急性胃扩张很凶险。

人们赚钱总想越赚越多,有人当官总想越当越大,定的目标很高，如果思想一跑偏，办事肯定走形，思想一旦脱离轨道，肯定会翻车。有太多的活生生的例子就在我们眼前。

锋芒毕露　难保长久

"揣而锐之，不可长保。"意即，手中的刃器，如果总想把它打磨得很锋利，那么这种锋利是难以长久保持的。

"揣"，即打磨。比如农民手中的镰刀，既割庄稼又砍柴，一年到头总在使，总在磨，那么这把刀没几年就坏了。

做人也是这样。一个人如果尖酸刻薄，凡事咬尖，总怕吃亏，横冲直撞，总生麻烦。你说这种人能有多大造化？

"二战"期间，德意日三个法西斯轴心国，可谓武器精良，最后不也灭亡了吗？

在修养上，有德的人不示强，他们沉稳、内敛、宽宏、包容、大智若愚，像一块璞玉，外边被石层包着，精华在里面。

有人欣赏"宝剑锋从磨砺出"，如果让老子对下联，他估计会说"天理柔弱胜刚强"。老子的思维是"反向"的。中国的本土圣人有两个，一阴一阳，一柔一刚，相互补充，思想丰富。社会已经发展到今天，历史是不能倒转的。失意的时候，《道德经》才是最后的归宿。

金玉满堂　不是你的

"金玉满堂，莫之能守。"意即，金银财宝堆满屋子，但没有人能守得住它。好像人人都会说"生不带来，死不带去"，如果人们真能做到，就是"悟"了。

有一次一个朋友侃笑话说："钱这个东西，放在银行叫存款，死了之后叫遗产。好的孩子不用给，坏的孩子败家子。富不过三代，似有规律。"

其实，凡事不能一概而论。如果一个人家家风好，是可以多传几代人的。最怕的就是钱财不是从好道来的。大贪官和珅富可敌国，但到乾隆一死，他就被抄家了，这叫"现世报"。财若不从好道来，就不从好道走。

富足没有错，贫穷挨欺负。国家如果不富强，外面的虎狼之师会进来。老子的本意是，让人们凡事走在"道"上。人若富足了，应多为国家民族做点贡献，多为天下人做点事情，这是修德、积德。人不要做金钱的奴才，能真正属于你的，是你的本心、你的灵魂。除此之外，连你的身体都只是灵魂的此生住所。这是佛家的见地，有人相信这是真的。如果总怕吃亏，整天胡吃海喝，最后把身体吃坏了，连心灵都没地方待了，真是得不偿失。

富贵而骄　自讨苦吃

"富贵而骄，自遗其咎。"意即，富有显贵了就骄纵骄横，这是自己给自己制造麻烦。

在古文里，"富"是富有，"贵"是显贵，两者有区别又有联系。遗：音 wèi，赠予之意。咎，过失、错误。

老子所说的"富贵而骄"，是人生追求在某一阶段的一种倾向和现状。

人一旦富贵之后，如果不加以检点，其思维方式、生活方式、行为方式，都会发生明显变化。金钱和权力可以使人很方便地得到自己想要的东西，可以助长人的私欲的膨胀，欲火的中烧，乃至烧昏头脑，不知道自己是"谁"了。具体事例比比皆是。老子说的是实话，是在提醒人们。

"福祸无门，唯人自召。善恶之报，如影随形。"这是《太上感应篇》的总纲，出自道家，但佛家很爱解读它。人生的祸福不是别的什么给人强加的，都是自己招来的。佛家讲因果，哲学上也讲齐一律，这不是迷信。"种瓜得瓜，种豆得豆"，这是普世的道理。所以，孔子告诉人们，"不怨天，不尤人"。人一定要守住自己的本心，守住"道"。

功遂身退　天之道也

"功遂身退，天之道也。"意即，人一旦功成名遂之后，就要适可而止，这是天道，更是人道。

老子的话，都是从"天上"来的。老天下完雨后，很快就晴空万里，或有彩虹出现，这就叫功成身退。在老子的那个时代，他还不可能想到后来会有个韩信，帮助刘邦打下汉室江山后居功自傲，后来被吕后杀了。

这类事情从古到今，从大到小，比比皆是。有的人已经从岗位上退下来了，但他还习惯于去岗位上指手画脚，这就不对了，至少是不明智的。

▶[小结]

这一章的内容比较具体，也很好懂。一方面，它体现了圣哲老子的极度的慈柔悲悯。他从几个具体事理着手，提醒人们该如何对待眼前的事物，如何注意人生的安全。另一方面，它也体现了哲人思想的客观敏锐。他能从小中见大，找出规律，把握事物的发展过程。

关于人生的修为过程，儒家经典《大学》一书讲得很有道理，叫作"格物、致知、诚意、正心、修身、齐家、治国、平天下"。格物，就是认真观察事物；致知，就是达到心里明白；诚意，就是坚定意念；正心，就是建立正确的世界观、价值观。灵魂支配机体，思想指导行动，然后就是"修、齐、治、平"了。

学习《道德经》,就是一个"格物、致知、诚意、正心"的过程。学习是为了用,不是为了说给人听。《道德经》的话,是金子,是沙漠里的水,是伤者的良医,是终极的安顿灵魂的修养所、皈依处。

第十章

修禊玄德　爱民治国

▶[题解]

　　本章讲的是"修道"要领。从文中的连续六个先摆出要诀再提出要求的疑问句中猜测，老子身边似有"授受"关系，如果是这样，受者当是尹喜。关于尹喜与老子的故事，我们想在后面的"小结"中作简单介绍。

　　在我们所接触的解读《道德经》的多个版本中，人们对本章所能做的都是字面解读，解了也是走马观花式的。老子"真人不露相"，懂的他不说，说的咱不会，所以解读本章是世上难题。这也正是老子的"道学"能衍化出"道教"的玄机所在。

　　在解读《道德经》的诸多"高手"中，庄子"证得"了《道德经》的妙谛，所以庄子的文章总是神话般的妙逸，或许那正是得道者所发现的难以令世人置信的境界真实。但有一点可以确信，圣人是不撒谎的，他们都心如赤子，悲天悯人。毛泽东喜读《庄子》，所以能写出"鲲鹏展翅，九万里，翻动扶摇羊角。背负青天朝下看，都是人间城郭"的词句。那是一种灵魂气魄在天地间逍遥遨游的情怀。

　　就修炼问题而言，道家讲"修真炼性"，因为道家修行的目的是返璞归真，从道中来，再回道中去。佛家讲"明心见性"，认为心即是佛，佛就是觉悟，大彻大悟之后就能摆脱轮回，回到"如来"那儿去,"如来"就是"自性"的由来,结果还是追求从哪来,回哪去。而儒家讲"修身养性",只谈生,不谈死,只管活着的时候守规矩做好人。

佛教传到中国后,与道教碰面了,两家发现追求的目标和修行的方法大同小异,所以在理论上兼容互通,谈起道来有时佛道难分。净空法师是佛教大德,但讲起道教的《太上感应篇》则是淋漓尽致。

在本章,老子提出的修行要领,在佛学修炼中都有,两者殊途同归。而本章中"爱民治国,能无为乎"一句,看似与修行方法没有多大关系,但恰恰是这一句最重要,这是修行的目的,佛家叫"愿力"。如果修炼的目的不纯,愿力不对,去不掉杂念,修行必定走偏,也叫"走火入魔"。因为修行的基本大法是修"善"。

解读《道德经》,需要贴近老子,要相信灵魂,要尊重宗教存在的合理性。那么佛学理论,就是可以攻玉的他山之石。还有《黄帝内经》,其养生理论与道家思想同出一脉。

因为本章内容比较特别,所以为了贴近老子,才把这个"题解"说得较长,同时在"读解"时可能还要把我们所了解的佛学、中医知识放进去,以助消化。

▶[原文]

载营魄抱一,能无离乎?
专气至柔,能如婴儿乎?
涤除玄鉴,能无疵乎?
爱民治国,能无为乎?
天门开阖,能为雌乎?

明白四达，能无知乎？

生之，畜之，生而不有，为而不恃，长而不宰，是谓玄德。

▶[直译]

（入静时）形体承载着营气和魂魄要抱玄守一，能做到不可分离的状态吗？

形神一体放松身心精神内守，能达到像婴儿那样无知无欲的状态吗？

恬淡虚无虚极守静排除幻影，能做到不受任何干扰吗？

修行的目的是爱民治国，能做到道法自然无为而治吗？

眼耳鼻舌身等感官在接受外界时，能做到不为诱惑所动吗？

达到世事洞明通晓天地挥洒自如时，能做到大智若愚含蓄不露吗？

修炼功德蓄养功德，要效法天道，生养万物不为己有，有所作为不恃己能，主导万物任其自由，这就叫作深远广大的德。

注：①本章的前三句，讲的是进入"修道入静"状态时的要领；接下来的三句，讲的是平时生活状态下的注意事项；最后的一段，当属于鼓励和激励之语。

②本章中，修行的专业术语很多，加上老子行文用字极简极晦，所以，如果采取望文生义的方式直译过来，会严重曲解《道德经》本意，多出"败笔"。所以本章"直译"不能直译。

③《道德经》每章内容都言简意赅，省了许多衔接文字。有时只说显，不说隐；或是只说隐，不说显。出言跳跃，是"神龙见首不见尾"的写作风格。上下文之间，前后章之间，看似没有多大联系，但实际上逻辑关系都很严谨密切，自成体系。

所以真读《道德经》者，不能走马观花，望文生义，要养成严谨的读书习惯，学会感悟它的无字之处和有字之处的内含与联系。

▶ [读解]

形与神俱　抱玄守一

"载营魄抱一，能无离乎？"意即，修炼入静时，形体内的营气与魂魄要抱持在浑然一体状态，能做到形与神俱、形神不离吗？老子设疑问句，实际的言外之意是在说："这是必须的。"

"载"，是承载，指身体、形体，它是精气神的安顿之所、用武之地。

"营"，是营气，在中医学理论中属于后天水谷精气的一种，行于脉中，与血同源，营养周身，所以有时在论述医理时，常"营血"不分，连绵共用。与"营气"相对应的叫"卫气"，行于脉外，功在体表，起护卫作用。营在内为阴，卫在外为阳，相互维护供养，关系密切，与"男主外，女主内"意思相近。在本文中，"营"字大概代表的是人体的精气。因为中国文化，包括中医理论，其中的概念界限大多是模糊的，如果机械理解，反而会出错。营血精气，都是"神"的物质基础。

"魄"，是"神"的一种。在中医理论中，"神"分为五种：神、魂、魄、意、智。它们分属于五脏：心藏神，肝藏魂，肺藏魄、脾藏意、肾藏智。神为识，魂为动，魄为力，意为思，智为巧。所以中国语言中的神识、魂灵、魄力、意思、智巧，就是这么来的。

在这五种"神"中，"魂"是最不稳定的，很灵，所以叫"灵魂"。在字形字义上，叫"魂者云也，云云动也"。它像云彩一样，容易飘移，所以经常出现"魂不守舍""灵魂出窍"事故。人们常说的"魂儿丢了"，是指形神分离，身体与精神出现不正常状态。

在中国"玄学"文化中，说魂有三个。一个叫"胎光"，是做胎时就有的原始祖性，是原神，也叫元神，是人的天性。道家的"修真养性"，修的就是这个"真性"。它寂然不动，是生命的灵光，含蓄不露。当人一旦沉静思考时，就会有灵感，这叫灵光闪现，它是先天的东西，属于"不生不灭"的范畴。佛家修的大概就是"它"，佛学叫"般若"。

第二个魂叫"爽灵"，是管人的日常生活的，它通过眼、耳、鼻、舌、身、意这"六根"，来分辨色、声、香、味、触、法这"六识"，所以它又叫"识神"，是用来认识外界事物的。

第三个叫"幽精"，也叫幽魂，是"死神"，守尸的，所以还叫"阴魂""幽灵"，阴魂不爱走，不易散，所以民间的守灵、守孝、超度、"过周年"，就是这么来的。

上述这些，都是古人传下来的人文现象。到底是怎么回事，除了"通灵者"没有谁能把它说得清楚，都说"人死如灯灭"，但人们又基本尊重灵魂的存在，并且清明节还祭祀，大概是尊重民族传统文化吧！人总是不能忘祖的，失掉根本，何以生存。

关于形和神的关系，西医学只承认人的精神意识只是大脑的功能，与心脏毫无关系，说中医的"五脏皆藏神"的理论纯属愚昧无知。但是，器官移植换了心脏的人，有的性格会发生改变这一情况，西医却无从解释。

把话题再拉回来。

在日常生活中，人的"形"和"神"总是容易脱节的。人在屋里待着，心却不知道在哪儿呢。没有人能管得住自己的魂，这叫"心猿意马"，中国的成语反映的都是真实的文化现象。人在班上,心想老婆,眼睛是直的,这就叫形神分离,是"识神"用事,俗话叫"走神儿了"。

所以老子问形和神"能无离乎"。不但要把形和神收拢到一块儿,还要什么都不乱想。什么都不想很难,往往越不让想他越乱想。

怎么办?总得让灵魂找个地方干点什么吧!有的功法"炼家"发现了一个妙处,叫"意守丹田"。你的心思要放在脐下三寸这个地方,叫"丹田穴",它离肚脐眼儿很近,是藏先天祖气的地方。人的意念一旦专一,精气神就都跟着去,想着想着,就不再想别的了。渐渐地丹田部位就热了,久而久之,热气就随着任督二脉流转,这叫"小周天"。大周天是天上的日月流转,所以人们都说人体是小宇宙。按中医理论说,这叫"气机"把经脉给打通了。

在道家那里,打坐不刻意控制意念,顺其自然,想着想着,就什么都不想了。自然入静,很有道理,符合道家思想。

人为控制意念,是属"有为","有为"就是制造矛盾,所以还是"无为"好,"无为而无不为"。

专气致柔　无知无欲

"专气致柔,能如婴儿乎?"意,形神一体,放松身心,柔弱守静,能做到像婴儿那样无知无欲吗?

哲学上有个理论叫"悖论",意思是"悖逆的理论"。比如说,你叫人去打听一个事儿,去的人回来了,你问他:"有结果吗?"回答说:"没结果。"意思是没有达到你所要的结果。那么,在"悖论"逻辑上,"没结果"就是"结果"。

一提到"专气",人们就会按着习惯的思维定式认为,"专气"肯定就是集中精力,像掰腕子一样地集中全身的精神气力于手上，咬牙瞪眼地要战胜对方。如果是这样理解专气，就大错特错了。

这里的"专气"，是专于放松，是"不专之专"，是"无为之为"。你不去想了，精气神就合在一起不分不离了。在这样状态下，调缓呼吸，放松身心，精神不紧张，机体就柔缓了，气机也就通畅了。

老子总爱拿婴儿做比喻，我不知道他说的婴儿到底是多大，总之是不懂事儿，无知无欲，没有任何的生活与工作上的事可想，只知道饿了就哭的孩子。这时，他的精气神不分散，生长发育很快，身体柔软，"三翻六坐七爬"。老子认为这是"专气至柔"，精气不散的结果。所以，"专气"是指心里无念，精神舒缓，身心放松。

但"专气"说起来很容易，做起来如果不下一番功夫，实在是很难的。可见老子是真的高标准、严要求了。

排除干扰　空空净净

"涤除玄鉴，能无疵乎？"意即，修炼入静时，面对着幻听幻觉幻视，不可当真，及时排除，不着色，不着相，你能做到丝毫不受干扰吗？

人体这部机器很奇特，当你意识处于虚无状态的时候，有些东西它却有了。实际上，是"识神爽灵"关闭了，此时的"元神胎光"就显露了。它的能量很大，可以"元通"，它是与生俱来的"真我"，是自性中的"如来"，是佛学修炼的境界，科学家们叫它"第四意识"。

我为什么要借佛学的理论来解释老子的"道"？我有时问自己是不是有点"狂妄"，结论是"不是的"。佛道文化互通，修炼方法大同小异，因为宇宙只一个，地球只一个，人是同源的，大德们发现的是一个事儿。老子走了,据说他只把自己的真传授给了尹喜,尹喜修成后羽化升仙了。老子留下的史料很少,只有这部至为宝贵的五千多字的《道德经》,说的基本都是启发人们智慧的人间能用上的哲思妙理。至于他的那个想说但凡尘难懂的"真道",人不修炼是说不明白的,因为"道可道,非常道"。如何证得"真道大道"?只有修行一条路可走。庄子"证得"了,也留下了宝贵的精神文化,但还是说不明白。所以,人只能靠自己的修行,去寻找那个"真道"。圣人说的都是指路标。

吴承恩很懂佛理,所以他在《西游记》中给猴子起名"悟空",能力最大。给沙僧起名"悟净",能力次之。给猪八戒起名叫"悟能"。他所表达的是众生平等,都有佛性。所以人的真修行,就是悟空悟净,然后潜能就出来了。

文化、文学、艺术,都是意识形态,大的作家,都是充满智慧的哲人。

说了半天,总之要归结一句,"唯有空空是大道"。这一点,能做到的人很少。

人生在世　不可迷失

"爱民治国,能无为乎?"意即,修行的目的和最关键的理念,是爱民治国这一正念,能做到无私无我,无为而治,道法自然吗?

这句话老子常说,但出在这一章里,则更能反映出老子道德的高洁,天恩的深远。

有人说:这一章老子是讲"内圣外王"之道。所以有许多皇帝都读《道德经》。"内圣"就是修行。"外王",就是如何治理天下,用什么样的政治主张。汉文帝和景帝崇尚黄老学说,出现过"文景之治"，民富国强，汉室江山四百年，此后没有超过的。

说老子的道德高洁、境界高远，我是想表达：老子知道人是怎么来的，该怎么活着，然后再怎么回去。他有明确的行动路线和人生追求、人生归宿，所以不会迷失。修行入静时，心正意正，有正知正念，所以才不出偏差，易见效果，这是根本。

例如，修炼时你在想，修出点"神通"来，能干点什么事儿？挣点钱。这就不是正修了，而是邪念。有邪念就出邪果，必然出偏差。这也是"道"，是邪道。

尘世中，有许多人会迷失方向。还在20世纪80年代时，有个小伙儿会做生意，挣了70多万元，这在当时算是很多钱了，便开始了花天酒地的日子。不多久，这种日子把他搞得焦头烂额，他总想死，家里人得看着他。问他为什么？他说："人间的好事我都享受到了，就那么回事儿，活着太累，不如死了。"这就是"迷失"了。为什么"迷失"？他太自私，他的心中只有自己。所以私心会打造"魔鬼"。

老子讲"爱民治国"，不是从别的书上学的，不是传达王侯指示，也不是党派宗旨，是从"天道"中推求感悟出来的。他明白生从何来，活该咋做，死归何处。老子一生很忙，当过官，管过事，当过兵，打过仗，后来他"悟"了。世道太乱，他辞世归隐了，留下五千言后西出流沙，不知所终了。

他从生命的意义和人生的价值着手感悟推求，一直推求到宇宙的根源，发现了"道"，从而以此为他的生命的安顿之处和灵魂的归宿之所。他无我无私地实现了他的"无为而无不为"的人生实践，并告诉人们怎么活才最可靠，最安全，最有价值，最有意义。他为统治者的"爱民治国"理论找到了出处，也阐明了什么是"天理民心"的终极根源。

接触外物　恬淡安静

"天门开阖,能为雌乎?"意即,悟道修持时,感官的开启闭合接物思考,能做到恬淡安静吗?

"天门",即头上的感觉器官,它是天生就有的,位置高,所以术语上统称"天门"。修行者叫"天眼""天耳"之类。

光说"天门"不能表达完整,所以还得说"六根",即眼、耳、鼻、舌、身、意。眼和口可以闭上,但耳和鼻闭不上,意念还难管住,所以色、香、声、味、触、法这"六识",每天都在六根中往来,在物欲横流的世界中生活,人离不开它。你闭上眼不看,但还有意识呢。所以修行不易。

怎么办?首先要修持"定力",练"坐怀不乱"的意志。

佛家讲法,善巧灵便,总用故事说法:说老和尚带小和尚外出化缘,遇到一个姑娘过河困难,老和尚就顺便把她抱过河去了。待到两个和尚已走了很远了,小和尚还觉得不对劲儿,就问老和尚:师父,出家人不近女色,你怎么愿意把一个姑娘抱起来过河呢?师父说:我是把她当木头抱过来的,放在地上就放下了,都走这么远了,你怎么却还抱着不放呢?

抱的没想,等于没抱。没抱的总想,等于包袱。这就是"空"的功夫、"净"的功夫。

《黄帝内经》说:"恬淡虚无,真气从之。"人一旦学会恬静淡然,看淡一切,就容易健康。身体健康,关键在心。中医说心安则五脏六腑皆安,心动则五脏六腑皆摇。

老子喜欢用"雌"来作比喻,因为雌性柔而弱,不用强,安而静。自然界,雄狮争王,雌狮等着,这是天道的安排。

总之,修行重在心的定力,不为外物所扰,如鸟过天空,鱼游过水,了无痕迹,心无挂碍。

世事洞明　不事张扬

"明白四达，能无知乎？"意即，当修行到能力和见识达到世事洞明通晓天地的时候，能做到知如不知而不事张扬吗？

我之所以这样解读《道德经》的这几个字，是因为有《道德经》全书的内容为前提，《道德经》的思想体系，只有反复地通读全书才能较好表达，断章取义就是盲人摸象，容易曲解《道德经》。

老子说"明白"，不是普通人说的"明白"。老子说"四达"，他肯定能做到。否则，他在后边的章节里肯定说不出"不出户，知天下；不窥牖，见天道"的话来。

曹雪芹说："世事洞明皆学问，人情练达即文章。"所以曹雪芹能写出千古绝唱的《红楼梦》来。

我说不准老子的"明白四达"到底指的是什么。里面的学问太大，但归根到底，都在老子书中。而老子所要说的，就是低调做人做事，不事张扬。俗人有点小能耐就显摆，结果没有多久，他的那点儿能耐就没了。修持中的见知，大德之人是不说的，因为世俗之人不理解，会误解。

慎终如始　修持玄德

"生之，畜之，生而不有，为而不恃，长而不宰，是谓玄德。"意即，不断地修持，不断地蓄积着能量，生养万物不为己有，有所作为不恃己能，主导不加强制，这就是深远而高妙的德啊！

最后这几句在全书中出现了好几次。但读书要看上下文，要看前后句，要审视语言环境、背景。老子在别处说这几句时，是接在"自然界"的"道"的后边。这次是接在"明白四达"

后面,是在告诉人要效法天道,这是"一星管二"。所以我想还是以"嘱咐人"的意思理解为好,即使不对但也不致跑题。

▶ [小结]

　　古时候,真人不露相,真道不显传。道教资料记载,老子的嫡传只有尹喜。

　　春秋末期,老子归隐西行,时在冬月,路经函谷。函谷关关令尹喜,一日守关东眺,见有紫气东来,料想必有异人过此。遂每夜守关仰望,至甲子日,老子乘青牛白车已到关前,尹喜服朝服(着正装)叩跪相迎,遂求授以至道。留老子数日于陕西省周至县楼观(今为道教宫观)。老子授尹喜以内外丹道修养之法,又予文字五千余言,遂名《道德经》,留之于世。

　　据道教资料,老子离开函谷关西行归隐后,尹喜去了武当山,修行数年,修炼有成。有一天,尹喜在山溪小桥上又与老子见面,然后两人羽化不见了。奇怪的是,山前山后的鸡狗家禽也不见了。这就是成语"一人得道,鸡犬升天"的由来。世间神话,亦真亦幻,虚虚实实,真假难辨。站在道家立场上,神就是人,人就是神。人类生活在三维空间里,而天外有天的多维空间里的事,人们是无力体会和说清的。

第十一章
有无利用　无乃大用

▶[题解]

　　人们在日常生活中，思维惯性总是倾向于"有"的一面，认为"有"才是实实在在的。即便是买房子，也是把思考放在"有"多大空间上，而没有人把空间放在"无"的概念中去思考。

　　其实，哲学就在我们的生活当中，"道"就在我们的日用当中。"有"和"无"是密不可分的对立统一关系，是一个问题的两个侧面，不可偏废。有许多时候，"无"有正用，"无"有大用。

　　在本章，老子以造车、制器、凿室为例，生动地讲述了"有无利用"的辩证关系。同时也提示人们，道的规律和法则，就在人们的日常生活当中。

　　如果按着这个"道理"推衍开来，那么前面第十章讲的是如何把思想杂念排空，而后，人的真实的道性潜能，便能显露出正用和大用。或许，这一章的论述也是在强化前一章的内容，这也比较符合老子的智慧。

　　老子思想的高妙渊深，更多体现在无字之中。

▶[原文]

三十辐共一毂，当其无，有车之用。
埏埴以为器，当其无，有器之用。
凿户牖以为室，当其无，有室之用。
故有之以为利，无之以为用。

▶[直译]

车轮的三十根辐条安装在一个车轴上，留有了轴心的空无，才具备了车的作用。

糅合陶土制作器皿，有了陶具的中空，才有器皿的盛物作用。

开凿门窗建造房屋，有了室内的空间条件，才有房屋的应有作用。

所以，"有"是支撑条件，"无"是成就使用。

▶[读解]

道在日用　处处有道

"三十辐共一毂，当其无，有车之用。"意即，车轮上的三十根辐条安装在同一个辐轴上，轴心留空穿插轴杠形成转动机制，这就有了车的行进和装载功用。

辐：音 fú，支撑轮圈的辐条，古人造车用木条三十根。毂：音 gǔ，车轮轴心的圆孔，轴杠从中间穿过。

"埏埴以为器，当其无，有器之用。"意即，糅合黏土制作器皿，有了陶土器具的中空，才有器皿的装盛之用。

埏：音 shān，和、揉之意。埴：音 zhí，黏土、陶土。埏埴：

即糅合黏土。"以为器"，即以之为器，制作器皿。

"凿户牖以为室，当其无，有室之用。"意即，打造门窗以建成房屋，有了室内的空间条件，才有房屋的使用作用。

凿：凿开。这里留有古时居民凿窑为室的文化痕迹。牖：音yǒu，窗户。"凿户牖"就是打造门窗。门窗对墙体而言也属于空无的范畴，也有大用。

老子是哲人，所以他观察事物总是能够看到事物的两端、两面。我们常人平时买鞋子、买裤子、买家私，其实都知道空间利用的问题，但是没有人会把它提升到哲学范畴中去思考。

物理中的哲理，同样适用于人们的思维方式。如果善于深入思考，便能拥有智慧人生。

有无利用　无乃大用

"故有之以为利，无之以为用。"意即，所以，"有"是成就事物的支撑条件，"无"是成就事物的真正功用、正用、大用。

老子思想的深邃，在于他"知道、达变、用反"。学习本章，不在于知道房子、鞋子、空间大小就够了。如果是这样，可以不必读《道德经》。

在"题解"中我提到了，这一章内容可能是针对第十章内容在做启发。人如果想修行，首先需要把尘世间的欲望烦恼掏空，让意识空净，把身体这个"房子"打扫干净。然后，道的正知正念、正等正觉才能住进来，才能转换灵魂，成就人生大用。

这一点好像不好理解。比如，人每天都在活动，人们看到的是身体，那么活动的是身体吗？说是也是，说不是也不是。因为真正活动的，是灵魂，是灵魂在支配身体，身体这个"有"，只是灵魂的房子，是灵魂的一个支撑。当然，二者是相辅相成的，或者是相反相成的。

灵魂，无形无物。如果有人不相信灵魂，也可以把它当作精神意识、思维活动去理解。无形无物的事物，《道德经》便称作"无"，这是从哲学上建立的概念。

人体如果没有灵魂，这个身体就是一个空壳；灵魂如果离开了身体，它也一事无成。所以"有之以为利，无之以为用"的这个"无"，才是"大用"。

▶[小结]

一般有较高修养的人，日常生活往往不太看重"有"，而是比较重视"无"，所以他们生活简朴，注重精神修为。老子称其为"被褐怀玉"。

相反，不太明智的人，非常重视现实中的"有"，乃至占有。一旦"有"了之后，便"华其外而悴其内"，生怕身体亏了，膏粱厚味，补了又补，战战兢兢，生怕有病。也有的贪酒无度，老早就把心脏喝出病来了。这是人性的最大弱点。

而道家的"修真"，则是清心寡欲，涵养自身"真气"，欣赏自然，贴近自然。即便是以山泉为饮，野菜为食，也能形神一体，精神抖擞，健康无病，年度百岁。道家信奉天人一体，呼吸吐纳，可以吸收天地精气。

佛家认为，身体只是承载灵魂的皮囊，真正的"我"是心中的佛性，即自性，灵魂可以转世，身体只是此生临时住所。修佛的最高追求是脱离轮回，不再转世而进入佛国极乐世界。

所以佛道两家不怕清苦，有所修行的人，都精神抖擞，身体健康，心态平和。

总之，有和无，利和用，它们的辩证关系是很微妙的，不可偏执，亦不可偏废，折中为上。

第十二章
物欲伤人　虚静为宝

▶[题解]

老子是修道有得之人,他的世界观是天人合一,他的人生观是爱民治国,他的价值观告诉世人:怎么做才能保生长全,符合天道情理。

所以,面对着这个色彩斑斓、物欲横流的花花世界,老子冷静地告诉人们,人类所创造的"物欲文明",很容易反过来伤害人类自己。"五色令人目盲;五音令人耳聋;五味令人口爽;驰骋畋猎,令人心发狂。"

老子是在说:过度的物欲追求,不但直接伤害身体,而且会乱人心性,使人心发狂。

试看当今天下,芸芸众生,人间百态,又有多少人在自以为的人生得意中糟蹋着自己,同时也在给家庭和社会制造着麻烦和不安。

本章最后一句"是以圣人为腹不为目"的告诫,绝不是"圣人吃饱了什么都不看"那么简单,那正是圣人留给世人的人生思考。

▶[原文]

　　五色令人目盲;五音令人耳聋;五味令人口爽;

驰骋畋猎，令人心发狂；难得之货令人行妨。
是以圣人为腹不为目，故去彼取此。

▶ [直译]

青赤黄白黑等"五色"的斑斓，会伤害人的视觉。
宫商角徵羽等"五音"的嘈杂，会伤害人的听觉。
酸苦甘辛咸等"五味"的刺激，会伤害人的味觉。
纵情于狩猎驰骋，会使人内心狂野。
难以获得的珍稀宝物，会使人心生异想，行为不轨。
因此圣人务实于内在的充实而不追求外在的浮华，所以能抵御物欲的诱惑而重视内在的修养。

▶ [读解]

追逐外欲　伤害身心

"五色令人目盲"，意即，青赤黄白黑五色杂染，炫彩夺目，会令人眼花缭乱，伤害视觉、视力，同时也会引起盲目、盲动。

现代人近视的很多，好在能配眼镜，矫正视力。但在古代没有视力矫正技术，所以老子说："五色令人目盲。"比如人们一进商场，便进入了一个炫彩夺目的世界，商品之多令人眼花缭乱。人的心理往往易产生很大的反差，货多钱少，心态很容易失衡。有的人见便宜不买觉得吃亏，所以容易受到诱惑而买些没有多大作用的东西回家。盲目和盲动是深层次的"目盲"。

"五音令人耳聋"，意即，宫商角徵羽五音的嘈杂，会伤害人的听觉听力，强烈的刺激会使心情烦乱。

音，是音质、音调。"五音"相当于今时的A、B、C、D、E等音色定调。

有修养的人喜欢轻音乐的韵味悠扬，它使人身心愉悦且不刺耳；活力四射的人喜欢炫彩下的"摇滚"，释放情感，发泄欲望。狂野之后是落寞，心境难平。噪声，特别是巨大的声响，很容易伤害人的听觉听力，巨响可致人耳聋。

"五味令人口爽"，意即，酸苦甘辛咸五味偏嗜，会导致味觉差失，食不知味。

"爽"，在这里不是"爽快"，而是"爽约"，是"差失"之意。中国字多"一字多意"，勿误读。

"口爽"是生活中常有的事。当你被辣椒辣了之后，其他味道便全部都"爽约"了，你会食不知味。"口爽"也是临床上的一种少见的病种，多由饮食习惯不好造成，主要症状是味觉失灵。

"五色""五音""五味"的概念，与中国古代"五行"思想体系相关。中国古人把自然存在的东西，包括意识界的认知，都分别归类于"五行系统"。五行体系及其哲学思想，是古代知识分子必懂的常识。

"驰骋畋猎，令人心发狂。"意即，纵情于山野之间狩猎驰骋，会使人心生狂野，彰显狂妄野性。

老子的这句话说得很重。老子反对暴力、争斗，反对匹夫之勇。如果培养自己的狂野之性，炫耀己能，不利于养心治国。

"难得之货令人行妨"，意即，难于获得的珍奇宝贝等，容易引发人们的动念或行为不轨。

比如，人们进了商店，见到自己喜欢的东西，容易被诱惑。有的人就考虑怎么能获得它，这就是"行妨"。即便是买不起，也心境难平。有时候，就有人想到"巧取豪夺"了。

总之，老子认为人们所追求的声色犬马式的生活方式，是背离于"道"的。它伤害人们的身心，也败坏社会的风气。净空法师把有些人的生活，叫作"魔鬼生活"。大德之人的话，是值得深思的。比如有的人狂野飙车，不就是害人害己吗？

守住本心　务实去虚

"是以圣人为腹不为目，故去彼取此。"意即，因此，圣人重视人的内在的充实，而不追求外在的浮华，所以能抵御物欲的诱惑，而重视内在的修养。

"腹"，代表内在，可以包括吃饱饭，但主要指的是修真养性。

"目"，代表外在的浮华，代表眼花缭乱的一种意境。

"去彼"，就是抵御浮华。"取此"，就是守住本心，修真养性，让心静下来，有利于身心健康。

这种"去彼取此"的修行，如果用在安民治国上，可以引出很多的思考。

▶[小结]

当今社会是市场经济主导的商品社会。商家的策略是刺激消费，所以各种"由头"的广告、商品铺天盖地，勾引着人们的欲望，吸引着人们"背道而行"，所以社会上总是乱象丛生。这是一对矛盾，也是人类社会发展的痼疾。

人类社会发展到今天，老子所倡导的返璞归真的理想仍然可以成为可能。尽管读《道德经》的人少之又少，但是老子的思想在中国人的心目中还是流传深广的，社会上还有绝大多数人能保持住纯朴，不被物欲所扰而远离尘嚣。

实际上，以人的灵性可以悟出许多的道理，正所谓"胡子里长满故事"。老子的文章之所以总用"圣人"，是因为他的说理主要针对的是"上层社会"。

第十三章
以身作则 可托天下

▶[题解]

本章内容立意深刻。老子先从"宠辱若惊，贵大患若身"开始，逐层剖析，得出的结论是"吾所以有大患者，为吾有身"。

紧接着，老子又提出："及吾无身，吾有何患？"这句话的意思是"无私才能无畏"。

最后，老子提出"故贵以身为天下，若可寄天下；爱以身为天下，若可托天下"。老子的本意当是：只有无私无畏的人，才可以把天下托付给他。否则，德不配位，天下遭殃，不可寄托。

老子是修道有成的无私无畏的"真人"，他的境界"莫知其极"。他留下的每个字，都在解释着宇宙人生的终极真实，都是对天地人的高度负责。他没有私心，所以到最后，他骑着青牛西出流沙不知所终了。

毛泽东同志敢于面对强敌赴重庆谈判，柳亚子称他具有"弥天大勇"，而这种"弥天大勇"的能量来源，则是无私无畏，他为的是天下和平。所以毛泽东能"得道多助"，最后打得蒋介石"兵败如山倒"。正因为如此，毛泽东同志才会成为可以将天下寄托给他的一代伟人。这也是老子所说的"后其身而身先，外其身而身存"的一种"道"的境界。

纵观芸芸众生，人间百态，不知有多少人都在"宠辱若惊，贵大患若身"的忧惧中了此一生，没有多少人能活出真正的"自我"来。

老子在本章中，对"灵魂"的指代是用"贵"和"爱"来直接表达的，换句话来说，就是人的世界观和价值观的定位，在决定着一个人一生的穷通顺逆，是否有成。

▶[原文]

宠辱若惊，贵大患若身。

何为宠辱若惊？宠为下，得之若惊，失之若惊。是谓宠辱若惊。

何谓贵大患若身？吾所以有大患者，为吾有身。及吾无身，吾有何患？

故贵以身为天下，若可寄天下；爱以身为天下，若可托天下。

▶[直译]

人在得宠和受辱时，就惶恐和惊惧。把宠辱这样的大患看得与自身生命一样珍贵。

什么叫"宠辱若惊"？因为"得宠"是卑下的（它是上对下的赏赐），所以"得宠"时惶恐，"失宠"时惊惧。这就叫"宠辱若惊"。

什么叫"贵大患若身"？我之所以能有大的祸患，是因为我有身形这个私我。假如我没有身形这个私我，我还有什么祸患可以加身呢？

所以，能像重视自己的身家性命那样重视天下的人，可以把天下寄望于他；能像爱惜自己的身家性命那样爱惜天下的人，可以把天下托付给他。

▶[读解]

宠辱若惊　因为有私

"宠辱若惊，贵大患若身。"意即，人们在得宠和失宠时，总是会表现出诚惶诚恐，或是惊惧不安。把宠辱这样的大患看得与自身生命一样珍贵。

对"得宠"和"失宠"的理解，不必局限于字面。人的一生，总是要面临着上升和下降，得意与失意。比如有不少年轻演员，突然得了"百花奖""金鸡奖"之类，一举成名。奖项揭晓时，没有不诚惶诚恐的，都说不敢相信这是真的。相反，同台竞争者必会产生失宠般的落寞。老子的"惊"，讲的是心境不静，触动太大。

人世间，很少有人不重视自己的荣辱兴衰。无论是来自身体的，还是事业的，人们都很警觉，这是生存本能，是自我保护。所以，人的一生，战战兢兢，谨小慎微，如履薄冰，都在防止祸患降临自身，这是人们的思维惯性，无可厚非。人类需要自爱，不爱自己，何谈爱人。

"何谓宠辱若惊？宠为下，得之若惊，失之若惊。是谓宠辱若惊。"意即，什么叫"宠辱若惊"？因为"得宠"是卑下的，它是上边对下边的赏赐，所以得到时，会惶恐激动；而失去时，则会惊惧落魄，心境不安。这就叫"宠辱若惊"。

明代文人洪应明说："宠辱不惊，闲看庭前花开花落；去留无意，漫随天外云卷云舒。"自古以来，这类贤达之士也大有人在，他们都是参透古今而洞明世事之人。

"何谓贵大患若身？吾所以有大患者，为吾有身。"意即，什么叫"贵大患若身"？因为我之所以能有大的祸患加身的可能，正是因为我有着这个可以承受祸患的私身。

"贵大患若身"："贵"，是形容词，处在谓语的位置上，可译为"认为……珍贵"。"身"，是名词，处在宾语位置上。所以这个句子的重点是"贵……身"。这是古人常用的特殊句式，叫作形容词做谓语时的意动用法。这类句式在《道德经》中很多，所以在这提示一下。

在人们的习惯思维中，如果提到你是谁，他（她）是谁，人们首先想到的都是姓甚名谁、性别年龄、相貌特征、职业籍贯之类的具象的东西。而这些，只是一个人的"有"的一面。而"无"的那一面，人们往往很难准确说清，所谓"知人知面不知心"。

大德老子站在"道"的立场上，谦卑地拿自己说事儿，可谓言轻意重，发人深省。即"及吾无身，吾有何患？"人都没了，还能怎么办？"无我"之人，是没有任何忧惧的。

这一句讲的是一种境界，是一种人生思考，是说"无私才能无畏"。

无私无畏　诚者自成

"及吾无身，吾有何患？"意即，假如我没有这个"私身"了，我还能有什么祸患呢？

老子的这一句夹在文中，顺势而出，非常重要。它涉及人生中最大的事情，就是如何认识和对待"生与死"。还有一个更高层次的思考，就是什么才是"真我"。

所以这句话，除了上面的字面解读外，还有以下三种解读法。

一种是世俗层面的：叫"死了、死了，一了百了，享福去了"。这是一种无奈，也是一种宽慰，说的是自然法则。

一种是精神道德层面的：叫"无私才能无畏"。为了他人利益，为了国家民族利益，他们可以义无反顾，英勇赴死。人民英雄纪念碑里的英灵，就是英雄的风采，那是一种道德精神。

如果把这种精神引申到灵魂层面，那就是一个哲思问题，也就是什么才是"真我"。如果这个问题能明白了，就有可能坦然面对"生死"问题。

实际上，人的"真我"在科学和人们的正统思维习惯中，叫"形与神俱，不可分离"，即精神与肉体的合一。

儒家孔子特别重视人的精神涵养，他说："朝闻道，夕死可矣。""人而无信，不知其可也。"

佛家认为，人的"真我"是那一点"自性灵光"，肉身只是"自性真我"在此生的一个临时住所、修行工具。所以大德高僧知道自己什么时候圆寂，有的可以含笑辞世。佛家表了许多"法"，向世人示现佛理的真实，灵性可以超越身体。

道家老子，以"出世"的心态做"入世"的告诫，他既不鼓励"杀身成仁"，也不说他能超越身体的局限性，只告诉人们怎么做才符合"天理"，即自然之理。

所以《道德经》近乎《易经》，留有太多的思考空间让人联想。自古至今不知有多少人在解读注释，真正是"仁者见仁，智者见智"，而"愚者见愚"的也大有人在。所以我们解读《道德经》必须静悟深思，贴近老子。而老子说的"及吾无身，吾有何患"，本意则是无私无畏，无欲则刚。人如果有这种情怀，不怕死，那么还有什么可怕的。

德能配位　可托天下

"故贵以身为天下，若可寄天下；爱以身为天下，若可托天下。"意即，所以，像重视自己的身体那样重视天下的人，于是可以把天下寄托给他。像爱惜自己的身体那样爱惜天下的人，于是可以把天下托付给他。

寄：寄予、寄托。

托：托付、托给，可理解为可以交给。

中国字在古时的用法各有界定，寄是寄，托是托，很少连绵使用。就像古人说"妻子"，是指妻子和儿女。

若：在这里是副词，根据语言环境，可以当"于是"讲，表肯定。

老子的文化修养极深，这两句写得很美。前一句可以在细微结构上理解为"寄托希望于他"。后一句可以理解为"托付给他"。两者有区别。

这种可以寄托天下的人，关键时刻是可以做到挺身而出的。为正义、为信仰而英勇就义的人，古今大有人在。

▶ [小结]

人的生命过程，着实存在着人生态度问题，而人们的人生态度，又取决于他所接受的人类不同文化的影响。尽管儒释道三圣文化对中国人的思想影响很深，但是在现实生活中，能有效读懂圣人思想的人则不是很多。特别是在东西方文化正不断交融和碰撞的当今社会，许多人都活得很累，并且有许多人活得可谓"物质嚣张，精神贫困"。

所以，道家文化、老子的智慧，或许能让人们在"宠辱若惊"中有所减负。如果能够从中真正得到一些收获，人们或可活得比较自然且有尊严。长此以往，或能够担当大任。

第十四章
执古之道　御今之有

▶ [题解]

本章是老子描述"道"的"惚恍"存在的一篇专述，内容可分三个层面：

首先，老子告诉人们："道"是人的感官所看不见、听不到、摸不着的一个概念，它超越了人的感知能力，"不可致诘"，难以穷究它到底是什么样子。

接着，老子又以"其上不皦，其下不昧""迎之不见其首，随之不见其后"等描述，讲述了"道"的广大无边和真实存在。

最后，老子认定，"道"是自古就有的。能认识这个自古就有的"道"，用"道"的规律和法则来驾驭我们眼前的这个"有"，就等于掌握了"道纪"，即"道的纲纪"。

老子是"得道"之人，每当他在文字中表现出"恍兮惚兮"的状态时，可能正是他对"证得"大道存在的一种"观妙"状态的描述。我们没有那样的"境界"，所以只能想象，然后用我们的想象感悟《道德经》。

最重要的是，在老子每篇"体道"文章的最后，都有很重要的结论性语句，这是我们需要认真思考的哲思主题。

▶[原文]

视之不见,名曰夷;听之不闻,名曰希;搏之不得,名曰微。

此三者不可致诘,故混而为一。

其上不皦,其下不昧。

绳绳兮不可名,复归于无物。

是谓无状之状,无物之象,是谓惚恍。

迎之不见其首,随之不见其后。

执古之道,以御今之有。

能知古始,是谓道纪。

▶[直译]

看它看不见,叫作"夷";听它听不到,叫作"希";摸它摸不着,叫作"微"。

这三种方法都不可追问穷究道的存在,因为它是浑然一体的"无"的状态。

它的外显并不明亮,它的内隐也不暗昧。

绵绵不绝的样子啊,不可名状,然后又回归于无物。

这叫没有形状的形状,没有物体的形象,也叫作若有若无的惚恍。

迎着它迎不到开端,跟随它看不到后头。

把握古来就有的"道",便可以驾驭当今的万有。

能够认识"道"的本原规律,这就叫作把握了"道"的法则纲纪。

▶ [读解]

道的存在　不可致诘

"视之不见，名曰夷；听之不闻，名曰希；搏之不得，名曰微。"意即，用眼睛看它看不见，这叫作"夷"；用耳朵听它听不到，这叫作"希"；用手去摸它摸不着，这叫作"微"。

夷、希、微，是三个形容词，是人们认识事物的固有概念。"夷"在字义上是"平"的意思，夷为平地，空空如也，表达的是看不见什么东西存在。"希"是稀少，表示听不见什么声音，所谓"大音希声"。人们常讲天籁、万籁无声，我不知道老子是否能听到天外之音。"微"是极小，触摸不到它。

老子提出这三个人们思维中常用的概念，然后再一一否定，目的是让人们了解"道"是以"无"的状态存在的。

"此三者不可致诘，故混而为一。"意即，"道"的"夷、希、微"这三种"无"的状态，即无形、无声、无物的状态，是不可穷究追问的，所以混合在一起，可以叫作"无"。

"致诘"就是不能穷究追问这个"道"到底是什么样子，因为它以"无"的状态存在，所以没法深究，没法回答。

接下来，老子开始描述他所感知到的"道"的存在状态。

道为大象　无可名状

"其上不皦，其下不昧。"意即，向上看去，"道"的外显并不明亮；向下看去，"道"的内隐也不暗昧。老子是说"道"的性质"光而不耀"，"和光同尘"。老子所说的"上""下"，我们大概不能像常人坐在家里说"上下"那样去理解。老子说的当是大空间的概念，宇宙空间是没有上下的。所谓上下、左右、前后,是以人为中心的概念定位。

"绳绳兮不可名,复归于无物。"意即,绵绵不断啊!不可名状。但仔细推究起来,它又复归于无物的概念。这就是"真道"不可说。为什么不可说呢?因为人类的思维惯性,是有名必须有实,必须名实相符。而"真道"是以"无"的状态存在的,那么无论用人间所创造的任何概念去说,都是说不明白的,这就是"道可道,非常道"。"绳绳兮",就是绳子和绳子连接起来,绵绵不绝的样子。

"是谓无状之状,无物之象,是谓惚恍。"意即,道的存在是没有形状的形状,没有具体物象的大象,这就叫作"惚恍",也就是恍恍惚惚。

"迎之不见其首,随之不见其后。"意即,在前面迎它,它没有前头,在后面跟它,它没有后头。老子用世俗的概念,来说明"道"的存在无始无终,无头无尾,永恒无边。

"道"是物质　无物之物

品读《道德经》并感悟老子十五年,加上自己已过花甲的人生经历和体会,我们深信老子已经推究到了宇宙的根源,相信他所说的一切,都是宇宙人生的终极真实。

《道德经》的第一、第四、第十四、第二十一、第二十五章,都是专题论述"道"的存在状态的。他反复强调"道"是"无物之物"。他给这种物质勉强起个名字,叫作"道"。

那么,"道"这个"无物之物"到底是什么?真的就不可以"致诘"和"穷究"了吗?

应该不是。

在中国的传统观念中,人们也普遍认为:空中不空,它存在着天地精气、日月精华,后来叫"宇宙能量"。所以修行练功的人可以"辟谷",几天或者数月不食谷物,但神气不减,都说这是接受了天地精华,自然精气养活了机体。我们可以把它理解为"天人合一"的一种层次。

那么,所谓"宇宙能量"又到底是什么?物质世界到底是怎么来的?

这个问题,是当今科学界普遍关注的问题,也是科学界探索物质起源的主要课题。

在绪论中我们曾讨论过"第四意识""夸克"等,我们可以猜想,老子的"得道"状态,应该就是"第四意识"状态。他通过超凡脱俗的修行,使自己进入"致虚极,守静笃"的"意识真空状态"。在这样的状态下,人的潜能又回归了宇宙,能量之大"莫知其极"。所以老子能够感知到"道"的存在及其状态,所以他真的能够道破天机。

在佛学的《心经》中,佛祖说世间的一切存在,都是"色不异空,空不异色;色即是空,空即是色"。色空不二,如果穷究,则一切归空。

爱因斯坦是世界顶级科学家,他不保守,他说:"所有的宗教、艺术和科学,都是生长在同一棵树上的枝叶。人们对这三方面的追求,都是为了使生命从单纯的物质世界里提升。"

总之,当把物质分析到最小单位时,它是"无"的、"空"的。圣人和科学家都这么说,这可能就是老子反复描述的"道",所以他总是描述得"恍恍惚惚"。

能知古始　是谓道纪

"执古之道,以御今之有。"意即,能够了解掌握古来就有的"道",用它来驾驭指导我们当今所面对的"大有"的世界。

老子的本意,当是用古来就有的"道"的规律法则,来分析处理我们面对的事物。

"能知古始，是谓道纪。"意即，能知道"道"的规律法则自古开始就是这个样子，这就形成了道的纲纪，即纲领法纪。

也就是说：道是物质，物质要运动，运动有规律，规律就是"道纪"。

那么，"道纪"的内涵有哪些？可以这样说，《道德经》的八十一章，都是在讲道和道纪。他不厌其烦地告诉我们，应该怎样认识这个世界，在这个世界中，我们该怎么做才更安全有效。

▶ [小结]

老子是"悟道得道叙道"之人，道的玄妙及精深，让老子来表达，真是勉为其难。他只好用尽凡俗人等所能理解的一些概念，来反复说明这个难以表述的道。

黑格尔认为："道就是原始的理性，产生宇宙，主宰宇宙，就像精神支配身体那样。"所以，道是宇宙的纲纪，它无始无终，更无前无后，无上无下，自古以来就产生和支配着一切。道既是物质的本原，也是宇宙的法则，还是事物发生发展运动变化的规律。掌握了解道的规律，并以此立世治世，我们的人生及这个世界，将会是一片美好。

第十五章
得道之人　微妙玄通

▶[题解]

　　人世间，可能有相当一部分的人在为人处世上，所表现出的人格是偏执的，性格是固执的，其内心世界是自以为是的。拥有偏执人格的人，可能要在一生中遭遇许多不顺，乃至巨大挫折。

　　老子在这一章里，以"古之善为士者，微妙玄通"为例，描述了修行得道之人的处世风格和人生态度。那是一种上善若水、弛张有度、严谨活泼、纯朴浑厚、虚怀若谷、宁静致远的风格。具备这种道德修养的人，内涵丰富，虚心进取，做事有成。

　　毛泽东同志精通国学，也更深谙辩证法思想，所以他给延安中国人民抗日军政大学的题词是"团结、紧张、严肃、活泼"。哲人们的思想都不是偏执的，而是辩证的、圆融的、变通的。人和事物，都怕僵化。

　　老子大德，悲天悯人，爱民忧国。在这一章中，他以"古之善为士者"为例，或许也是描绘他自己。老子的目的是，通过描述道在人间的具体形象，来告诫世人如何顺应环境而为人处世，并不断提升与修炼自己。

　　谦卑隐晦，是老子行文的个性，也是"道性"，这一章他写得依旧隐晦。

▶[原文]

古之善为士者,微妙玄通,深不可识。

夫唯不可识,故强为之容:

豫兮若冬涉川;犹兮若畏四邻;

俨兮其若客;涣兮若冰之将释;

敦兮其若朴;旷兮其若谷;

混兮其若浊。

孰能浊以静之徐清?

孰能安以动之徐生?

保此道者,不欲盈。夫唯不盈,故能蔽不新成。

▶[直译]

古来修行得道的人,他的知行"微妙玄通",深邃得让人难以理解。

正因为难以理解,所以勉强来形容一下他的"道貌"特征:

严谨慎重啊,就像在冬天里履冰涉水;机敏警觉啊,就像要时刻提防来自四方的危险。

庄重谦恭啊,就像在外边做客;飘逸洒脱啊,就像冰雪消融。

敦厚纯朴啊,就像未经加工的原木;胸怀开阔啊,就像空旷的山谷。

混同尘世啊,他又如人间百态那样浑浊难分,自然存在。

谁能在浑浊的尘世中虚静下来,像浑水一样慢慢沉淀澄清,升清降浊?

谁能在浮躁的乱世中安定下来,以悟道的灵光涵养生机,精进道性?

守持这种"道性"的人，他不寻求盈满。正是因为不自以为盈满，所以能做到推陈出新，做事有成。

▶[读解]

善为道者　微妙玄通

"古之善为士者，微妙玄通，深不可识。"意即，古来善于修行并得道的人，他的知和行是"微、妙、玄、通"的，深邃得让人们难以看懂。

老子的话，有的是"线"，有的是"珠"，用线把珠串起来，那就是"珍珠项链"。

解读《道德经》的重点是"珠"。在这一句中，微、妙、玄、通，各有深意，就是"珠"。

微：微小。老子说"道"，常用此字。喻指做人要谦卑、低调，不争强好胜，不傲慢无知。修道者大智若愚，不显山露水。

妙：巧妙、高妙，善巧灵便。《道德经》的一句"道可道，非常道"，让文人雅士解读、欣赏、玩味了两千多年，回味无穷，这难道不"妙"吗？老子的整部《道德经》，就像一块璞玉，人们在这两千多年里都在不断地琢磨，仁者见仁，智者见智，各有发挥，但又有哪个人能超越老子，尽圆其说呢？这就是大德老子的"妙"。

玄：深邃，博大精深。老子能参透天机，能用五千言道尽宇宙人生来去真谛。他能断言"有生于无"，能感知"道"的恍惚存在是"无物之物"，这难道不"玄"吗？

通：通晓、通达。"明白四达"是《道德经》第十章的语句，那是一种庄子所说的天地人间任往来的状态。所以就一个"通"字而言，很难说清它的"境界"有多少个层次。老子说"不出户,知天下;不窥牖,见天道",我们很难说清老子的"通",到底能通到何等境界。

所以,得道高人的内心世界,世人是没法看懂的,甚至他讲出来,人们也很难理解,这就叫"深不可识"。

所以没办法,老子就勉强地说一下得道之人的外在特征,希望人们有所领悟,或可由表及里,有所启发。

七种道貌　强为之容

"夫唯不可识,故强为之容。"意即,正是因为得道之人的内在世界深不可识,所以勉强把他的外在特征形容一下。

"豫兮若冬涉川;犹兮若畏四邻。"意即,行事严谨慎重啊!就像在冬天里履冰涉水于川谷之中。警觉机敏啊,就像时刻要警惕着来自四方的危险。

豫:同"预",预备、预先、预防之意。意指做事严谨,不鲁莽草率。

犹:谨慎机警,不贸然行事。时刻防备着来自外界的危险。犹,本指一种机警的动物。

"俨兮其若客;涣兮若冰之将释。"意即,庄重谦恭啊!就像在外做客的客人。飘逸洒脱啊!就像春日里消融的冰雪。

俨:恭敬、庄严、庄重之意。"道貌俨然"这个词的词根可能就在这里。

涣:散开、涣散之意。在此指精神活跃,不固执僵化,外在特征是飘逸洒脱、自由自在。

"俨"和"涣",表现为道者在不同人文环境下所表现的不同状态。该严肃时则严肃,该活泼时则活泼。

"敦兮其若朴;旷兮其若谷。"意即,敦厚朴实啊!就像未经雕琢的原木。心胸开阔啊!就像空旷的山谷。

这两句是讲"得道"之人的内在品质和处世风格。厚重踏实，不喜浮华，心胸坦荡，虚怀若谷。做人做事的风格有别于市井之人的患得患失、偏执狭隘。

"混兮其若浊。"意即，混同于尘世啊！他又如世间万象、人间百态那样浑浊难分。

人们常说，"大隐隐于世"，修行之人，也生活在民间，与世俗之人没有多大区别。他们每天都要接触许许多多的人，要和人们沟通交往，维持生计。人间少有世外桃源，各种观念、思想、知行，鱼龙混杂，浑浊不清，真假难辨，善恶难分。

持守虚静　修炼道性

"孰能浊以静之徐清？"意即，谁能在浑浊繁杂的尘世中让心灵安静下来，慢慢地做到分辨是非，升清降浊？

佛祖说：吾于五浊恶世，教化如是刚强众生。也就是说，佛法不离世间觉。在尘世间修行得道，才是真功夫。佛家讲的"五浊"，是指色、受、想、行、识这"五蕴"所累积的不正确的观念，它极大地伤害着人的心身。老子的时代，以及之后所形成的道教，还没有形成佛教那样系统的理论，所以这个"浊"字，我们可以借用佛家的理论来思考它的内涵。

老子用此话告诉人们，做到在尘世的浊杂中让思想超脱出来，用正确的世界观、人生观、价值观面对人生，清醒头脑，实践修行。

"孰能安以动之徐生？"意即，谁能在躁动的尘世中安定下来，认真思考，不断提升修道的性德以造化生机？

静中有动，动中有静，这是宁静致远的妙谛。人在浮躁和躁动中是永远做不成什么事儿的。比如各种运动大赛，越着急夺冠，动作就越容易走形，这就是心浮气躁。心神不稳，怪态丛生。锻炼心理素质就是修行。

虚怀若谷　敝而新成

"保此道者，不欲盈。夫唯不盈，故能敝不新成。"意即，能守持清静安静的人，能虚怀若谷，不自满。只有做到不自满，才能不断地推陈出新，做事有成。敝：破旧。此指去旧，推陈。

▶[小结]

老子论道真是非常高妙，他用道在人间的七种"貌"，似乎是要描绘出什么样的品格才是比较完整的"人格"特征。

豫（预）—严谨；犹—警觉；

俨—庄重；涣—活泼；

敦—质朴；旷—坦荡；

浑—合群。

最后，他还告诉人们，混同尘世时要冷静安定，不要随波逐流，同流合污。人只有不断修行，才能不断提升。

修炼人群的打坐过程，实际也是一个"浊以静之徐清"的过程。在日常生活、工作、学习时搞不清、想不明白的事情，通过打坐入静后，可能就明白了，清楚了，有思路了。打坐后静极生动，积精炼气，还神补脑，也就是老子所说的"安以动之徐生"的过程。老子说话很隐晦，他的这两句大概包含了打坐入静的修炼过程。

道不远人，道在日用。道在人间是活泼的，随机的，而绝不是僵化的、呆板的教条。老子所列举的"善为道者"的七种"道貌"，反映的是有道有德之人在世间应有的品格与风貌。读书与思考，就是学习。"学而时习之"，人就进步了，有品了。习，不是复习，不是用脑背会，而是实践，是时时照做，知行合一。

第十六章

归根复命　知常曰明

▶ [题解]

老子的"道"学,主要是讲规律和法则的。在本章里,老子以"致虚极,守静笃"的方法和态度,对世间万物的存续过程进行了"观复",所得的结论是"夫物芸芸,各复归其根"。即万物从"道"中来,再回"道"中去。"归根复命",循环往复,生生不已,这就是道生万物的法则与规律。

接下来,老子把天理引入人间,提出了"归根曰静,是谓复命。复命曰常,知常曰明"等重要概念,并告诫人们:"不知常,妄作凶。"

而本章最重要的内容则是"知常容,容乃公"一段。老子的言辞,意境深邃。他似乎在隐约地告诉人们,人的生命过程无论境遇如何,到头来都是要"归根复命"的。如果用佛家的话来解读,他是在劝解人们要学会看破放下,要多一点包容心。有了像"大道"一样的包容心,也就有了公心了。公心即道心,可以使人"没身不殆"。

本章内容依天理,立人文,有理有据,层层深入,是反映老子思想的重要篇章。

▶ [原文]

致虚极,守静笃。

万物并作,吾以观复。

夫物芸芸,各复归其根。

归根曰静,是谓复命。

复命曰常,知常曰明。

不知常,妄作凶。

知常容,容乃公,公乃王,王乃天,天乃道,道乃久,没身不殆。

▶ [直译]

消解主观意识达到极致,守持心灵空静达到笃实(在这种状态下观察事物)。

世间万物都在自然地运作着,我以虚极守静的状态观察它们发生发展循环往复的存在过程。

万类事物层出不穷,但其发生发展的结局还是要返回到它的本原中去。

回归本原就叫作"静",静的回归就叫作"复命"。

"复命"是事物存续的永恒道理,知道这个永恒的道理就是明智的。

不知道事物的常理,背道而行就会遭遇凶险。

知道常理则会包容一切,包容一切则会公而无私;公而无私则会周全万物,周全万物则会合乎自然;合乎自然则会符合天道,符合天道则会保持长久,这样便可以终身免于危险。

▶ [读解]

致虚守静　道说观复

"致虚极,守静笃。万物并作,吾以观复。"意即,消解个人主观意识达到极致极点,守持思想空静状态达到笃实无扰程度。我在这种状态下,观察世间万物的自然发展与回归往复过程。

"致虚极,守静笃"是老子"修道"的一种功夫和途径。一般修炼程度较深的人,可以达到这种境界。在佛学界,叫"无我状态"或"无意识状态"。实际上是"第四意识"状态,即"意识的真空状态"。在这种状态下,人处在一种"化境",找不到自我存在,天人合一,一切都在无形的恍惚之中,有时会出现幻影。达到这种境界的人,其生命往往能调动出一些超常潜能。

我讲这些是为了贴近老子,因为他是在"虚极守静"的状态下"观复"的,没有人能知道老子观到了什么。但有一点可以肯定,如果只用"落叶归根"来解读《道德经》,那么我们所能理解的只是自然界的表象,观察表象是不需要"致虚极,守静笃"的。在这一点上,老子真可谓明白四达,而大智若愚。他只讲法则,不言实相。

归根复命　知常日明

"夫物芸芸,各复归其根。"意即,世间的万事万物,包括芸芸众生,其发生、发展、变化的终极,还是要回到它的原点、本根,这是规律。

关于"归根"问题,各种解读《道德经》的书籍都喜欢用我们的日常所见来解释它。

比如：人们忙活了一天，下班各自回家。草木长到三秋，冬来叶落归根。外出给单位办事，完事再回到单位。一年走过四季，又是大年初一。中国人有着强烈的"归根"意识，人们都不愿意客老他乡，这一点可能与《道德经》的思想有关。

亚里士多德说过："循环的圆是最完美的运动，它的终点与起点合而为一。"

老子所说的"归根"，当然可以涵盖上述事物的运动表现，因为规律可以涵盖一切大小事物，这叫"隔行不隔理"。那么，再认真解读《道德经》的全文，把前后连贯起来思考，所谓"叶落归根"绝不是老子所要表达的本意。

老子的本意是说一切都要归根于"道"。道生万物，万物归道。一切从无到有，从有到无，有无是一，宇宙是一，万物一体。

人如果能把自己的境界提升到道的高度上，明白万物一体，而不是花凋叶落各自都归自己的根，那么人就有包容心了，佛家叫慈悲心，也叫"不二法门"，即"宇宙是一不是二"。

人的"分别心"很强，凡事总要把你的、我的分得非常清晰，总认为你就是你，我就是我。岂不知，你呼吸的氧气和地球上的植物都有关，你的衣食住行与社会上的人群都有关。有的小麦来自加拿大，有的大豆来自美国，有的大米来自泰国。宇航员们在太空看地球，那是一个非常美丽的蓝色星球，是人类共同的家园。所以就有宇航员说：如果各国总统都到太空上看一看地球，可能地球上就不再有战争了。

这是"境界"问题。老子的"境界"在宇宙，他的心包容天下，所以他能说出"知常容，容乃公……"的话来，而不是局限于"落叶归根"的狭隘范畴。

"归根曰静，是谓复命。"意即，世间万物，最后都要回归于它的本原，这叫作"静"；"静"的回归，叫作"复命"，也就是"回复使命"。

"道"是万物之根，是众妙之门；道是虚静虚无的，它造化万物，又支配万物。《道德经》第四十章说："反者道之动；弱者道之用。天下万物生于有，有生于无。"也就是说，世间的一切显在事物，最后的结局都是走向它的反面。植物有生长化收藏，动物有生长壮老已。世间事，只有道是永恒的，其他的都是过程而已，但这个过程是循环往复的，所以老子称之为"复命"。

关于人生的"复命"问题，宗教界讲"性命双修"，"借假修真"，其最高的追求是从哪来回哪去，不再受轮回之苦。

"复命曰常，知常曰明。"意即，万事万物，从无到有，从有到无，最后都要回归于"道"，这是规律法则。知道了规律法则，按规律办事，就叫作"明"。明，指明白、明了、启明、明智、光明。

"不知常，妄作凶。"意即，不知道"道"的规律法则，肆意妄为则会遭遇凶险。老子在"归根复命"章节中讲此话，其言外之意是告诫人们要少私寡欲，勿为物累。钱和物真的是"生不带来，死不带去"，贪求多了，反而会遭凶险。

包容天下　大德长久

"知常容，容乃公，公乃王，王乃天，天乃道，道乃久，没身不殆。"意即，知道常理则会包容一切，包容一切则会大公无私，大公无私则会周全万物，周全万物则会合乎自然，合乎自然则会符合天道，符合天道则会保持长久，这样便可以终身免遭危险。

老子这一段的逻辑，其根性就在"知常容"上面。人生如果能做到大彻大悟，或者是基本彻悟，明白天下万物本一体，宇宙是一不是二，明白自己是从道中来，最后还要回到道中去，能做到佛家所说的"真诚、清静、平等、正觉、慈悲、看破、放下、自在、随缘、念佛"，那么，便可包容一切，成就大德。顺便说一下"念佛"，指的是心中有佛心道性，念念有佛。人若明白了道理，以道理行事，那么一切都好办了。

▶ [小结]

老子的哲学思想，是一个自成的体系。《道德经》各章所述的内容，并不孤立存在，所以研读《道德经》，需要反复品读，前后连贯后，方能读懂其真意。对于本章的掌握，我们想人们如能真正明白一切都要"归根复命"，"不知常，妄作凶"，便可受益终身了。

第十七章
为政之道　贵言守信

▶[题解]

"道"本无为，是老子确立道家思想体系的主旋律。在本章，老子毫不掩饰地把为政之道分为四个层次，他的是非判断的基本标准是"守信"与"贵言"，这是民心所向。老子用字简约而质朴，但字里行间内涵深刻，发人深省。

老子认为统治者只有推行"无为而治"，才能使百姓感到自由自在。让百姓心中不存在权力的威迫，人们都自由平等，这才是真正的天下大治。

老子"无为而治"的理想与主张，虽然在中国几千年的君主专制的封建社会中难以推行，但是对于处于统治地位的"明君"及官吏而言，还是能够起到应有的警示提醒作用的。

▶[原文]

太上，不知有之；
其次，亲而誉之；
其次，畏之；
其次，侮之。
信不足焉，有不信焉。

悠兮其贵言，功成事遂，百姓皆谓我自然。

▶[直译]

最好的统治者，老百姓意识不到他的存在；
次一等的，老百姓会亲近和赞誉他；
再次一等的，老百姓会畏惧他；
最差一等的，老百姓会蔑视他。
统治者的诚信不足，老百姓就不会信任他。
最好的统治者是多么悠然自得啊！他很少发号施令。等到一切自然天成了，老百姓都说：我们本来就是这个样子。

▶[读解]

太上无言　天下井然

"太上，不知有之。"意即，最好的统治者，老百姓意识不到他的存在。

这一句，老子说的当是双关语。

第一，"太上"，老子指的是"道"。道，创造万物，支配万物，但它又以虚无的状态存在，生而不有，为而不恃，长而不宰，玄德深远。人们的生存时时刻刻离不开"道"，但又根本感觉不到、意识不到"道"的存在。

在道教，老子被奉为太上老君，因为老子是道统的化身。他在"天庭"是主司天地秩序、谋求天长地久的，也叫道德天尊。

人间的神话故事，如《西游记》，作者吴承恩是深悟佛道两家理论的大家。人们如果懂一点佛道理论后再看《西游记》，就会从中感悟到许多中国文化现象的妙逸。孙悟空一旦遇难难解时，便状告到天庭，或是山神土地、菩萨佛祖。神话是一种

"表法",是对天地人间秩序的人格化的演绎。神话故事的终极意义,是讲天地是有一个主宰的,是有秩序的。佛也好,道也好,神仙也罢,终归都是在讲"道"是天地间的最高主宰,所谓"天网恢恢,疏而不失"。

《易经》中说:"一阴一阳之谓道。继之者善也,成之者性也。仁者见之谓之仁,知者见之谓之知。百姓日用而不知,故君子之道鲜矣。"

人们真的是"人在道中,不知有道"。所以老子说"太上,不知有之"。

第二,老子治世的理想境界是"道法自然",所以他一贯的政治主张是"无为而治","行不言之教"。他告诉统治者不要轻易发号施令,他反对统治者把个人的政见强加于人民,胁迫人民干这干那,控制人民自由。

在中国古代,人们非常崇尚尧舜禹时代的"天下太和,百姓无事"的统治方式,"(老百姓)日出而作,日入而息,凿井而饮,耕田而食。帝力于我何有哉"。这说明在尧舜禹的统治下,天下太平和谐,人民安居乐业。人们虽然知道世间有君主,但几乎不知道政权有何用处。这种治世方式,最接近老子的"道",也可谓"太上"。

人治统治　态分三级

"其次,亲而誉之;其次,畏之;其次,侮之。"意即,次一等的统治者,老百姓会亲近他,赞誉他;再次一等的,老百姓会畏惧他;最差等的,老百姓会轻视他。

天下不可以一日无主,人类社会是需要秩序的。

《大学》开篇说:"大学之道,在明明德,在亲民,在止于至善。"在儒家思想体系中,人们如何"修身、齐家、治国、平天下",当是最大的学问,这一学问即称为"大学"。那么,"大学"的内涵要义,就在于如何彰显最高尚的德行,即"在明明德";在于顺民心,知民意,亲民众,叫作"亲民";在于带领人民追求一个理想的目标,创造一个美好的社会,叫作"止于至善"。人世间如果有这样的明君圣主、人民领袖,人民定会"亲而誉之"。

再次一等的,"畏之",就是敬畏、畏惧、害怕。比如,秦始皇以武力统一六国后,施行郡县制,高度中央集权,书同文,车同轨,统一度量衡,推行"以法为教,以吏为师"的严刑酷法,并焚书坑儒,横征暴敛,强迫民众服徭役,做苦力,修建万里长城和阿房宫。在暴政的威迫下,人民害怕他。

最差一等的,"侮之",就是轻侮、造反。当"天下苦秦久矣"的时候,便是官逼民反的时候。秦始皇自己说:"朕为始皇帝,后世以计数,二世三世至于万世,传之无穷。"没承想,秦朝只传至二世,仅仅存在了十五年,便被陈胜、吴广、刘邦、项羽这帮起义军给推翻了。秦朝无道,所以不可长久。

贵言守信　和谐自然

"信不足焉,有不信焉。悠兮其贵言,功成事遂,百姓皆谓我自然。"意即,统治者如果不守王道的信用,人民就不会信任他。所以统治者要像道一样悠然自得,不要随便发布政令,要让人民自主生息,天下自然会和谐太平。这时候人们都说,我们自己原本就是这个样子。

这里的"自然",是指"自己本来就如此",而不是人们所说的自然界。古人说自然界时,常以"天地万物"来指代,或者用"天"来指代。

老子所处的时期是春秋末期,这是中国奴隶制社会走向崩溃、封建制社会正在兴起的大动荡、大变革时期,诸侯争霸,战争频发。如何使天下安定下来？诸子蜂起，百家争鸣。儒家讲仁，主张恢复周礼，克己复礼。法家讲赏罚分明，富国强兵，以求天下称雄。老子则坚持认为，一切人为造作，皆违背自然规律。他在第二十九章说："将欲取天下而为之，吾见其不得已。天下神器，不可为也，不可执也。为者败之，执者失之。"实践证明，老子的话是千真万确的。周朝建立时，天子分封了七十多个诸侯国，到战国时期，剩下了齐楚燕韩赵魏秦七雄争霸，争了二百来年，秦统一六国，但秦朝也只存在了短短的十五年。

自古以来，无论是国运还是人运，都是大德长久、小私一时。天意即是民心，民心即是天意。一个朝代的兴衰存亡与老百姓的"誉之、畏之、侮之"，是直接相关的，实际上就是"得民心者得天下"。

老子说的"信不足焉，有不信焉"，是说统治者如果想法太多，私妄太过，政令多颁，必然会失信于民，老百姓肯定反感。所以老子告诫上层社会"悠兮其贵言"，就是要少有想法，少发政令，不要限制人民自由。

当今中国社会，就中央的"三农政策"而言，老百姓是"亲而誉之"的。延续了两千多年的农业税免了，土地承包了，农民自由经营，国家只提供政策、信息、科技支持，不强制干预农业生产，连续多年粮食丰收，这就是很好的政治生态。

▶ [小结]

人类社会发展到今天，老子所倡导的社会形态已不可实现，但这并不等于老子的思想已经过时。可以这样讲，不管人类社会的未来走向是什么样子，老子的天地智慧对于人生的修为而言，没有过时之时。假如天下的官吏们都能读懂和感悟一些老子思想的真谛，那么，他们的人生将是光明安稳的。

第十八章
道德仁义 各有千秋

▶ [题解]

　　孟子说："食、色，性也。"食，是为了生存；色，是为了繁衍。这两者，是动物的天性与本能，人类当然也不可能例外。而人类能与动物区分开来，并可以站在食物链的顶端，是因为人类有思想，有智慧，具有非凡的想象力和创造力。

　　人类社会脱离了原始状态，在经历了夏、商、西周的漫长发展之后，社会生产力已经有了高度发展，也积累了许多剩余价值，这激发了人们的占有欲。诸侯之间弱肉强食，相互兼并，攻伐不止，天下大乱。

　　因此，人类需要教育，需要教化。以老子为代表的道家，以道德立论，告诉人们少私寡欲、不争无忧，主张恢复道统。以孔子为代表的儒家，倡导仁义，推崇忠孝，主张恢复礼制。

　　实质上，道家是以出世的心态教导人们做好入世的事情。儒家是以入世的心态教导人们如何在人世间"立正，稍息"。

　　儒道两家，立场不同，境界不同，所以观点不一。在本章，老子对儒家思想的解读有着很强的批判意味。

▶[原文]

大道废，有仁义；
智慧出，有大伪；
六亲不和，有孝慈；
国家昏乱，有忠臣。

▶[直译]

真朴的大道荒废之后，才有了人为的仁义。
人间的智巧出现之后，才有了人为的虚伪。
家庭的亲情失和之后，才有了所谓的孝慈。
国家的秩序陷入混乱，才有了所谓的忠臣。

▶[读解]

道统失序　天下滋昏

"大道废，有仁义；智慧出，有大伪。"意即，真朴的大道荒废之后，便有了所谓的仁义；人间的智巧出现之后，便有了人为的虚伪。

老子的立场是"道法自然"，他认为世间的一切都以自然为好，而一切人为的造作都容易违背自然规律，效果适得其反。

但是，随着人类智力的发展、生产能力的增强，社会不断发展进步，人类不可能永远停留在穴居野外、刀耕火种、茹毛饮血的原始状态下。人类从原始社会走向奴隶制社会，再转向封建社会，这是存在决定意识、生产力决定生产关系、经济基础决定上层建筑的一种社会发展的必然趋势。事物总是由低级向高级发展，并且不可回头。现今的中国社会，如果回到20世纪70年代以前的生活水平，人们肯定难以适应，后果将不可想象。

"人心惟危，道心惟微。"在老子所处的时代，我们把诸侯称作奴隶主也好，称作封建主也罢，他们都执掌着至高无上的权力，为了一己之私，他们可以任意摆布宰割下层人民，并且表现得很野蛮，很残酷，有许多人甚至为帝王殉葬。

所以，人类需要教育，需要教化，"苛政猛于虎"，就是孔子遇到的真实故事。人的私欲比野兽还可怕。因此，在春秋战国时期，以孔、孟为代表的儒家，便广播"仁义"之教。仁，即爱，叫作"仁者爱人"。义，即天地大义，少私普济。儒家希望统治阶级要爱民、亲民，要建立民本思想，说白了，要对人民好点，所以后来有"君轻民重"的思想出现。

儒家的思想是应时应运而生的。在社会历史发展的整个过程中，它是能起到非常积极的作用的。儒家文化，自汉代开始，便成为中国封建社会的主流文化。

关于"智慧出，有大伪"，及至今日，也是假仁假义、假冒伪劣层出不穷。所以就人类而言，社会治理既需要德治，要弘道；也需要法治，要惩恶扬善。人类的社会系统是非常复杂的，任何一种单一的思想体系，都不足以安顿整个社会。不过可以相信一点：世间事，永远都是邪不压正。人间正道，永是沧桑，这是真理。

忠孝二字　立世之基

"六亲不和，有孝慈；国家昏乱，有忠臣。"意即，家庭的亲情失和之后，才有了所谓的孝慈；国家的秩序混乱之后，才有了所谓的忠臣。

"六亲"，指父子、兄弟、夫妻。

在现实生活中，家庭不和的事很常见，其主要原因是某些人素养不高，过于自我，过于自私；有的因见解不同而纷争，有的因财产分配不均而纷争，有的因不守正道而纷争，所以常有诉诸法律的现象发生。

忠和奸的出现，是相比较而言的，古时的杨家将、岳飞，就是最典型的例子，他们都出现在国家出现危难之时。奸臣当道，君主不明，国家必乱。所以君主也并不可靠，或者说更不可靠。历史上的政治斗争、权力之争，总是很残酷的。

总之，在本章中，老子的话，讲的是现象，在现象中，我们可以发现他倡导的是恢复道统。因为在原始的道统时代，所谓仁义、孝慈、忠奸这些概念均不存在，也不需要提倡。反而，越是人们喊叫的东西，往往越是人们缺失的东西。喊吃饭，是因为饿了；喊喝水，是因为渴了；喊团结，是因为有矛盾；喊安定，是因为社会乱了。人类总是生活在矛盾之中，旧的矛盾解决了，新的矛盾又发生了，不可回避。

就"忠孝"而言，社会现状决定了这两个字几千年来在中国社会的意识形态演进中，已成为中国人的核心价值，极具普世价值，它是我们进行人文教育的首选内容。一个人，如果对父母不孝，对国家不忠，其人生价值观就存在极大的缺陷。所以，我们切不可因为学习了老子的道学，而对忠孝的理解产生偏差。在当今社会，它是良知，是天经地义的事情，是人们立足社会的道德之本。在人们的普世价值观念中，"不忠不孝"，是最最遭人厌恶的，也是最大的人格缺失。

▶ [小结]

中国文化是多元的、互补的，比如儒释道三家理论，既有很多的共同点、相通处，同时在观点和立论上，又有相当多的差异，也算是一种"和而不同"吧！所以我们学习掌握传统文化，要立足于兼容并蓄，不可偏执。就道家而言，老子的境界很高，他是站在宇宙看人间的圣人，所以他的立场与儒家不可能同日而语。他们各有道理，各有千秋。道家讲修真炼性、返璞归真，讲无为而无不为。儒家讲修身养性、自强不息，讲有所作为。其实两者也是相反相成的，对个人修养而言，都有益处，不可偏废。

就本章的仁义、孝慈、忠臣而言，老子叙述的是客观事实，我们绝不能说道家反对这种世俗间的道德观念。如果没有世俗的道德规范，人与人怎么相处？道家不赞成的是人为的虚伪、刻意的做作，不赞成"有心人"去刻意标榜。

第十九章
见素抱朴　少私寡欲

▶[题解]

本章内容是对前一章内容的延续。也就是说，第十八章是提出问题，第十九章是给出解决方法，提出他的治世主张。

诸如圣、智、仁、义、巧、利这些东西，一方面是人类思维开化、文明进步的结果，另一方面也是世俗社会最普遍追求的价值取向。正因为如此，才导致了社会的激烈纷争和经久背道。

因此，老子主张绝圣弃智、绝仁弃义、绝巧弃利。在老子看来，人的自然本性应该是纯朴淡泊的，而人类文明的进步在极大地丰富了人类智慧与物质的同时，也使人类的本真天性被侵蚀污染了。争名夺利、虚伪巧诈、淫盗杀妄，成为古今社会屡见不鲜的弊端。

如何抛弃这些文明社会中的诟病？老子认为，只有倡导朴素，恢复道统，使民无知无欲，才能使人的纯朴天性得到复苏。

老子是一贯站在道家的立场上来看待这个社会的。他的治世主张可能较难施行，但对我们个人的心性修持还是有益的。

▶[原文]

　　绝圣弃智，民利百倍；

绝仁弃义,民复孝慈;
绝巧弃利,盗贼无有。
此三者以为文,不足。
故令有所属:见素抱朴,少私寡欲。

▶[直译]

不乱用聪明智慧,人民就会得到百倍的利益;
不倡导仁义造作,人民就会恢复孝慈的天性;
抛弃掉技巧利欲,盗贼就无所诱惑而消失。

聪明、仁义、巧利这三类东西,都是用来文饰浮华的,不足以用来治理天下。

所以,需要让人们的精神有所归属。即彰显朴素,减少私欲。

▶[读解]

三绝三弃　圣人之治

"绝圣弃智,民利百倍。"意即,不乱用聪明智慧,人民就会得到百倍的好处。

圣,繁体字为"聖",字的原意就是"身聪",指一听就懂,非常聪明。后来演变为"圣人",即具有最高智慧和道德的人。

在《道德经》一书中,"圣人"一词出现过42次。"圣"字在此单独使用,或是与"智"字同时使用,其本意是指"聪明"与"智慧",而不是"圣人"。

老子心中的"圣人",是"悟道"和"知道"且领导人民返璞归真的智者,所以他不反对"圣人",而反对用"智"用"巧"。

纵观当今世界，人类的聪明智慧、科技尖端，往往都首先被用在了军事上。各大国所拥有的大规模杀伤性武器，足以毁灭人类自身几回。假如人类没有私欲纷争，把军事能力用在改善民生上，那将是何等有益。所以老子说："绝圣弃智，民利百倍。"一旦战争打起来，那绝对是人类在用文明智慧毁灭自己。另外，整个人类社会的工业文明，也正在日积月累地污染着这个不是太大的地球，迟早有一天，所谓的人类文明，会把文明的人类毁灭。从这个角度来看，老子说的"绝圣弃智"，难道不是千古真理吗？

"绝仁弃义，民复孝慈。"意即，不提倡人为的仁义造作，人民就会恢复孝慈的天性。

父慈子孝，天经地义。所谓"虎毒不食子"，这是物种本能。"仁义"概念的出现，是因为道统失序，而道统失序，是因为有利益纷争。试看当今社会，有多少家庭因为财产纠纷，六亲不和，乃至诉诸法律。所以在老子看来，仁义孝慈之类，均是道统失序后的产物，并且带有虚伪性。自古以来，儒家一直在倡导仁义道德，但是假仁假义假慈悲，更具欺骗性。社会上，从政治到经济，从做人到做事，总是鱼目混珠，真假难辨。只有返璞归真，保持住人的天真本性，才是安定天下的治本之道。正所谓"清心为治本，直道是身谋"。一个人，心中有正道，那么他的行止必然就是仁义的。

"绝巧弃利，盗贼无有。"意即，抛弃掉智巧与利欲，盗贼便没有了利欲的诱惑，从而也就不会出现了。

中国有"窃钩者诛，窃国者侯"的古语。就是说，大盗是最"聪明"的，他可以爬到权力的上层，贪污受贿掏空国家，比如和珅之富，富可敌国。而小盗偷了达官显贵的一个衣饰上的钩子，就有被诛杀的可能。

自古以来，天下的宝物太多了，"不怕贼偷，就怕贼惦记"。所谓"惦记"，就是诱惑，越是值钱的东西，丢失的风险越大。野外的帝王墓，没有多少没被盗过的。假如人们没有巧利的思维，就不会有盗贼。

比如：在猴子面前摆上金条和香蕉两样东西，猴子肯定拿香蕉，因为它保留的只是天性。而人是肯定要拿金条的，因为人有智慧，知道它们的价值不同。所以，人间总是乱象丛生，较难安定。

人的灵魂　需有归属

"此三者以为文，不足。"意即，圣智、仁义、巧利这三类东西，是用来文饰社会的，靠它们不足以治理天下。而其根本原因，就是在于"有为"，凡属人为的"有为"都不会保持长久。

那么，该如何治理天下呢？

"故令有所属：见素抱朴，少私寡欲，绝学无忧。"意即，要让人民的思想有所归属。如何归属呢？彰显朴素，减少私欲，断绝有为的学问，这样就会没有忧虑忧惧了。

"故令有所属"几个字很重要。

人生在世，有几样东西非常重要，即家庭、情感、灵魂，这些都需要有归宿。

家，可以安顿身体和寄托情感。工作岗位，以及国家，都可以归于"家"这个范畴里。人们一般都有"三个家"，即私家、公家、国家。此三者缺一不可，密不可分，都是生存依托。

而灵魂的归宿，常常被人忽视。这其实就是人们的世界观、人生观、价值观问题。

实际上，人们的生活，活的是理念，就是你追求什么，想要什么，为什么而活着。

人们都活在不同的境界里，追求的东西各不相同。有的人活得很累；有的人是金钱的奴隶；有的人在权欲的刀尖上行走；有的人则活得悠然自得，无欲无求，踏踏实实，平实一生。

怎么才能活得踏实呢？老子说："见素抱朴，少私寡欲，绝学无忧。"

"见"，在古文里为"现"，展现、彰显之意。

"素"，古代是指没有染色的白丝。

"朴"，是指没有经过雕凿的原木。

人如果活得朴素一点，没有太多的私欲，少一点妄想执着，就自在了，踏实了。

人类是不可能断绝私欲的，所以老子讲的是少私寡欲。这需要战胜自我，做到自我克制，看淡一切，把精神、灵魂归属在"道"上，即可谓"令有所属"了。

[小结]

"绝圣弃智"本是老子"无为"思想的具体体现，但在中国的传统文化中，常有人批判他提倡的是"愚民政策"。关于老子的言辞与思想，只有剥皮见肉，剥肉见骨，剥骨见髓，层层剖析，才能感悟其真意。

总之，站在道家立场上的老子，追求的是人们思想上的质朴真诚。老子的思想，可能永远不会成为人类文化的主流，因为道心与人心是相反的，但它却可以永远成为洗涤人们燥热心灵的源头活水、消暑良津。

对于修道者而言，《道德经》是很容易亲近的，因为修道者需要超凡脱俗，不动心智，不使心机，看破放下。修道者如果心中不静、不净，肯定就会修行无果。

第二十章
独异于人 而贵食母

▶[题解]

本章内容文字较多,风格特别。老子叙事正话反说,对比强烈,近乎自嘲,略显无奈,真实反映了圣凡两界的人生态度和价值追求。

站在道家的立场上,老子倡导"无为",反对"有为",主张"绝圣弃智",认为"绝学无忧"。在本章里,他质疑:"唯之与阿,相去几何?善之与恶,相去若何?"老子认为一切人为界定的思想观念,诸如美丑善恶、尊卑贵贱等差别,都是违背自然之道的。道本一元,万物一体,人类的智慧一旦有了"分别心",便必然引起人心的浮躁和社会的不安。

但是,面对着道统失序、人心不古的社会现状,有谁能阻止得了呢?老子感叹:"荒兮,其未央哉!"人们都在熙熙攘攘地追逐着世俗社会的名闻利养,"如享太牢,如春登台",乐此不疲。而唯有修道的人,自甘寂寞,固守根本,"而贵食母"。

本章内容发人深省,是在告诉人们,少些浮躁,学会见素抱朴,少私寡欲,只有清心治本,人生才能平安长久。

▶[原文]

绝学无忧。

唯之与阿,相去几何?

善之与恶,相去若何?

人之所畏,不可不畏。

荒兮,其未央哉!

众人熙熙,如享太牢,如春登台。

我独泊兮,其未兆,如婴儿之未孩;

累累兮,若无所归。

众人皆有余,而我独若遗。

我愚人之心也哉!

沌沌兮,俗人昭昭,我独昏昏。

俗人察察,我独闷闷。

澹兮其若海,飂兮若无止。

众人皆有以,而我独顽似鄙。

我独异于人,而贵食母。

▶ [直译]

断绝有为的学问,就不会有忧虑烦恼。

应诺与呵斥,相差有多少?

美善与丑恶,相差有多少?

人们所畏惧的,不能不畏惧。

自古以来就这样啊,好像没有尽头。

众人熙熙攘攘,兴高采烈的样子,好像去享受盛大的筵席,好像在春天里登台观景。

我却独自淡泊啊,对外物无动于衷,好像一个还不会笑的婴儿。

散漫无求啊,好像没有什么地方可去。
众人都有自己的剩余,唯独我好像什么都不足。
我真是只有一颗愚笨之人的心啊!
混混沌沌的样子啊,俗人们都明明白白,唯独我昏昏昧昧。
俗人们都精明苛求,唯独我与世无争。
我的内心的辽阔啊,像无边的大海。
我的灵魂的奔放啊,像无止境的风。
众人都有能力去施展,唯独我顽固又笨拙。
我独与常人不一样的,就在于重视养育万物的大道。

[读解]

孰善孰恶　界限难明

"唯之与阿,相去几何?善之与恶,相去若何?"意即,应诺与呵斥,相差有多少?美善与丑恶,又相差有多少?

"唯",即唯诺,唯唯诺诺,是古代晚辈或地位低下者应诺长辈或长官的一种方式。在电视剧中,可以看到汉代的对话交流还保留着"诺"的承应语境。

"阿",是长辈或长官居高临下的一种表达方式,有呵斥与斥责之意。

"去",即离开、距离、差距之意。

春秋时期,已是中国奴隶制社会的晚期,社会上的等级观念极强。奴隶主对奴隶阶层的态度是很严苛的,是很不客气的。社会底层对上层必须服从,否则就没命,所以生活在社会底层的人们,没有平等可言,只有唯唯诺诺。而这种不平等,是人为造成的。孰是孰非?相差多少?如何判定对错?老子提出疑问,但实则是批判与不满,认为不合于道。老子说得很委婉,他不明说，让人们自己去考虑。

"善之与恶，相去若何？"善恶更是人为造作。天地间本无善恶，但在人的观念里，则有了强烈的人为的分别与界定。比如，在王权社会里，统治阶级掌握着生产资料，掌握着国家机器，掌握着生杀大权，顺我者昌，逆我者亡，一旦官逼民反，则被视为"恶"。那么，到底是谁善谁恶？何为标准？到头来，还是以强权政治为标准，"谁嘴大谁就有理"。所以老子认为，善和恶很难区分，没有距离。某些执法者贪赃枉法，表面很善，实则邪恶。老子心志渊深，点到即止，言浅意深，需要感悟。

世俗习性　不可不畏

"人之所畏，不可不畏。荒兮，其未央哉！"意即，人们所畏惧的社会习惯，谁都不敢不畏惧。自古以来就是这样啊，这种现状好像没完没了，没有尽头。

"荒兮"，指"天地玄黄，宇宙洪荒"（《千字文》开篇）的意思，即时间久远。"央"，结束之意。"未央"，就是没有完结。

老子在这两句里，表现出了他的无奈。自夏、商、周至老子所生活的春秋时期，中国社会脱离道统已经有一千五百多年的时间。在"人治"社会里，人们随波逐流，追名逐利。人类社会的许多世俗观念、妄想执着，已经成了整个社会的固有思潮、习惯势力，不可逆转，人们的思想早已背离了道统。所以老子在第七十章感叹说："吾言甚易知，甚易行。天下莫能知，莫能行。……知我者希，则我者贵。"老子很无奈，人人都跟着社会思潮走，跟着趋势去，他也没有力挽狂澜之力，所以才发出了"人之所畏，不可不畏"的感慨。

同时，老子也预知到，这种社会现状，是不会终止的，要向前惯性发展，这就叫作"荒兮，其未央哉"。社会走到今天，证明老子的话是对的。

列宁有一句话："千百万人的习惯势力是最可怕的势力。"这句话，或可用来解读"人之所畏，不可不畏"。

圣凡两境　所求不同

"众人熙熙，如享太牢，如春登台。"意即，人们都熙熙攘攘地追求着自己的生活，那种兴奋和热情，有如参加丰盛的筵席，有如春天登高赏景。

"熙熙"二字，描述的是人们追求生活的人间百态。"如享太牢"，喻指贪吃，为了生存，有吃的就乐。"如春登台"，喻指贪恋浮华，心为外物所诱、所扰。

"太牢"，是古代帝王祭祀时用的非常盛大的祭品，其中有牛、羊、猪三牲。后来用"太牢"来喻指丰盛的筵席。

"众人熙熙"，有好吃好玩的，人们就竞相追逐贪取，反映的是人间万象，社会趋势。

"我独泊兮，其未兆如婴儿之未孩；累累兮，若无所归。"意即，唯独我啊，不入俗流，不逐外物，独自淡泊，对人们的所好无动于衷，有如一个还不会笑的婴儿。散漫无束啊，好像没有什么地方可去。

"如婴儿之未孩"，孩，同"咳"，咳的本意是小孩的笑。此句是形容像婴儿还不会笑那样混混沌沌、纯朴无知的状态。

累累，形容闲散无拘的样子。

"众人皆有余，而我独若遗。我愚人之心也哉！"意即，社会上的人们都有能力和财富，而我却像是什么都不足。我真是一个不入俗流的愚笨的人啊！

遗，王弼《道德真经注》："无为无欲，若遗失之也。"

老子与世无争，与物无求。在世俗人的眼中，他自然是另类,是"愚笨"之人。

老子的大智若愚,见素抱朴,是常人难以体会和理解的,所以老子自嘲"愚人之心也哉"。

明白糊涂　俗圣两途

"俗人昭昭,我独昏昏。俗人察察,我独闷闷。"意即,世俗中的人们,都活得明明白白,唯独我昏昏沉沉;世俗中的人们,都精明计较,唯独我糊里糊涂,与世无争。

昭昭察察与昏昏闷闷,是俗人与圣人、有我与无我境界的鲜明对照。人世间,许多聪明人工于心计,精于算计,凡事都生怕自己吃亏,从来不会谦让。但到头来,这种自私自利的人,永远不会有多大造化,做不了什么大事儿。常言道:聪明反被聪明误。

"澹兮其若海,飂兮若无止。"意即,辽阔无边啊,我的心像大海一样宽广;自由奔放啊,我的心像疾风一样没有止境。

澹,音dàn,辽阔、辽远之意。飂,音liáo,指迅疾的风。

老子大智,其貌若愚,他的内心世界乃至精神境界,是不受世俗观念约束也不受外物困扰的。他看似昏昏闷闷,其实他的境界在天地之间、宇宙之际。难怪孔子见了老子之后,回来跟弟子说:"吾今日见老子,其犹龙邪。"

"众人皆有以,而我独顽似鄙。"意即,众人好像都有本领,有所作为,唯独我显得顽固而笨拙,像什么都不会。这一句,是老子人在道中,不入俗流的自我表白。而接下来一句,老子道出了实情:"我独异于人,而贵食母。"意即,我所要的,就是与别人不一样,我追求的是"得道",是造化生养万物的母体。

"食母",在古时是指乳母、奶妈。在这里,老子喻指修道,悟道,回归于道。"而贵食母",就是珍惜"道",珍惜根源。

▶ [小结]

　　人生在世，选择一个什么样的活法，需要有个定位问题。人的世界观、人生观、价值观不同，思维方式和生活方式就不同。

　　世俗社会，人们追逐的是名闻利养、酒色财气、表面浮华，但到头来，一切又都不长久，一切归空，有的人甚至身败名裂，身心俱碎。

　　道家宣传教化，告诉人们要守住本心，守住道，不要浮躁，要清心寡欲，修养心性。人从道中来，再回道中去，这样才能活得平安长久。

　　本章内容，看似与前两章无大关系，但是细细品来，它却是前两章内容与思想的延续。老子反对人为的"有为"，反对人们使用智巧，一切智巧的结局，无非都是"聪明反被聪明误"。

　　人类社会发展到今天，已经不可能退转了。一个国家想安定，别的国家却要来捣乱，落后就会挨打。所以，国家还是要发展，要强大，要自卫，这是现实。虽然不争无忧好，但有时不争不行，这是政治，很残酷很无情。唯一的办法，就是我们要足够强大。

　　中国受辱受欺只是近代以来的事，因为改革发展，所以现在又崛起了。中国人不称霸，与我们的文化基因有关，与儒道两家文化有关，我们可以引以为豪。

　　说到底，我们凡俗人等学习《道德经》，感悟老子，目的应当是给自己的灵魂找一个清净的安顿之所。在这个物欲横流的社会里，老子的话，对人生的修行是非常有益的，可以使人保持内心平静，心态平和。健康是福，平安是福，而那些人间的浮华，往往祸福难分。

第二十一章
孔德之容　唯道是从

▶[题解]

"道德"二字,是老子阐述道家思想的一对说理工具。在《道德经》里,它们的内涵是广义的,它们是用来表述天地玄机的,当然,也涵盖着对人类知行观念的评断。

就"道德"二字的关系而言,老子说"道"的本体隐而不显,它是"无",无形无名。但是,它却能"无中生有"地创造万物,支配万有。那么,它所创造和支配的"万有",就是"德",也叫"得"。

简言之,道是无,德是有;道是内在,德是表现;道是主宰,德是辅从。有如:道是智慧,德是言行,"两者同出而异名",是一个事物的两个方面。

本章内容很经典,它是老子在恍兮惚兮的"道态"下,发现和描述"道"的有象、有物、有精、有信的真实存在的主要篇章,内涵深刻,发人深省。

▶[原文]

孔德之容,唯道是从。

道之为物,唯恍唯惚。

惚兮恍兮，其中有象；
恍兮惚兮，其中有物；
窈兮冥兮，其中有精；
其精甚真，其中有信。
自今及古，其名不去，以阅众甫。
吾何以知众甫之状哉？以此。

▶ [直译]

大德的显现，是完全顺从着大道而运行的。
道的真实存在，表现为恍恍惚惚。
惚惚恍恍啊，其中有某种形象；
恍恍惚惚啊，其中有某种物质。
深远暗昧啊，其中蕴含精微之气；
精微之气甚为真实，其中还有道的信息。
自今及古向前推溯，这种现状一直如此，根据这种情况，可以阅历万物的起源。
我根据什么知道万物的起源呢？凭借的就是上述的观察。

▶ [读解]

道生万物　以德彰显

"孔德之容，唯道是从。"意即，大德的显现，是完全遵从着大道的规律而运行的。

"孔德"，即大德。《河上公章句》说："孔，大也。"诸葛亮，名亮，字孔明，孔明就是大明。另外，许多解"老"的书籍认为"孔"是"洞察"之意，亦通。但在本文中，还是以"大"作解较为妥切。"大德"，是指天地万物的彰显，它包括宇宙间的一切有形物质的存在。

"容",即形态和容貌,喻指万物的生成造化。它指的绝不是某个具象的"容",而是整个存在界。

"唯道是从",就是"唯从是道",只顺从这个大道。因为道和德互为表里,所以德的表现就必须是"唯道是从"。

老子的这一句,讲的是道与德互为表里的统一关系。

真道恍惚　有象有物

"道之为物,唯恍唯惚。惚兮恍兮,其中有象;恍兮惚兮,其中有物。"意即,"道"的真实存在(物性存在),表现为恍恍惚惚,若有若无。惚惚恍恍啊,其中却有某种形象;恍恍惚惚啊,其中却有某种物质。

我们知道,老子是"独异于人"的得道之人,"恍兮惚兮"是他修行中的一种"道态",是一种真正的"天人合一"状态。这种状态,也叫作"第四意识状态",即"意识的真空状态"。在这种状态下,人的先天觉性(也可以叫"般若",即佛性),则可完全摆脱尘世间的一切"有为"的困扰,其生命的灵光可以打破时空的界限,从而能感知到真实世界的另一个侧面,即"潜在世界"。这是一种"化境",佛教和道教修行至深的大德之人都可以得到这种体验。

"得道"的老子在化境中发现了我们所面对的这个物质世界的另一个侧面,即潜在世界。在那里,有象、有物。在《道德经》第一章、第四章、第十章、第十四章、第二十章、第二十一章、第二十五章中,老子讲的都是化境中的发现和体会。特别是第二十五章,老子发现了"有物混成,先天地生"的宇宙天机与球外天象。

老子的境界、老子的德行、老子的发现,是我们常人所难以说清的,也是我们常人难以理解的,因为我们不在那个境界里。

大道幽深　有精有信

"窈兮冥兮,其中有精;其精甚真,其中有信。"意即,道的物象,深远暗昧啊,其中蕴含精气精微;这种精气十分真实,其中还有"道"的信息。

"窈兮冥兮":窈,深且远。冥,昏昧。形容"道"的存在昏昧不明,看不清楚。

"有精""有信"这两点非常重要。

精,就是精微、精细、精粹的物质。

现代科学发现,宇宙中存在着质量无边的"潜物质",学名叫"玻色子",它以波的形式存在,是"无物之物",难以捕捉,并认为它是构成宇宙万物的基本元素和能量来源。同时,物理学家们也发现,当把物质分析到"基本粒子",也叫"夸克"这样最小单位时,它是空的,是个"无物之物"。

所以,物理学家们认为,我们所面对的这个现实的世界,是显在世界,但它只是真实世界的一个侧面,而另一个侧面,则是暗在世界,也叫潜在世界。显在世界是由潜在世界变现出来的。这是一个"无中生有"的过程。物理学家们认为:基本粒子是波,波的运动,产生物质。

因此,我们有理由推测,老子说"其中有精;其精甚真",或就是指"潜物质",或者叫"宇宙能量"。只有这样,老子才敢说"道生万物"。许多修行的人,到一定程度就自然"辟谷",他们认为人在"恬淡虚无"时,可以吸取天地精华,使"真气从之",这也是一种"天人合一"的生命状态。

"其中有信",这一句很奇妙,也最难知、难懂、难解。所以，我们也只能根据人生经验去猜测。

有一点可以肯定，老子说的"信"，肯定是"信息"，而不是有人认为的"可信可靠"的意思。

宇宙间是有个主宰的。西方叫"上帝"，东方叫"天帝"，佛教叫"如来"，伊斯兰教叫"真主"，这些都是圣人的认知。

但是，如果你注意一下会发现，二十四节气，其时间之准，变化之快，绝不是地球围着太阳转的经纬度变化那样简单。比如"霜降"节点一到，天地间"唰"的一下，天降寒气。

孔子说"五十而知天命，六十而耳顺"。"顺"是什么？是"顺天心"。所以他讲学一辈子，到死前他说自己一辈子什么都没说，都是在替天说话。佛祖释迦牟尼讲经四十九年，圆寂前他说自己一字未讲，而是替佛表法。意思都是各有使命，是在替天说话。

在佛教界，有许多大德知道自己生从何来，死去何方，知道自己什么时候离开人世。有一位老中医，活了九十多岁后，卧床家中，告诉家人："我明天早晨两点走，不要把我送医院去。"这是我所亲历的事情，当时我在院办做主任。

天地间的许多事物是很奇妙的，一切存在界的从无到有，无中生有，千姿百态，千变万化，都是由"道"来生成的、掌控的。比如基因，就是一种先天信息，它可以忠实地复制物种，也可以突变转嫁，还可以合生新物。人类对宇宙事物的认识永无止境。信息不一定是语言，它可以是声音，可以是征兆，可以是感应，可以是取向，即万物各有天性本能，万物皆有灵性，这就是"道"，它有灵性。

道生万物　永恒如此

"自今及古，其名不去，以阅众甫。吾何以知众甫之状哉？

以此。"意即，从我所发现的现在的这种情况来向前推溯，古今都是如此。根据这种情况，可以阅历万物的起源。我是根据什么知道万物的初始状态的呢？就是根据上述的观察与发现。

读完最后这两句，我们应该体会到中国先民老子是多么英明伟大。他在第四十七章说："不出户，知天下；不窥牖，见天道。"说的就是圣人"不见而知，不为而成"的智慧德能。

文中的"自今及古"，指的是由眼前的发现向古代推溯，实际上就是自古及今。老子的德能智慧，能够实现时空穿越。

"其名不去"，有"名"就有实。老子说的"名"指的是有物、有精、有信。"不去"，是指一直如此，不曾变化，不曾消失。

"以阅众甫"，是"以之阅众甫"，"以之"是介宾短语，译为根据、依靠。"阅"，是阅历、检阅、审视、考察、判断的意思。"众甫"：众，指万物。甫，刚才，即开始、起源。把"以阅众甫"合起来翻译，就是：我根据古今就有的道，来检阅万物的起源。

老子是周朝守藏史，相当于现在的国家图书馆馆长。他的文化修养极高，他行文用字极其简约，也极其隐晦，所以他的书较难读懂。

"吾何以知众甫之状哉？以此。"意即，我根据什么知道万物起源时的初始状态呢？就是根据对道的考察。

老子告诉人们，万物的初始状态由精所生，是自带信息的。

▶ [小结]

解读《道德经》，如果只局限于字面上的意思，那么就是走马观花，我们会感悟不到什么东西。

在本章里，老子说的是真实世界的两个侧面。

第一个侧面，是"孔德之容，唯道是从"的显在世界，就是我们凡俗人等所面对的这个有实有名的物质世界。这个世界的存在，是"唯道是从"的，它由道产生和主宰。

另一个侧面就是潜在世界，也叫暗在世界，它是常人所不知道的一种真实存在。老子在"道态"中，发现和描述了这个侧面，其中有象、有物、有精、有信。老子由大到小，去粗取精，阐述了造化万物的本原，也就是"道"，具备灵性的"道"。

"道"不是虚无的、空无一物的，道是妙有，是"众妙之门"。老子的"以阅众甫"四个字，分量极重，它道破天机，讲的就是万物起源。

学习《道德经》，需要贴近老子，感悟老子，才能真正明白《道德经》的大体意境。

自古以来，没人敢说自己真懂老子，就连《庄子》全书的妙逸发挥，也无非是"证得"老子"道论"的真实与至乐至美。

第二十二章
效法自然　无为不争

▶[题解]

道法自然，无为不争，柔弱胜刚，少私寡欲，是老子道家思想的主旋律。

本章是老子以反向说理做正向思维的典型篇章。圣人的话，讲出了许多老百姓心中有而口中无的东西。人们如果能很好地掌握老子的思维理性，那么在做人和做事上，便能充满智慧，便容易获得成功。

人世间的事情很繁杂，许多时候，生活工作真的就像一堆乱麻。面对着进退取舍、得失利弊，该如何判断？如何决断？需要有一个是非标准。那么，这个标准，不应该是个人的率性和任性，更不应该是个人的狭窄心性，而应当是圣人的教诲、自然的理性。这就是知书达理，就是心性修养。

善于用圣人的教诲作为价值判断的标准和行为准则，并养成思维习惯和行为惯性，那么你就会逐渐成为有道之人。

老子在本章里，讲的就是这些事。

▶[原文]

曲则全，枉则直，洼则盈，敝则新，少则得，多则惑。

是以圣人抱一为天下式。

不自见，故明；不自是，故彰；不自伐，故有功；不自矜，故长。

夫唯不争，故天下莫能与之争。古之所谓"曲则全"者，岂虚言哉？诚全而归之。

▶[直译]

柔曲的事物才容易保全，屈枉的姿态才能够伸展，凹洼的态势才有条件充盈，旧敝的去了才能够更新，少的状态才便于获得，多的状态会造成困惑。

因此，圣人持守着"道"的法则来作为指导天下事物的准则。

不显示个人见解，才能明了是非；不自以为是，才能彰显真实；不自我夸耀，才能有益于功劳；不骄傲自大，才能不断长进。

正因为不与他人相争，所以天下便没有人与你相争。古人所说的"委屈才能保全"的话，怎么会是空话呢？此话真的能成全万事，受益终身。

▶[读解]

道说智慧　反向思维

"曲则全，枉则直。"意即，柔曲的状态才容易保全，屈曲的姿态才能够伸展。

委曲求全，能屈能伸，说的是物性、柔性、弹性。柔软的树枝在风中摇曳而不被吹断，靠的就是这种物性。所谓"飓风过岗，伏草唯存"。人类向自然界学到了许多东西，所以老子倡导效法物性，用以指导人为。

一般而言，中国人的性格是柔性的，这与我们的文化基因有关。宽恕、包容、谦让、忍耐、避争、后发制人、能屈能伸，都是中国人的性格特征。大到国家的发展战略，韬光养晦，和平崛起，并以此原则处理国际事务和争端，我们取得了巨大的成功，这是中国智慧。

示弱不等于真弱，柔弱是完美的刚强。在对外军事策略上，我们主张"不打第一枪，也不让对手打出第二枪"。占理，赢在道义上，就是柔弱胜刚强。

老子的话，是一种思维理性，"一理能通，理理皆通"。哲思警句，是具有普遍指导意义的。中国人的"忍一时风平浪静，退一步海阔天空"，实际上指的就是"曲则全，枉则直"。

枉，就是屈曲。胳膊只有收回来，拳头才能打出去。道理一般都很简单，也很好懂，关键是要会用。肤浅浮躁的人，一般不知理、不讲理、不用理地意气用事，往往因小失大。

"洼则盈，敝则新。"意即，低洼之处才能有盈满，破旧之后才能有革新。

老子的前一句讲的是"满招损，谦受益"，就是谦虚使人进步，骄傲使人落后。后一句讲的是"旧的不去，新的不来"。世上的事物，都有一个新陈代谢的过程，特别是人们的思想，更需要有正确的观念作指导。《道德经》一书已存世两千多年了，但其思想主旨永不过时。接受《道德经》，端正观念，学会用圣人的思想指导言行，这便是一种主动式的"敝则新"。"敝"，是破旧的意思。老子说的是物极必反。衣服太破了，就要换新的了；路太破了，就要重修了。

"少则得，多则惑。"意即，事物在少的状态则有利于获得，多的状态则容易造成困惑。

老子的话，越是简单，越是难译。因为很难用一个方面的事例把它解读全面。有人说：穷人家的孩子早当家。因为家穷钱少，所以他要操持生计而从中得到锻炼，这是一种"少则得"。相对地，富家子腰缠万贯，衣食无忧，不需要奋斗，往往精神困惑。再如，《道德经》一书只有五千余字，有心人很容易背下来，这也是"少则得"；而我们解读完《道德经》要几十万字，人们不可能背下来，这就是"多则惑"。

还有，比如中国人口多，那么生活就业压力就大，困惑就多。现在汽车多，没处停，污染大，也造成许多难题。有些人钱很多，同样也有许多麻烦和困惑。

老子的辩证法思想是反向思维，学会反向思维，人们才容易淡定。

守持大道　抱玄守一

"是以圣人抱一为天下式。"意即，因此，圣人总是守持住大道来作为评价是非和治理天下的准则。

是以，就是"以是"，译为"因此"，也可译为"所以"。

圣人，指具有崇高智慧和高尚道德的人。

抱一，是"抱玄守一"的简言。"玄"和"一"，在《道德经》里都是"道"的别称。道本一元，万物一体，同出于道，所以"道"的别称又叫"一"。"式"，在古代是一种占卜工具，古人根据"式"的占断结果，来判断吉凶。所以"式"的占卜结果就是判断和决断事务的准则。"式"就是原则、准则。

老子的这一句非常重要。人生在世，每天都要处理许多繁杂事务。对于眼前的事务，如何判断、如何决策、如何评价、如何处理，都需要有一个基本的判断标准。有的人，把自己的命运交给别人去掌握，人云亦云，唯命是从，结果当然不可靠。

那么靠什么？最可靠的就是"道"，是"道"的道理。老子希望天下的统治者都能向圣人学习，用"道"的准则来治理天下，指导知行。而我们凡俗人等的生命过程，同样需要正确的价值标准。

接下来，老子引出了下文：

"不自见，故明。"意即，不显示个人见解，才能明了是非。见：通"现"，"显示"的意思。明：老子的定义是"知常曰明"。常：指常道。按常道常理判断事物才叫明，即明白、光明。

读《道德经》时要注意上下文。本句上文是"是以圣人抱一为天下式"，是说圣人以道的标准作为衡量天下事务的准则，下文的意思是：你不要显摆自己聪明，而要以道为标准衡量事物。读《道德经》要学会读无字之处。

"不自是，故彰。"意即，不自以为是才能有利于事物的完善。"兼听则明，偏信则暗"，这是中国的古语。有些人喜欢自以为是，总认为自己是对的，其实这种态度本身就是一个错误。所以，群策群力，虚心学习，集中群体智慧，做事才能避免失误。而刚愎自用、一意孤行的人，没有不碰壁的。

"不自伐，故有功。"意即，不自我夸耀自己，才能使自己的功劳不受损毁。这是"满招损，谦受益"的翻版。有的人做点好事，有点功劳，生怕别人不知道，总喜欢自我夸耀，自我炫耀。根本原因是心机不纯，结果反倒被人瞧不起。

"不自矜，故长。"意即，不骄傲自满，所以能不断长进。矜：此字在本文中是指自尊自大，自夸自满，而不是指矜持拘谨。长：长进。谦虚使人进步。或有担当"官长"的意思。

"夫唯不争，故天下莫能与之争。"意即，正因为不与别人相争，所以天下就没有人与之相争。这是辩证法，不争就不会造成对立。如果人人都不争，则天下太平。老话说：争则不足，让则有余。

清康熙年间，礼部侍郎张英的家人因修建围墙与邻居发生地界争执，便修书请张英帮忙，张英写了一封家书，只四句话："千里修书只为墙，让他三尺又何妨？万里长城今犹在，不见当年秦始皇。"他的家人见信愧疚不已，主动将墙后退了三尺，邻居见状，也将墙后退了三尺，于是便有了"六尺巷"的佳话。此巷如今仍保留在安徽桐城。

"古之所谓'曲则全'者，岂虚言哉！诚全而归之。"意即，古人所说的委屈才可以保全这些话，绝不是空话，真的能让人的一生得到保全而善终。

"诚"，诚者自成，在这里指真诚真实。"归之"是指好的结果，也指善终。

"木秀于林，风必摧之。"一个人，如果从容淡定，不争不抢，在曲和伸上保持一种平衡，他的人生必定是安全的。

▶ [小结]

以曲求全，以退为进，以减为增，都是道家的反向思维。

当今社会，物欲横流，人们在获得了物质上的所谓巨大成功之后，得到的多是身与心的疲惫。人们争来争去，有的人争得的是身败名裂。就人的生命意义而言，为了个人的名闻利养、一己之私而争，实在是背道而驰。

人生最重要的东西，就是心性的道德修养。有了心性修养这个本，身体健康这个末，是不会有大碍的。

第二十三章
希言自然　为政贵简

▶[题解]

"希言自然",就是不说话或少说话才合乎自然。这是老子"无为"思想的主要体现。

言为心声,它代表的是人的思想意志。老子说"希言",不是反对人们说话,而是反对人们乱说话。特别是统治阶级,他们的一言一行,他们的政治主张,他们的自我意志,直接关系着天下的政治走向。

有人说老子的"道",是"内圣外王"之道。"外王"就是用此道治理社会,可以成为贤明的君王;"内圣",就是用此道修养身心,可以成为圣贤。老子希望天下的君主能够尊道贵德,效仿圣人。

在本章,老子以"飘风不终朝,骤雨不终日"为例,告诫人们,凡属"有为"的事情都不会长久。天地造作尚且不能长久,更何况人呢?接下来,老子讲的"道者同于道,德者同于德,失者同于失",已经很深刻入骨了。

最后老子说:不依道行事,人为造作,必有失诚信,失信于民。

▶[原文]

希言自然。

故飘风不终朝，骤雨不终日。孰为此者？天地。

天地尚不能久，而况于人乎？

故从事于道者，道者同于道，德者同于德，失者同于失。

同于道者，道亦乐得之；同于德者，德亦乐得之；同于失者，失亦乐得之。

信不足焉，有不信焉！

▶[直译]

不说话或少说话，才合乎自然。

故而，暴风刮不了一个早晨，骤雨下不了一整天。

是谁操持了暴风骤雨呢？是天地。

连天地尚且不能长久地维持"有为"，更何况人呢？

所以积极求道的人，他的知行与道同行；积极修德的人，他的德行与德同行；失道失德的人，他的德行与失败同行。

与道同行的人，道会自然成就他；与德同行的人，德会自然成就他；与失同行的人，失就自然成全他。

人若诚信不足，人们就不信任他。

▶[读解]

无为长久　有为短暂

"希言自然。"意即，不说话或少说话，才符合自然之道。

在第十四章，老子说"听之不闻，名曰希"。希，指没声音,也就是不说话。但人类需要交流交往,不能不说话,所以可将"希言"理解为"稀言",就是少说话。实际上,此话的本意是老子反对统治者随意发布政令,反对随心所欲地处理国政。

自然:本来如此,没有人为因素干预。

"故飘风不终朝,骤雨不终日。孰为此者?天地。"意即,所以,暴风刮不了一个早晨,骤雨下不了一整天。是谁造成了这种情况?是天地。

飘风骤雨,就是疾风暴雨。这种天气现象,不是天地的常态,天地的常态应当是虚静的,阴晴有度的。而反常现象则属于"有为",所以不能持久。

"天地尚不能久,而况于人乎?"意即,天地在造作时尚且不能维持长久,更何况人呢?

老子用这一句做比喻,深刻地告诉人们:凡属轰轰烈烈的"有为"的事情,都不会长久。就像除夕夜里家家户户放鞭炮,热闹一阵子就过去了,那不是生活的常态。"文化大革命"可谓风起云涌,但也只是一个过程而已。正所谓"滚滚长江东逝水,浪花淘尽英雄。是非成败转头空,青山依旧在,几度夕阳红"。只有道是永恒的,人世间的"有为"与折腾都是过程。闹哄哄,你方唱罢我登场,到头来都是"为他人作嫁衣裳"。老子是惯看秋月春风的觉者,他主张无为不争,这样可以平安一生,全身而退。

得道多助　失道寡助

"故从事于道者,道者同于道,德者同于德,失者同于失。同于道者,道亦乐得之;同于德者,德亦乐得之;同于失者,失亦乐得之。"意即,因此,修道的人,他的知与行与道同行;修德的人,他的知与行与德同行;不讲道德的人,他的知与行与失败同行。与道同行的人,道便自然地帮助他;与德同行的人,德便自然地帮助他;丧失道德的人,失败也自然地成全他。

上述的话很绕嘴,归根结底就是"种瓜得瓜,种豆得豆"。所谓:万法皆空,因果不空。

信不足焉　有不信焉

"信不足焉,有不信焉。"意即,统治者如果不讲诚信,人民就不会信任他。或者说,人若不讲诚信,就没人信任他。

如何才能做到诚信?在老子心目中,只有"道"最守诚。只有按道行事,才能守住诚信。诚信不是指一个人的心能守诚那么简单。好多时候,人们心有余而力不足。有的人轻诺寡信,所以老子开头就讲"希言自然",不要轻易说话、表态,不要轻易承诺什么事情。若国家发布了许多政令,但往往行不通,办不成,这就容易失信于民。有时候,尽管主观愿望是好的,但不合客观实际,所以结果还是瞎折腾。

信任与信心,非常重要。孔子说:"民无信不立。"对己对人都是如此。

▶ [小结]

天地无言,云行雨施;桃李无言,花果满枝。大自然依道行事,默默无语。而人类社会,则有着太多的智慧技巧、心机算计,而这些在许多时候被用来满足个人的私心私欲。凡属人为的折腾,都不可长久;得失利弊,也亦然。

所以老子告诫人们,德者同于德,失者同于失。孟子有所感悟,叫作"得道多助,失道寡助"。

失道的人,必无诚信可言,因为他的言行不合规律,所以他的见解主张很难行得通,所以必失信于人而同于"失"。

第二十四章
企者不立 跨者不行

▶[题解]

本章阐述的仍是老子的"无为"思想。他通过观察生活，从小中见大，谆谆告诫人们"无为"才是道理，"有为"是"此路不通"的客观现实。

为了能使自己高一点而把脚跂起来，这就是"有为"，是刻意，其结果是站不稳，也站不久，这就是违背自然。

为了能使自己的名望高一点而自吹自擂，自我炫耀，其结果是被别人贬低、轻视。

其实，世上的道理很简单，只要人们能深刻地感悟到，并能践行它，它就会变得越来越深刻，深刻到帮助你事业成功，人生平安幸福。

本章把人们的"有为"叫作"余食赘行"，意思是吃多了反而没有好处，还会造成坏处。老子的本意是告诉人们，不要有太多的贪求，要少私寡欲。用佛家的话讲，就是少一些妄想与执着。

▶[原文]

企者不立，跨者不行；
自见者不明，自是者不彰；
自伐者无功，自矜者不长。

其在道也，曰余食赘行。
物或恶之，故有道者不处。

▶[直译]

踮起脚站着，就不能站稳站久；
跨大步走路，反而会欲速则不达；
自我显示反而会被人轻视；
自以为是则很容易造成失误；
自我夸耀则很容易抵消功绩；
妄自尊大则很难再有长进。

上述情况，如果用"道"的标准来评价，叫作饭吃多了会影响走路。

自然的物性是反对这样做的，所以懂得道理的人不做这样的事情。

▶[读解]

人为造作　适得其反

"企者不立，跨者不行。"意即，踮起脚站着，就不会站稳站久；跨着大步走路，反而会不利前行。

企，是踮着脚看。"企盼"就是这个意思。"企"和"跨"，是为了高一点，快一点，都是有特定目的的，所以就出现了人为的"有为"。老子的目的很明确，就是用最简单的例子，来说明人为造作，不可长久，反而会适得其反。

比如长跑比赛，刚起跑时就拼命领先的，往往不能坚持领先到最后，因为他没有均匀地分配体力，而输在争抢争先的心态上了。这也可以叫作"跨者不行"。

过于自我　抵消功绩

"自见者不明，自是者不彰；自伐者无功，自矜者不长。"意即，自我显示自己，反而遭人反感，被人轻视。自以为是，刚愎自用，往往会造成失误。自己夸耀自己而自恃己功，往往会抵消功绩。自高自大、自恃己能，往往会停止长进，不堪重用。

"自见者不明"，也可译为"自己显摆自己是不明智的"。

"自是者不彰"，也可译为"自以为是则不能得到彰显"。

对老子原文的读解，不可拘泥。许多时候，老子的用字用词，是可以剥皮见肉，剥肉见骨，剥骨见髓的。人们的感悟不同，其中的味道就有异。

"其在道也，曰余食赘行。"意即，上述种种，如果用"道"的标准来衡量，叫作"余食赘行"，即"吃多了走不动"。

"其"，是代词，指代前面说的六种现象。关于"余食赘行"，有许多书写作"余食赘形"，指"吃多"和"赘瘤"，都译为多余的。我认为此种说法是仁者见仁、智者见智吧！

"物或恶之，故有道者不处。"意即，自然的物性是反对这样的，所以有道的人不这样处理问题。

物，指物性，就是自然规律。或，语气词，无实义。不处，是不这样做。

▶[小结]

余食赘行与画蛇添足，意思较相近，也可叫作"过犹不及"。

而"自见、自是、自伐、自矜"这些人们常犯的毛病，也正是"余食"的表现。

所以，人生在世只有脚踏实地，虚怀若谷，不自见自是，才能一步步走向成功。

第二十五章
天地规则　道法自然

▶[题解]

本章是老子论"道"最恢宏的一章。在本章，老子深刻广博地阐述了如下见解：

第一，"道"的存在是"有物混成"的"大有"，并且是"先天地生"的"大有"根源。

第二，"道"广大无边，独立不改，周行不殆，造化万物，"可以为天下母"。

第三，"道"超天地万物之外，又近在天地万物之中，"逝曰远，远曰反"。

第四，确立了"人"在宇宙中的位置，"域中有四大，而王居其一焉"。

第五，揭示了自然秩序，"人法地，地法天，天法道，道法自然"。

第六，为了说理和交流，老子给他的发现勉强起了个名字，叫作"道"，还叫作"大"。道之大，无所不在，无处不有，无物不是，无所不及。

道是"无极"，也就是没有终极，没有极限。就"时空"而言，它无始无终，无边无沿。就"存在"而言，其大无外，其小无内。就"名实"而言，它既是万物的本原，称"妙有"，又是纯粹的理性,叫"妙无"。

我们凡俗人等解读《道德经》,自古至今存在着两大障碍。一是没有人具备老子的境界。老子是"独异于人"的"得道"的真人,他用字惜墨如金,言辞隐晦,点到即止,我们很难知道他看到了什么。二是受语言文字的概念限制。人类生存在这个属于"有"的相对空间里,所有概念都是相对的,以相对解绝对,尽受局限。

所以,我们也只能尽己所能,发挥想象,去贴近老子,把老子所言的世俗社会所能理解的东西,感悟出来。

▶[原文]

有物混成,先天地生。

寂兮!寥兮!独立而不改,周行而不殆,可以为天下母。

吾不知其名,字之曰道,强为之名曰大。

大曰逝,逝曰远,远曰反。

故道大,天大,地大,王亦大。域中有四大,而王居其一焉。

人法地,地法天,天法道,道法自然。

▶[直译]

有一种物象混混沌沌地存在着,它在天地形成之前就生成了。

它寂静无声啊!又空旷寥廓啊!独立长存而不加改变,环周运行而不曾止息,可以成为造化天地万物的母体。

我不知道它的名字,起个名字叫"道",再勉强起个名字叫

"大"。

大就是边际无限而近乎消逝,近乎消逝就是非常遥远,非常遥远而却不离本原。

所以说,道大,天大,地大,王也大。大有之中有四大,而王是其中之一。

人取法于地,地取法于天,天取法于道,道取法于本来如此。

▶[读解]

宇宙无极　生成万有

"有物混成,先天地生。"意即,有一种物象混混沌沌地存在着,它在天地形成之前就有了。

人们常说:人外有人,天外有天。透过老子的这八个字,我们有理由相信老子在意识的真空状态下,发现了宇宙形象。

宇宙是无限的。上下四方谓之宇,它无边无沿;古往今来谓之宙,它无始无终。

在这个无限的时空里,存在着无尽的物质能量,质量巨大。现代科技中的太空望远镜,能观测到以光年计算的极为遥远的天体(星云),它是模模糊糊的。并且发现,宇宙中的物体,仍在不断爆炸,宇宙仍在膨胀中。我们人类所居住的这个地球,这个太阳系,这个银河系,仅仅是茫茫宇宙的一分子。太阳系的由来,科学家们认为是宇宙爆炸的结果。

中国古代有混沌初开,盘古开天辟地的神话故事,描述的是一种自然力,我们可以把它理解为天地崇拜。宇宙仍在爆炸和膨胀中,没有人知道我们所居住的地球是诞生于哪一次爆炸。

所以,老子在"道态"中发现了天外"有物混成"后,便断言，这种物象是先于天地而早就有的。言外之意，它是天地生成的本原。在第四章中，老子描述说："湛兮，似或存。吾不知谁之子，象帝之先。"这说的就是"道"的无始存在。

关于"有物混成"一语，《庄子·天地》说："泰初有无，无有无名，一之所起，有一而未形。"意思是说，道生出来的这个"一"，是浑浊未开的状态。

"寂兮！寥兮！独立而不改，周行而不殆，可以为天下母。"意即，寂静空旷啊！独立长存而不加改变，环周运行而不曾歇止。它就是可以造化天地的母体。

寂：寂静无声。寥：空旷寥廓。形容天体的存在状态。

"独立而不改"，是在试图说明"道"的独立性、超越性、永恒性。它永远是那个样子。这种认知，是终极的理性。即使是地球和太阳都不存在了，"道"依旧如此。

周行：环周不休，旋转运行。不殆：不曾歇止。

人类借助现代科技描绘出了银河系的图景。银河系的中心是一个长达2.7万光年的光柱，它由数千万颗恒星组成，两边是由四条大悬臂组成的漩涡星系，形如漩涡，形似"太极"，呈旋转的态势。太阳在其中，只是一个很难看见的"点"。很难知道，这是不是老子所说的"周行而不殆"。总而言之，老子认为道的运行是一个圆，周而复始。

为：成为，作为。母，造化天地的本原，母体。天地是人类的见知，人类的见知只是这个母体的一个组成部分。

道贯虚空　勉强起名

"吾不知其名，字之曰道，强为之名曰大。大曰逝，逝曰远，远曰反。"意即，我不知道它的名字，勉强称呼它为"道"，再勉强起个名字叫"大"。它广大无边而运行远逝，运行远逝便无限遥远，无限遥远却又不离本原。即道贯虚空，无处不在。

在《道德经》的反复论述中，就物质层面而言，"道"是一个混混沌沌、恍恍惚惚、形质未分的东西，它无形无质无状无名。就理性层面而言，它是理学，是纯粹的理性，规律和法则是没法显露的。它无处不有，无所不在，所以老子便勉强给它起个名字，叫作"道"，也叫作"大"，合称"大道"。为的是建立概念而"名正言顺"，便于说理。

"大曰逝"，"逝"是动词，确切点说是自动词，指远去不回了。

"逝曰远"，"远"，是老子试图利用人类所建立的相对概念来说明"道"的广大悠远，遥远无边。

"远曰反"，"反"可作"返"理解，但不是去了又返回的意思，而是作"不脱离本原"来理解。因为道的存在是尽虚空、遍法界的。在佛学理论中，一切存在（有形）界，都叫"色界"，或都叫"法界"（法，即观念、概念）。在第十四章中，叫作"迎之不见其首，随之不见其后"。

域中四大　王居其一

"故道大，天大，地大，王亦大。域中有四大，而王居其一焉。"意即，所以说，道大，天大，地大，王也大。在宇宙天地中有"四大"，而王是其中之一。

老子说的这四种大，实际上是相对的，依次递减的。

那么，王为什么能被列为四大之一？

因为人类是"神于天，圣于地"的智慧生灵，具备着超过其他物类的神圣能力。"天覆地载，万物悉备，莫贵于人。"人的智慧潜能，可以达到天人合一的境界，王是人类的代表。

试想，天地间如果没有人类，便没有文化，没有艺术，没有科技，没有创意。地球将很蛮荒，很寂寞。没有什么其他物类具备劳动能力，可以认识自然。

人类，是很伟大的。圣人，是人类伟大的代表。圣人的贡献是告诉人们：如何做人，如何做事，如何顶天立地。

终极道理　道法自然

"人法地，地法天，天法道，道法自然。"意即，人取法于地，地取法于天，天取法于道，道取法于本来如此。

法：取法，效法，遵从之意。

何谓"人法地，地法天，天法道，道法自然"？老子没说，他给我们留下了极大的思考空间。但在逻辑上，我们可以清晰地看到，他在一步步地向着"道法自然"靠拢。

就"人法地"而言，它原本就是客观存在的。人是天地共生的，脚踏实地地生活在大地之上。人的生命过程、生活节律、生存依靠，无不与大地相契。《易经》说："方以类聚，物以群分。"人们靠山吃山，靠水吃水，日出而作，日落而息，春种秋收，生生不息。

人们向大地学到了什么？"地势坤，君子以厚德载物。"地之大，无所不生，无所不载，土德敦厚。在命理学领域，土多之人，被认为含德厚重。这是一种观念，是"人法地"的表现形式。

"地法天"，是说天比地要高一个层次。天之大，无所不包。日月轮回，牵扯出春夏秋冬；行云施雨，哺育着万物生长。天上的风雨霜雪，主宰着地上的生长收藏。中国从公元前二十一世纪的夏朝开始，便有了天文历法，古称"夏历"，现在叫作"农历"，用以指导农耕文明。"天行健，君子以自强不息。"在中国古代的人文观念中，天是至高无上的主宰，人们普遍有天地崇拜，皇家设天坛、地坛，祭祀活动非常盛大。

"天法道"是道家的独创。在儒家理论中，"天"是至高无上的。中国人的习惯是关键时候都喊"天"，诸如："尽人事，听天命"，还有"天不佑我""天不亡我"等，都是天是人间主宰的意识反应。

道家思想比儒家又高了一个层次。儒家只讲天地人这个层面，而道家则是站在"道"的高度上，来评价天地人。老子的境界是终极的，他推究到了"天根"，也就是天地的来源。

"道法自然"的本意是"道法自己"。"自然"，即自己就是这个样子，本来如此，原本如此，天生如此。佛家叫"如来"，也叫"法尔如是"。"道"与"如来"是一个意思，无所从来，亦无所去。

道法自然，就是"道"遵从、取法于事物的本来面目。江山易改，禀性难移，鸡就是鸡，狗就是狗，如果能改，自然法则就乱了。有人问，自然法则为什么相反相成？不为什么，没有为什么，事物的真相原本如此。不这样，就没有事物。

"道法自然"的另一层意思，是老子提醒人们，做事情，想问题，要遵从规律，人道要服从天道，不要肆意妄为。

"自然"这个词是老子的创造，它和现代人用的"自然科学""大自然"之类，不是一回事。老子用的概念是理念，现代人用的概念是实物，但两者也有相通之处。

▶ [小结]

本章是老子论"道"的经典，说的是他在"无欲"状态下的发现，并且给他的"道"起了名字。

老子是"得道"之人，他的写作是随机的，所以到了第二十五章他才把道名的由来公之于世。

老子德能的玄妙是我们常人所难以理解的，所以我们在解读《道德经》时，只能尽力感悟和贴近，但无论如何也难尽其意，只能是仁者见仁，智者见智，或者是愚者见愚。好在我们学习《道德经》的关键，是其内容主旨，是领会精神意境。

本章的主旨是"道的本元论"，说的是"有"的一面，它先天地而生，可以为天下母。最主要的是，老子确立了人在天地间的位置，域中四大，王居其一。只有老子能够参透宇宙天机。老子在两千多年前所描绘的宇宙影像，已被今时科技证实了，所以人类着实是很伟大的。

本章的珍贵宝典是"道法自然"四个字，它是天地间的终极法则，也是人世间的终极理性。顺其自然，顺应自然，当是人类的最高智慧。

第二十六章

重为轻根　静为躁君

▶ [题解]

重为轻根，静为躁君，既是物性，也是人格。一种物体只有根基厚重，才能站立得稳；人的情绪只有安静下来，才能克服烦躁。物理就是人格，所谓"格"，就是理性的界定，即界定在某个"格"里。

本章内容，老子以"重为轻根，静为躁君"为说理依据，公开抨击了统治阶层"以身轻天下"的治世态度，告诫他们："轻则失本，躁则失君。"

老子所处的时期是春秋末期，周朝天子失威，诸侯竞相争伐，他们为了一己私利，不断挑起战争。在老子看来，这正是人们心浮气躁的结果。

老子所说的重和轻，静和躁，是以物性导出理性。孟子提出的"民为贵，君为轻"的亲民思想，与圣人的说理有着直接的渊源关系。

▶ [原文]

重为轻根，静为躁君。

是以君子终日行不离辎重，虽有荣观，燕处超然。

奈何万乘之主，而以身轻天下？

轻则失本，躁则失君。

▶ [直译]

厚重是克服轻浮的根本，宁静是克服躁动的主宰。

因此，君子每天在行路时都不会离开载着辎重的车辆。

虽然有着地位的荣显，但能保持着态度的超脱。

可为什么大国的君主，却以自己的私妄来轻率地治理天下呢？

轻浮的结果就是失掉根基，躁动的结局就是失掉主位。

▶ [读解]

因为浮浅　所以浮躁

"重为轻根，静为躁君。"意即，厚重是克服轻浮的根本，宁静是克服躁动的君王。

重和轻，是一对矛盾的对立统一体。在物性上，只有下面深沉厚重，物体才不会动摇倾倒，所以人们盖房子时很注意地基的稳固。

上升到理学层面，人的性格、品格也是如此。《道德经》第八章说"心善渊"，是说人心要深沉，这是一个修养过程。现实中能真正感悟《道德经》的人很少。众人熙熙，追名逐利。有许多人活得很轻浮，很累，很苦恼。特别是有些有钱人，过的是魔鬼生活，五毒俱全地作践自己，物质极大丰富，但精神贫乏，折损天寿，危害社会。试想，一个不能自爱的人，怎么能爱民益国？人心不能迷失，心中要有道，要有所担当。

静：宁静、沉静、虚静、恬静、清净、空静，都是静，这是一种境界。"道"的状态是虚静的。如果能做到事来则办，事毕则了，心中无事，那将是很幸福的。这贴近于道，必能健康长寿。

但有的人，欲望太多，妄想太甚，太过有为，总是乱事缠身，烦事扰心，所念不遂，所求不得。他们因浮浅而浮躁，由浮躁而暴躁，怨天尤人，就是不知反省自己，所以也很难把事情办得顺心随意。

诸葛孔明说："非宁静无以致远。"人们着实需要有一个学习长进和悟道修行的过程。

君子之道　燕处超然

"是以君子终日行不离辎重，虽有荣观，燕处超然。"意即，因此，君子总是在出行时乘着满载日用物资的车辆，虽然有着繁华荣显，但是却能安然无忧。

看上下文，老子的这一句是针对上文"重为轻根，静为躁君"而说的。君子出行，不离辎重，有备无患，所用无忧，所以能"燕处超然"，悠然自得。

君子：古代是指有地位、有修养的人，后来指有着较高道德修养的人。儒家论事，常以"君子"和"小人"为题，表述两种境界的差别。特别是在《论语》里，"君子"之说比比皆是。道家则较少使用尊卑概念。

辎重：辎，是车辆。重，是车载之物。所以"辎重"就是用车拉着许多生活物资。古时候地广人稀，所以有"君子"身份的人出门要用车带足日用东西，虽然荣显些，但总不至于干扰他人吧。可见君子是洁身自好、自尊自重的。老子用"燕处超然"来比喻君子，大概就是此意。因为他超脱，所以他安然。

"燕处"也叫"燕居"。燕子与人很近，用泥筑巢在屋内或屋檐下，与世无争，悠闲自得。古人把人们的"休闲"状态叫作"燕居"，即"燕处"。

轻则失本　躁则失君

"奈何万乘之主，而以身轻天下？轻则失本，躁则失君。"意即，为什么一个可配有万乘车辆的大国君王，却要为了满足个人的私欲而轻贱天下？脱离百姓，就会失掉根本；轻浮躁动，就会失掉主张，丧失统治。君，是主宰、统领之意。中国汉字内含丰富，老子说话一般比较隐晦，但这里算很直白了。

"万乘之主"，喻指大国之主。乘，是车辆，一乘即一辆。古代社会等级森严，级别不同，所配置的车乘数量也不同。

"以身轻天下。"身，指私身、私心、私欲、私妄。君主的私心私欲往往难以限制，其一旦无道失德，便会肆意妄为，轻视天下，从而挑起战端，实行严刑酷法，分派苛捐杂税，无端鱼肉百姓。

无道失德，就是轻贱；失掉民心，就是失掉根基。古有"民为贵，君为轻"的理念，这指的是鱼水关系。人为私利而浮躁，就会失掉民心，失掉原有的地位。《易经》叫"德不配位"，便会发生变易。这就是"轻则失本，躁则失君"。

▶[小结]

就人生而言，其实最"重"的是灵魂。先做人，后做事，有了本，何愁末。佛家讲"借假修真"，是说借助身体这个做事的皮囊，来修炼人的心性，尊道贵德，积德积善，自会因果不空。

"轻则失本，躁则失君"，失掉根本，失掉灵魂，那么，人可能就什么都没有了。自古以来，有多少贪官纷纷落马，身败名裂，如果这些人能亲近一点老子，懂一点少私寡欲，可能不至于追悔莫及。

第二十七章
抱玄守一　是谓要妙

▶[题解]

本章的前五句，常人很难理解，老子讲的"善行""善言""善数""善闭""善结"，是凡俗人等很难做到的，因为人们不在那个境界里。其实，老子讲的是"抱玄"，是"无为而无不为"的境界。

后面的内容，讲的是"守一"。天地万物，同出于道。站在道的立场上来说，只要存在，就是道理，所以不要有分别心。无论是人还是物，都是由道所生，应该平等。因此，圣人的心是完善的、悲悯的，常善救人，也善救物。

人世间，分别心太重，凡事非得分出三六九等、尊卑贵贱、善恶美丑，而越是分别，人际间的关系就越难和谐，所以老子说"虽智大迷"。因此，抱玄守一，才是要妙。

解读《道德经》，感悟《道德经》，只有在通读全书，并且能较为完整地理解老子的思想体系后，才能做到有效读懂某一章，否则必是盲人摸象，望文生义的结果只能是误解了《道德经》。老子行文，多数时间只讲表象，只说结论，而其中的深意，只能靠读者站在"大道"的立场上，去自己感悟。这也是《道德经》一书的高妙之处。

▶ [原文]

善行无辙迹，善言无瑕谪，善数不用筹策，善闭无关键而不可开，善结无绳约而不可解。

是以圣人常善救人，故无弃人；常善救物，故无弃物。是谓袭明。

故善人者，不善人之师；不善人者，善人之资。不贵其师，不爱其资，虽智大迷，是谓要妙。

▶ [直译]

智慧完善者的出行，没有什么辙迹；智慧完善者的言语，没有什么瑕疵；智慧完善者的计数，不必使用筹策；智慧完善者的关闭，没有什么机关却不能打开；智慧完善者的缔结，不需要绳子约束却不能解开。

因此，圣人总是善于帮助别人，所以没有被遗弃的人；常善于珍惜天物，所以没有被遗弃的天物。这叫作承袭天道的光明。

所以，道德完善的人，是不完善者的老师；道德不完善的人，是完善者的比照和救助的对象。不尊重老师，不爱护对象，虽然自以为聪明，却是最大的迷失。这是一个非常重要的妙理。

▶ [读解]

五"善"之能　层次不同

"善行无辙迹"，意即，智慧完善者的行动，是可以没有什么辙迹的。

"善"字，老子最常用。它有三种内涵，一是完善、完美、完备；二是善于、擅长；三是善良。本文中用意在前两者，可以理解为"由于完善所以善于"。

老子所说的"善行无辙迹"，他是可以做到的。老子在其他章节里曾说的"不出户，知天下""行无行，攘无臂"，绝非戏言。得道的人的境界是凡夫俗子所不能理解的。这叫"化境"，是最高层次的"天人合一"。老子其人独异于人，否则他不会出此言论。生命科学领域有着太多的不解之谜。

次一等的"善行无辙迹"，就属人间智慧了。在军事斗争领域，兵不厌诈，人们会有许多奇思妙想，使行动不留痕迹，不动声色。不战而屈人之兵，大概也可以属于这一类。在解放战争期间，毛泽东的一篇广播稿，就吓退了傅作义的偷袭西柏坡的用兵。这就是善于行动，完善的行动。

"善言无瑕谪"，意即，完善的言辞，是没有瑕疵的。

老子认为，不言，贵言，行不言之教，是最合于道的。他主张"智者不言"。不说话，就没错话；少说话，就少出漏洞。道德完善的人说话，肯定要站在"道"的立场上，所以瑕疵错话则可以避免。孔子说"七十而从心所欲，不逾矩"，意思是在七十岁前后，学生问他什么，他随口就答，但是不超越道德规范，不离开仁义礼智信。

病从口入，祸从口出，多言无益，少说为佳，这是一般人的常识。

"善数不用筹策"，意即，智慧完善者的计数不必使用筹策。

筹策，是古时一种竹制的计算工具，相当于算盘。不用筹策是一种心算智慧。从道家的立场上看，老子不喜欢"俗人察察"，斤斤计较。有些事，有道之人一看便知，不用计数。

"善闭无关键而不可开"，意即，完善的关闭没有机关却不能打开。

关键，是一种金属或木制的门闩，用来关锁门窗。没有关键而不可开，此话或不能用机械的思维去理解成机械的物性。

《黄帝内经》说："正气存内，邪不可干。"意思是人的正气旺盛，邪气就不能侵犯人体。人是有气场的，阳气旺盛，邪气就上不了身。阳气虽没有"关键"可寻，但邪气不可侵入，即"不可开"。对于老子的话，我们必须用反向思维去理解，他说的是"有"，指的可能是"无"。比如一个人的立场坚定，可能任何诱惑也不能动摇其心，这就是"不可开"。

"善结无绳约而不可解"，意即，完善的缔结没有绳子约束却不能解开。

"绳约"，上古之人以"结绳"记事，包括缔结盟约、约定之类。人如果有诚信，没有绳约也不会爽约。此言古今一理。另外"绳约"一词，多数情况下被解读为绳索或捆绑，亦通，但不免牵强。总之，老子的本意或许就是精神上的牢不可破吧！

众生平等　圣人无弃

"是以圣人常善救人，故无弃人；常善救物，故无弃物。是谓袭明。"意即，因此，圣人总是善于帮助别人，所以没有被遗弃的人；总是善于爱护物类，所以没有被遗弃的物类。这就叫作承袭了道德属性。

圣人无弃人，讲的是人人平等。圣人无弃物，讲的是众生平等。物，当包括动物、植物、物品。这是一种慈爱、悲悯。其理论根基就是道生万物，万物一体，相互依存，本不该有彼此之分。

袭明：袭，承袭、顺承、遵从。明，"知常曰明"。常，是指永恒的大道。

人际不和　虽智大迷

"故善人者，不善人之师；不善人者，善人之资。不贵其师，不爱其资，虽智大迷，是谓要妙。"意即，因此，品行完善的人，是不完善人的老师；品行不完善的人，是完善人的帮助对象。不尊重自己的老师，不爱惜自己的对象，虽然具有聪明智慧，但是却存在道的迷失。这就是最根本的妙理。

这一段讲的是人际间应有的帮扶互助、相互尊重的关系。

关于"不善人者，善人之资"，可以理解为不完善的人是成就"善人"的基础、资本，可以进一步成就"善人"。比如，有人需要资助，有人便提供帮助，结果是双双得到成就。简单说，就是关爱他人，成就自己。

关于"要妙"，《道德经》第一章有"众妙之门"一语，"要妙"就是合于"道"的重要做法，就是"知和曰常"，恒常的道理。

▶[小结]

《道德经》的每一章内容，总体上都是一体的，风格上有时有些跳跃，好像前后文不搭，但逻辑上一脉相承。本章前五句，讲的有些"玄"，其实那是得道之人可以做到的事情，是一种高层次的天人合一的境界。接下来老子讲的是天下万物要和谐，天下以人为本，所以他推出了圣人、善人，希望他们为人类做出榜样。老子爱民治国的心志很强，他希望统治阶级能具备圣人的觉性，常善救人，常善救物，治理好天下。

我们学习《道德经》，当过完字面这一关之后，一定要注意领悟精神主旨，这样的学习才能入脑入心。

第二十八章
修禊常德　大制不割

▶ [题解]

本章内容的主旨，是告诉世人安守天分，契合常德，以"无为"的心态将自身的德行修炼到与"道"契合的状态时，当会出现"朴散则为器"的结果，实现人生的美好愿望，即"圣人用之，则为官长"。

老子的知雄守雌、知白守黑、知荣守辱，哲理深刻，他从多个角度告诉人们如何感悟道理，如何做人做事，以此避免浮躁，安时处顺，从而达到"无为而无不为"的境界。本章亦为老子的修炼密语。

▶ [原文]

知其雄，守其雌，为天下溪。为天下溪，常德不离，复归于婴儿。

知其白，守其黑，为天下式。为天下式，常德不忒，复归于无极。

知其荣，守其辱，为天下谷。为天下谷，常德乃足，复归于朴。

朴散则为器，圣人用之，则为官长。故大制不割。

▶[直译]

知道什么是阳刚的雄健,而能守住阴柔的雌弱,做到像溪流那样谦卑无争。能做到谦卑无争,恒久的天德便不会离去,从而回归大道的无为状态。

知道什么是明白清晰,而能守持暗昧幽隐,并把它作为行为的准则。有了明确的行为准则,恒久的天德便不会离去,从而回归大道的本原状态。

知道什么是荣显高贵,而能守持忍辱谦让,做到像山谷一样虚怀空静。能做到虚怀若谷,恒久的天德便会充足,从而回归大道的真朴状态。

大道的真朴造化了万物,明道的圣人因势利导,借力而行,从而成为治世的官长。所以,大道的制度是不会割裂的。

▶[读解]

知雄守雌　柔弱胜刚

"知其雄,守其雌,为天下溪。为天下溪,常德不离,复归于婴儿。"意即,知道什么是阳刚的雄健,而能守住阴柔的雌弱,做到像溪流那样谦卑无争。能做到谦卑无争,恒久的天德便不会离开,从而回归到大道的无为状态。婴儿,无知无欲,即是无为。

《易经》说:"一阴一阳之谓道。"《道德经》说:"万物负阴而抱阳。"阴阳两端,相反相成,是构成万类事物的基本法则。凡是显在的事物,都有它的对立面。这是"道"的"一生二"的结果。"无极生太极","太极"里边就包含着"阴阳两极"。

在生物界,动物和植物的阴阳两极是以雌雄两性的形式存在的，生物的有性繁殖有利于物种的延续，这是天地的安排，也叫"天性"，还叫"天命"。有人说："性格决定命运。"实际上，性格就是命运，命运就是性格，性格就是天性的格局，即本来就是这个样子。动物都是按着天性生存的。老鼠生来就会打洞，它喜欢阴暗潮湿，繁殖快，寿命短，这就是它的性格和命格。

人类，有别于其他的一切动物。人类有文化，有教养，智慧齐天，可以进行"性"与"命"双修。在人类社会里，人们的修行素养直接关系着一个人的性格命运与吉凶祸福。

老子的"知其雄，守其雌"六个字，哲理深广，是道家提倡的处世原则。

比如，就家庭而言，做丈夫的就要阳刚，要有所担当，要撑起家庭。做妻子的就要温和柔顺，辅助丈夫，照顾家庭。刚柔相济，才能家庭美满、稳定。

就社会活动而言，无论男人还是女人，如果一味示强、咬尖，锋芒毕露，必定会屡屡碰壁。不争无忧，温良谦让，效果会更好。人世间，没有人喜欢头上长角、身上长刺的狂人。

就修行而言，"守雌"就是"守本"。"道"是虚无的、柔弱的、隐晦的、无为的。"反者道之动，弱者道之用"，"用反"就是"无为"，"用弱"就是"守雌"，不过度展现阳刚的有为，是修道的要妙。

知白守黑　回归无极

"知其白，守其黑，为天下式。为天下式，常德不忒，复归于无极。"

这句话做如下翻译或比较符合老子的本意：当修行达到明白四达的境界后，要守住暗昧幽隐，这是修道的普遍准则，守住这个准则，常德才能保持下去，才能回归到"无极"状态。

之所以对这一段给出此种解读，根据是《道德经》第十章。该章是老子专讲修道要领的，其中有一句："明白四达，能无知乎？"意思是，当你修炼到可与天地万物共往来，一切都了然于心的境界时，能大智若愚吗？能装作什么都不知道吗？

式：古人占卜的工具。古人根据占卜的结果，确定行动的原则、方向。修行者如果不守"明白而装傻"的准则，是修不成正果的。他们信奉"不泄天机"。

忒：音 tè，差错、差忒。做不到"知白守黑"，常德就会出差错。

"复归于无极"，即，回归于道的初始状态。无形，无质，叫"无极"。老子在此说的"复归于无极"，是指意识的真空状态达到无我状态。一般人做不到。人的修行达到无我状态时，便能"明白四达"，宇宙时空任往来。

老子在这一段是讲修道功夫的，否则他不会用这么多暗昧的字眼儿。

但在日常生活中，"知白守黑"同样也可以作为人生智慧。比如有些事情，人们看得很明白，但不能说，所谓"真话不全说""说必然该打"。社会太复杂，人如果过于天真，就是缺少智慧。动物一般有三个本能：争食、找伴、保护自己。人的自然属性也是如此。而在人的社会属性上，"揣着明白装糊涂"的现象，遍地都是。水至清则无鱼，人至察则无徒（同类、同伙）。隐恶扬善，比赶尽杀绝要好。

知荣守辱　复归于朴

"知其荣，守其辱，为天下谷。为天下谷，常德乃足，复归于朴。"

这一段可以这样解读：知道尘世间的富贵荣显是好的，但却能守住安贫乐道的志向，让自己的心志像空旷的山谷一样。如果能做到虚怀若谷，那么恒久的天德便自然充足，从而回归到德行的真朴状态。

朴，是原木，它未加任何雕琢，有做成任何器具的可能性。

老子在上一段说"复归于无极"，无极是"无"；这一段说"复归于朴"，朴是"有"的前身，是"成器"的基础。老子用词论道的逻辑思维是微妙的。人修行的目的不可以只明哲保身，而应该有爱民治国的志向和愿力，这叫作德才兼备。

如果能做到"知荣守辱"，反而不会受辱。有的人官位显赫，荣华富贵已经享用不尽了，但还是不知足，还要再走几步登上顶级宝座，只可叹，德不配位，顷刻间身败名裂，连祖宗都跟着受辱蒙羞。假如这种人能真懂一点点老子的教诲，或可不至于遗恨终生。

知荣守辱，就是知道荣显是好的，要守住自己，别背道，别受辱。

朴散为器　有所担当

"朴散则为器，圣人用之，则为官长。故大制不割。"意即，真朴的大道能造化万物，明道的圣人善用天资，借用天力，从而成为治世的官长。所以，大道的法度是不会割裂的。

"朴散则为器"是指大道能造化出天地万物，品类繁多，当然也包括人。古人把德才兼备的人叫作"成器"。老子希望统治者应当是"内圣外王"的圣人，所以他说"圣人用之，则为官长"，指的是圣人尊道行事，而成为官长。

"大制不割"，说的是人间正道是沧桑。大，是大道；制，是法则；不割，就是不割裂、不断绝。一切背道而驰的事物都是短命的。天下大乱后,终究会天下大治,这是"道"。

▶[小结]

老子的文章,言辞古奥隐晦,哲思深刻,风格跳跃如同断简缺词,所以解读起来只能见仁见智,见拙见愚。

学读《道德经》,绝不能望文生义。他说"婴儿",指的是无知无欲。他说"溪",指的是谦下无争。他说"谷",指的是少私寡欲,虚怀若谷。老子学说的真谛是"道法自然",所以他的文章习惯用自然现象来表述。当老子说表象的时候,我们应当知道其内在的深意,否则翻译出来既说不通,又不成话。

本章内容的主旨,还是告诉人们要学会使柔、用隐、寡欲、无为。无论修行还是处世,这都是"道"的"用反"之方式。如果能够做好这些,即便不做"官长",也可以受益终身。

关于"复归于婴儿""复归于无极""复归于朴",在修道者那里这是修行递进的过程。婴儿,是指无为;无极,是指大道的本原;朴,是指素朴纯真。返璞归真,就是修道有成了。

《道德经》本章主要是讲道家修炼功夫的,主旨是守柔弱、守暗昧、守无争。此章在修炼者那里,别有一番解读。

第二十九章
天下神器　不可为也

▶[题解]

在这一章里，老子以冷静的语言明确地告知天下，想巧取豪夺获得天下，按个人意志统治天下，是做不到的。即便是得到了，也要失去；要想按个人意志去统治，也是注定要失败的。因为天下万物，各有禀性，各有灵性，它们的生成毁灭，只唯道是从。特别是万物中的人类，他们有思想，有意志，千差万别，崇尚光明美好，更是难以进行违背他们意愿的统治。

此章的话题，是直接针对当时的社会时弊而发的。春秋时期，各国的诸侯相互间弱肉强食，攻伐兼并，战乱不息，老子"冷眼向洋看世界"，提出忠告："天下神器，不可为也。"

"天地悠悠，过客匆匆，潮起又潮落；恩恩怨怨，生死白头，几人能看透。"中国社会有史可查的，在五千年中已经翻过了二十四史，一切历史人物都已成为匆匆过客，而青山依旧，大道永恒。

本章的主旨还是讲"无为"，最后的"去甚，去奢，去泰"，当为"中庸"，即"中和"之道。

▶[原文]

将欲取天下而为之，吾见其不得已。

天下神器，不可为也。

为者败之，执者失之。

故物或行或随；或歔或吹；或强或羸；或载或隳。

是以圣人去甚，去奢，去泰。

▶[直译]

有人想要获取天下而为所欲为，我看他是做不到的。

天下是个尊道贵德、存在灵性的道生之地，它是个人意志所不能支配的，也是不归某个人所有的。

想以个人意志支配天下，注定要失败；想以个人意志占有天下，注定要失去。

天下万物，有的前行，有的后随；有的缓慢，有的迅疾；有的强劲，有的羸弱；有的安适，有的垂危。

因此圣人做事，避免极端偏执，避免奢侈多欲，避免安泰无忧。

▶[读解]

无为无败　无执无失

"将欲取天下而为之，吾见其不得已。"意即，有人想要获取天下并统治天下，我看他是肯定办不到的。后边的"已"字是副词，表已然，意为"肯定"。

老子的这句话讲得很真，很冷，很肯定。他忠告天下的"有心"之人，不要欲壑难填、执迷不悟。

"天下神器，不可为也。"意即，天下万物是道生的，各有禀性，唯道是从，它不会听命于人的个人意志的，也是不可能归于某个人所占有、支配的。

神器：指灵性。人为万物灵长，有思想，有意志，有智慧，所以很难强制掌控。"人心惟危，道心惟微"，人心不顺，便会造反。所以，实现人对人的统治，是天下最难的事情。千秋功罪，该由谁人评说？唯有老子，讲出的是真谛。

"为者败之，执者失之。"意即，以个人意志支配天下，注定要失败；以个人意志占有天下，注定要失去。

世俗社会，人们要想做到"看破放下"，是很难的。太多的人，能看破，但放不下。秦始皇以暴政统一天下，治理天下，可谓"有为"，但秦朝仅仅存续了十五年，这是典型的"为者败之，执者失之"。强权治世，官逼民反，晚唐诗人杜牧在《阿房宫赋》中慨叹："戍卒叫，函谷举，楚人一炬，可怜焦土。"在刘邦项羽的反抗下，秦王朝连同它的阿房宫，顷刻间灰飞烟灭。历史上的人治社会，命运复哀，所不同的只是时间长短而已。合于道则长些，不合道则很短。

戒惧偏执　居安思危

"故物或行或随；或歔或吹；或强或羸；或载或隳。是以圣人去甚，去奢，去泰。"意即，天下万物，参差不齐，有的激进前行，有的迟钝后随；有的沉静缓慢，有的好动迅疾；有的强大雄壮，有的羸弱多惧；有的安适，有的垂危。

这段的八个"或"字，译为"有的"。歔：缓慢地出气。吹：出气很迅疾。羸：瘦弱。隳：音 huī，坠的意思。老子用词形象简约，这实则是比喻人的个性与素质的千差万别，解读起来可以不必拘泥。怎么解读，人们各有理解。

"去甚，去奢，去泰"，很重要。

"去甚"，就是去掉极端，去掉偏执。天下不是某个人的天下，不是一个人的天下。有的君王为了维护个人统治，往往采取强权政治,"顺我者昌,逆我者亡",做得偏执过分,结果适得其反。古代君王都设言官谏臣,但遇昏君,会有言官被杀的现象。

"去奢",就是去掉奢华、奢侈。成由勤俭破由奢,君王懂这些,但很难做到。

"去泰",我所见过的书,都译为"过分","过分"和"极端"没甚差别。另外,"泰"字的本意没有此说。所以我认为还是解读为"居安思危"为妥。泰是安泰,"去泰",就是不要饱食终日,无所用心。封建制度下,天下安危往往系于一人。如果君王不谨慎小心,不勤政,就会出乱。

▶ [小结]

本章内容,是老子讲给权贵们听的。他从治世的高度,论述了"有为"的结果,论证了"无为"的合理。老子的哲意,对天下人而言,具普世价值。

古往今来,世俗社会的人们,每天想的多半是"得"。特别是在市场经济下,更少不了争名夺利,而"为者败之,执者失之"的现象已是屡见不鲜了。

老子的"去甚,去奢,去泰",讲的也是有所为而有所不为。

第三十章
物壮则老　不道早已

▶[题解]

　　在本章和下一章中，老子阐述了他关于战争的观点。本章开篇点明："以道佐人主者，不以兵强天下。"因为战争不论是正义的还是非正义的，都以"你死我活"为目的，从而使人民卷入其中，生灵涂炭，百业凋零，所谓"师之所处，荆棘生焉。大军之后，必有凶年"。老子以"其事好还"点明了战争的因果关系。

　　老子并不是一味地反对战争，而是反对穷兵黩武，以兵逞强，他提出的"果而不得已"，说的是战争的发动属于迫不得已，达到目的，有果即止，不可过分，"果而勿强"。"物壮则老，是谓不道，不道早已。"老子所讲的"道理"，含意深邃，具有普世价值。

　　老子在本章所谈的虽然是战争话题，但他的观点是"守柔"与"守慈"。老子的东方智慧，一直在影响着中国人的战争观。"人不犯我，我不犯人；人若犯我，我必犯人"，"把侵略者赶回老家去"，这就是中国人的战争方略。中国人从不主动发动战争，但也从不惧怕别人的挑衅。

▶[原文]

以道佐人主者，不以兵强天下。

其事好还。

师之所处，荆棘生焉。

大军之后，必有凶年。

善有果而已，不敢以取强。

果而勿矜，果而勿伐，果而勿骄，果而不得已，果而勿强。

物壮则老，是谓不道，不道早已。

▶[直译]

遵循"道"的原则辅佐君主的人，不凭借武力在天下逞强。

穷兵黩武这种事必然会得到报应。

军队所过之处，生态环境被严重破坏。

战乱之后，必定出现灾凶之年。

善于用兵的人，只求达到目的，不靠武力来逞强。

达到目的而不妄自尊大，达到目的而不自我夸耀，达到目的而不骄纵妄为，达到目的是出于不得已，达到目的不继续逞强。

事物强大到顶点便会走向衰朽，这就叫作不合于"道"。不合于"道"，很快就会消亡。

▶[读解]

万法皆空　因果不空

"以道佐人主者，不以兵强天下。其事好还。"意即，善于用"道"的法则来辅佐君主的人，不依靠武力逞强于天下。发动战争这种事，是会遭到报应的。

"其事好还"，就是一报还一报。佛家讲，"万法皆空，因果不空"。道教的《太上感应篇》开篇总纲即讲："祸福无门，惟人自召。善恶之报，如影随形。"佛道两家的话语不同，但意思相通。天理人心都是如此，杀人偿命，欠债还钱，天经地义。所以在民间，人们都知道"善有善报，恶有恶报；不是不报，时辰未到"。凡思想上有所修行的人，都畏惧报应，所以能自觉规范自己。许多时候，人们做事都知道适可而止，因为"其事好还"与"不道早已"。第二次世界大战中的德意日三个轴心国，最后下场都是"不道早已"。

天灾人祸　因果相连

"师之所处，荆棘生焉。大军之后，必有凶年。"意即，军队行军打仗所到之处，会民生凋敝，土地荒芜，杂草丛生。经历了大的战争之后，一定会出现灾凶的年景。

战争，是一部杀人机器，会造成尸横遍野，血流成河，令人毛骨悚然，惨不忍睹的状况。古人没有消杀灭菌的概念和能力，所以很容易发生瘟疫。另外，古人相信天人感应，认为天灾即是人祸的结果。不知道老子的话语中，是否有这种理念。

中国古人普遍有天地崇拜的观念，从朝廷做起，把祭祀天地作为国政大事，祈祷风调雨顺，国泰民安。而洪涝、干旱、冰雹、大风、地震、蝗灾、瘟疫年份，都称为"凶年"。在宗教界，一般都把"凶年"视为"果"，视为上天的惩戒。

迫不得已　有果而已

"善有果而已，不敢以取强。果而勿矜，果而勿伐，果而勿骄，果而不得已，果而勿强。"意即，懂得战争法则的人，达到目的就适可而止，不以自己的获胜而继续逞强。达到目的而不妄自尊大，达到目的而不自我夸耀，达到目的而不骄傲自狂，达到目的是因为迫不得已，达到目的后不逞强。

"善有果而已"，老子用的每个字都有丰厚的内涵。"善"，即善良、善于、完善，三层内涵相通，层层递进，有时界限很难划清。善良的人则善于行道，善于行道则行为完善。总之，是懂得"道"的法则的人。

"果而已"，就是达到目的就要停止战争。战争一般分为正义的和非正义的。有了侵略和压迫，就有自卫和反抗。因为"天下神器，不可为也"。一个国家，一个民族，一个群体，都有自己的独立品格和生存权利，所以古今中外，争取生存权利，历来都是你死我活的。止戈为武，用战争手段消灭战争，这是正义战争的原则。只有惩恶，才能扬善。

"果"，就是战争的目的和结果。即便是正义战争，也要适可而止，即解除对方武装，惩治战争罪犯，达到和平目的，切不可滥杀无辜，赶尽杀绝，消灭一个族群。不可以泯灭人性，犯下反人类罪行。如果这样，人人得而诛之。

"不敢以取强"是"不以之取强"。"以"是介词，常与"之"组成介宾短语，此处省略了宾语"之"字，"之"是代词，可指代"果"字。这是《道德经》的习惯文法。

战争绝不是什么好事，杀敌一千自损八百，"一将功成万骨枯"。即便是以反侵略为目的正义战争，胜利后也要低调，也要勿矜、勿伐、勿骄、勿强。

物极必反　不道早已

"物壮则老，是谓不道，不道早已。"意即，事物强大到极限就会走向衰亡。违背道性的柔弱谦卑,就容易提前衰亡。

在显在的自然界中,一切存在着的事物,都存在着生、长、壮、老、已这个过程,这是自然规律。人到壮年,就开始衰老;山登绝顶,就开始下坡了;日到午时,就夕阳西下。所谓"名可名,非常名",除了"道",一切都不可永恒。民间有句老话:"作得紧,死得快。"争强好胜,穷兵黩武,其结果就是"强梁者不得其死"。

▶[小结]

老子站在"道"的立场上讲战争,讲的是战争的规律和原则。其规律是"其事好还""不道早已"。其原则是"果而不得已""果而勿强"。老子的表述言简意赅,他的思想自古以来就深刻地影响着中国人的世界观、战争观。

老子反对战争,但不惧怕战争,他的"不得已"三个字,指的是自卫战争师出有名,后发制人,在政治上有道理,得人心,所以能克敌制胜。老子的战争观,也是"柔弱胜刚"思想的体现。因为中华民族有一脉相承的文化,所以其根脉得以绵延五千年而薪火不衰。而古罗马、玛雅、古埃及、古印度的文明,早已在战争中灰飞烟灭了。

第三十一章
佳兵不祥　有道不处

▶[题解]

这一章，老子继续讲对战争的态度问题。所谓"佳兵"，是指良好的武力装备和战斗能力。在老子看来，它不是什么好东西，而都是使人厌恶的杀人机器。所以有道的人，不以武力逞强称霸，而只用其自卫和震慑敌人，使之不敢冒犯。

对于"不得已而用之"的武力，老子的态度是"恬淡为上""胜而不美"。即使是取得了战争的胜利，也应以丧礼处之。老子的情怀是极悲天悯人的，极具人性的。他深知战争所衍生的是仇恨、暴力和恐怖，所以即便胜利了也没必要兴高采烈，而应淡然处之。如果沾沾自喜就等于乐意杀人，这种无道之人是不会得志于天下的。

接着，老子以礼仪为例阐述了对战争的态度。古时，吉祥的礼仪以左为上，因为左为阳，主升；凶险的礼仪以右为上，因为右为阴，主降。战争礼仪，则上将军居右，主杀令；偏将军（副将）居左，主收拾残局。一般情况下，朝廷议事，都是文左武右。这是中国文化内涵与形式相统一的一种表现。

▶[原文]

夫佳兵者，不祥之器，物或恶之，故有道者不处。

君子居则贵左，用兵则贵右。

兵者不祥之器，非君子之器，不得已而用之，恬淡为上。

胜而不美，而美之者，是乐杀人。夫乐杀人者，则不可以得志于天下矣。

吉事尚左，凶事尚右。偏将军居左，上将军居右，言以丧礼处之。杀人之众，以哀悲泣之，战胜，以丧礼处之。

▶ [直译]

武力本身就是一个不吉祥的东西，凡是生命都厌恶它，所以有道的人不崇尚武力。

君子在平时重视左方，以居左为上；战时，重视右方，以居右为上。

武力是不吉祥的东西，不是君子所用之物，只有迫不得已时才可使用，所以要淡然处之。

胜利了也不要得意，如果因此而得意，就是以杀人为乐。喜欢杀人的人，就不可能得志于天下。

吉庆的事以左方为上，凶丧的事以右方为上。副将军站在左边，上将军站在右边。议事要以丧礼形式看待。因为战争杀人众多，所以要以悲哀的心情去打仗，胜利了，要以丧礼的方式来处理。

▶ [读解]

用兵之道　恬淡为上

"夫佳兵者，不祥之器，物或恶之，故有道者不处。"意即，良好的武器装备和武装力量，本质上就是不吉祥的东西，人和有生命的物类，都厌恶它的杀气，所以有道的人不喜欢用它。

"物或恶之"，指有灵性的物类，包括人和动物，都害怕和厌恶刀光剑影的杀气，这是生命自卫的共性。

"故有道者不处。"不处，是不喜欢、不凭借、不崇尚、不使用。"道"的本质是无为、柔弱、不争，所以有道的人不崇尚兵器武力。

"君子居则贵左，用兵则贵右。"意即，有道德的君子，在素日里崇尚的是平安吉祥，而在被迫用兵的时候，他们的思想态度则是深沉悲壮的。

"贵左"和"贵右"的问题，不是坐在哪边和站在哪边的形式问题，而是中国传统文化中方位理念的象征意义问题。

我国地处北半球，在传统的风水学里，民居概以坐北朝南背风向阳为吉。黄帝坐明堂，面南而居，左侧为东，右侧为西。在五行观念里，左侧为东方，为阳升之地，主木、主春、主生，其气升发向上，阳气蒸蒸日上，所以吉祥。东方代表生机勃勃。而右侧为西方，为阳降之地，主金、主秋、主老，其气肃杀沉降，阳气日落西山，所以不吉。秋风萧瑟寒蝉抖，夕阳西下暗将临。西方代表着天运的阴气。

"君子居则贵左"，此句从文字上看说的是现象，实则是讲君子的执政理念、政治倾向。"贵左"，就是崇尚光明，研究如何使国泰民安，物阜民丰，天下和顺，而不该巧取豪夺，称王称霸，引发不安。在古代朝堂上，文官站左侧，武官站右侧。

"用兵则贵右"，君子明白，用兵不是好事，所以没必要高兴和兴奋。在迫不得已而用之的时候，要以沉静和悲凉的心情去对待。其所对应的是秋气的寒凉、金气的肃杀。在形式上，也要"贵右"。这是内涵与形式的统一。

"兵者不祥之器，非君子之器，不得已而用之，恬淡为上。"意即，武力装备本是不吉祥的东西，不是君子所喜欢的东西，只有在迫不得已的时候才能使用。所以要淡然处之，冷静决断用兵问题。

现代军事理论称"战争是政治的继续"。意即，在用政治和外交手段解决不了矛盾时，就用以暴制暴的方式去解决矛盾，惩恶才能扬善。中国在近代打了许多场反帝、反封建、反侵略、反压迫的战争，推翻了"三座大山"（帝国主义、封建主义、官僚资本主义），最终建立了新中国，人民才过上了平安的好日子。共产党领导的抗日战争、解放战争、抗美援朝战争，都是不得已而为之的正义战争、自卫战争。有正义，就有民心，就可以以弱胜强，这是最大的道理。国家要独立，民族要解放，人民要生存，这种意志和力量，就是"天下神器"，它是反动势力用武力所不能征服的。

战争态度　即是道德

"胜而不美，而美之者，是乐杀人。夫乐杀人者，则不可得志于天下矣。"意即，即便取胜了，也不要得意洋洋，如果因此而得意，就是乐于杀人。而乐于杀人者，就不可能得志于天下。

老子的话，讲得很犀利，很确定。其中，隐含着深刻的人性。战争罪犯，是人类理性上的最大邪恶，他们以掠夺为目的，以武力为手段，动用杀戮，泯灭人性。所以，天人共愤，人人得而诛之。

自卫战争也是以杀死对方为手段，以实现自卫为目标。但在观念上，不可以以杀人为乐。如果以此为乐，就违背了人性，有悖于天道。有悖于天道，就很难实现个人志向了。

"吉事尚左，凶事尚右。偏将军居左，上将军居右，言以丧礼处之。"意即，在军事议事的礼仪上，凡是吉祥的事项，要以崇尚左侧（东侧）为上；凡是开战凶杀的事项，要以崇尚右侧（西侧）为上。偏将军（副将）的职能是参谋辅佐，所以要居左位守持正义；上将军（正职）的职责是发布军令、主管生杀，所以要居右位发号施令，决定开战出战。要以丧礼的心态和言论对待战事。

在战场上，军令如山，人派出去了，就意味着生离死别，所以气氛是严肃和悲壮的，可能很快就面临着丧礼，所以老子说："言以丧礼处之。"也可能，出征的人们在出发前要交代后事。

"杀人之众，以哀悲泣之，战胜，以丧礼处之。"意即，战争过程中伤亡在所难免，所以要以悲哀的态度对待战争与阵亡。战争胜利了，要以丧礼的仪式去对待战死的人。

最后这几句，讲得简约而具体，其中则凝聚着天道和人道的情怀和深意。老子明白四达，大智若愚，他告诉人们该怎么做。

后世的人们，对死亡都很重视，这是对人的尊重、对生命的缅怀、对正义的彰显，是人类文明的表现。当今世界，人们在许多地方立了纪念碑。如天安门广场的人民英雄纪念碑，就代表着正义战胜邪恶和武能定国。即所谓："战胜，以丧礼处之。"

▶ [小结]

本章与前一章内容，老子谈的是使用武力的原则和对待战争的态度问题。

老子站在天道与人道的立场上，阐述了如下观点：①武器和武力，其本质就是不祥的东西，凡属生灵都厌恶它，所以有道者不爱碰它。②暴力是引发仇恨和报复的导火线，天怒人怨，必有凶年，"其事好还"是客观规律。③老子反战，但不惧战，迫不得已时，要坚决自卫，以正义战争消灭侵略者。④对待战争，要低调，要"恬淡为上"，"果而已"，"胜而不美"。不可赶尽杀绝，施虐于无辜，以杀人为乐。⑤对待战争胜利，也要低调，要以丧礼告慰英灵，因为胜利是用生命和鲜血换来的。

老子的言辞直白而深刻，抽象而具体。老子的思想历尽沧桑，已深深地植根于中华民族的文脉之中，并一直在指导着这个古老民族的思维方式和行为方式。

西方文化崇尚实力、权力、名誉、金钱，崇尚弱肉强食的动物法则。古罗马、玛雅、古埃及、古印度的文明早已在战争中灰飞烟灭了。唯有中华文明，刚柔并济，能屈能伸，不屈不挠，五千年一脉相承，薪火相传。

说到底，老子的"道"和依"道"所表述的理，当是人生和家国平安的天地智慧。

第三十二章
道常无名　无为自化

▶[题解]

老子在前两章讲的是用兵的原则和对战争的态度，那只是"不得已"而为之的权宜之计。在本章，老子话题一转，阐述了治国安邦的根本之策——守持大道，这样万物必将自然归服。

从某种意义上讲，人民永远都不会无缘无故自觉自愿地臣服于某一位统治者，人民所臣服的是"道"，是"理"，是"道理"，即所谓"得民心者得天下"。民心永远向道，这是老子在本章所阐述的真言。"譬道之在天下，犹川谷之于江海"，所喻指的就是人心向背。

在老子看来，天地间有个主宰，那是无形的道；人世间有个主宰，那是有形的君主。而君主必须尊道贵德，臣服于道，天下才能安稳，统治才能维系。老子在文中说的"始制有名，名亦既有，夫亦将知止，知止可以不殆"，讲的既是天理，也是人文，告诫君主克制欲望，知止不殆。

老子的话，古拙深奥，隐晦玄妙，发人深省，趣味无穷。他的爱民治国、忧国忧民之心，始终贯穿在他的道义之中。

▶[原文]

　　道常无名。朴虽小，天下莫能臣也。

侯王若能守之，万物将自宾。

天地相合，以降甘露，民莫之令而自均。

始制有名，名亦既有，夫亦将知止，知止可以不殆。

譬道之在天下，犹川谷之于江海。

▶[直译]

道的属性永远是无名无形的。它的这种原始的真朴虽然表现为虚无和微小，但天下没有任何力量能使它臣服。

统治天下的侯王如果能守持大道的真朴，万物将会自动归附。

天地间阴阳二气自然和合，就会降下雨露；人民没有指使它，它自己就能达到自然平衡。

"道"创造了天下万物，万物都有了自己的名分和实体，这样也就应该知道适可而止。知道适可而止，就可以避免伤害。

譬如，大道在天下的万物所归，就像川谷之水流向江海一样，道理相同。

▶[读解]

告勉侯王　治国守道

"道常无名"，这个"常"，不是经常，而是恒常、永恒、永远。"无名"就是"无"，在哲学上以及人们的思维习惯上，"名"和"实"必须是统一的，"名"是对"实"的一种界定、肯定。而名实不符则是另外一回事。

老子说"道常无名"，不是没人给它起名，实际上老子已经给它起了许多名，不过这些名都是比喻而已。此文中的"朴"和"小"，是用来说明道的作用的。

"朴"的本意是原木，未经任何加工和雕琢的木材。"朴散则为器"，原木如果经过加工，则有制造成任何器具的可能性。它可以被做成床，床是具体的，有名有形有用。可以被做成桌子、椅子、柜子、箱子、棒子、筷子……所有这些有名有实的具象的东西，都是一种肯定。在哲学上，"肯定就是否定"。意思是说，是桌子就不是椅子，是椅子就不是柜子。

而"道"是什么？它什么都不是。"道"是"朴"，它有创造万物的无限可能性。一切都是道的衍生品。

在前边的许多章节里，我们说过，道是无物之物、无状之状的物质，可以将其理解为"潜物质"，这种潜物质以波的形式存在，难以感知，难以捕捉，它尽虚空，遍宇宙，能量质量巨大，科学界把这种东西称为"玻色子"，它是构成有形世界的基础元素。任何有形的东西，当把它分析到最小单位时，都是同一种东西，叫"基本粒子"，其中包括"玻色子"，还有"夸克"。它们就是"朴"，创造了宇宙万物。

道，其大无外，充斥宇宙。其小无内，"无有入于无间"。所以在人类所能接受的概念上，称其为"小"。"朴虽小，天下莫能臣也。"臣是名词，名词处在谓语的位置上，构成使动用法，释为"使之臣服"。"天下莫能臣也"，即"天下没有什么力量能使之臣服"。老子在此处是正话反说，即万物都臣服于无名的"道"。

"侯王若能守之，万物将自宾。"意即，统治天下的侯王如果能守持正道，天下万物将会自觉归附。古时有句话，叫"国正天心顺，官清民自安"。古人相信天人感应，所以老子用"万物将自宾"来表述。当然，在万物中，人是起主导作用的。人们耕作得好，农业才会丰收，百业才会兴旺。

宾，是宾客，宾随主便，叫宾服，服从主人安排。"宾服"

也叫"卑服"，是现代人的常用语，中国人的语言都是有根的。

"天地相合，以降甘露，民莫之令而自均。"意即，天地阴阳二气自然结合，因此降下雨露，人们没有指使它，但雨水自己却能自然均匀播洒。

天为阳，地为阴，地气上为云，天气下为雨，在下者宜升，在上者宜降，这是天地阴阳二气的运动规律。天地自然运作，不需要人为指使，但总能把雨下到各处。老子在此告诫侯王们，不要瞎指挥，不要太多的人为造作，要无为治世。

"民莫之令而自均"，是双关语，意思是老百姓知道自己的日子怎么安排，干扰太多了，反而会成反效果。现在中国搞市场经济，把土地、山林都分给农民自己管，人们自主经营，中国粮食实现连续多年大丰收，不是很好吗？市场上农副产品什么都不缺，这就是"民莫之令而自均"。

不止不行　知止不殆

"始制有名，名亦既有，夫亦将知止，知止可以不殆。"意即，"道"创造了天地万物，万物也就都有了自身的功能使命，那么，执行使命的过程就要唯道是从，适可而止。知道适可而止，就可以避免危险。

这一段话非常浓缩，所以每个字都有内涵，都很重要。老子既在说天理，也在说人文。其中的妙意，真是只可意会，不可言传。

"始制有名"："始"，天地的创始，在第一章中有"无，名天地之始"，所以这个"始"指的是道，道是万物的本原。制，制造、造化，也有制度、制约的意思。有名，有名就必须有实，第一章说"有，名万物之母"，所以这个"有名"，指的是天地万物。因此，"始制有名"，译为"道造化了天地万物"。

"名亦既有"：名，指万物。亦，也，也就。既，既定，已经具备。有，有自己的属性特质、天性使命。此句翻译过来就是：（道造化天地万物）而天地万物也就同时有了自己既定的天性和使命。比如，木、火、土、金、水五行，各有自己的属性特征，这种既定（天性）的属性特征，从根本上有别于其他物性，所以才成器而有用。树就是树，水就是水，猪就是猪，鸡就是鸡。这是道的造化，是天命，是天性，是"名亦既有"的结果。

"夫亦将知止"：夫，发语词，缓和语气，可译为"那么"。亦，也。将，译为"要"。知止，知道适可而止。适可，就是适度，恰到好处。"止"字不光指"停住不动"，在古文中，常指遵守规矩，也指追求美好目标，叫"止于至善"。所以"夫亦将知止"，较完整地翻译过来，就是"那么，也就需要按着自己的天定使命，遵道而行，适可而止，恰到好处"。

道造化了天地万物，同时也安排好了自然秩序。大树不可以无限制地生长，本秀于林，风必摧之，年头太久了，就会死亡。动物的智力只能维持生存的本能，它们永远不会比人聪明。否则，自然界不可想象。

"知止可以不殆"，就是不止不行。比如人走路，累了就要休息，就要吃饭、睡觉，不可能一直走下去，那样会累死的。

"譬道之在天下，犹川谷之于江海。"意即，譬如，大道在天下的万物所归，就像江海谦卑而能接纳川谷之水一样，道理相同。

▶ [小结]

这一章内容，是老子"以正治国""以无事取天下"思想的反映。他主要是用其诫勉侯王。

而"始制有名，名亦既有，夫亦将知止，知止可以不殆"，似乎也在暗示天下的统治阶层：家国天下为了保证秩序，立天子，置三公，设百官，各有名分。既然有了名分，就要各安本分，推行正道，执行法度，凡事适可而止，这样才能获得长治久安。

老子的话，无论是在治国方面还是在修身方面，都是引人入胜的。

第三十三章

知人者智　自知者明

▶[题解]

在本章，老子专讲人生智慧问题。他列出了八个抽象的概念，然后对每个概念的内涵都进行了界定。圣人评判事物的标准，是富有哲思深意的，应当是事物的本来面目，应当是符合规律的客观真实。老子在本章中的思想论述，已经深深地沉淀于中华民族文化之中。有许多话语，已被国人所熟知，所接受。

本章最后两句"不失其所者久，死而不亡者寿"内涵深刻，所表达的是老子对生命价值的期待，对人间正气的彰显，对生死问题的评说。

▶[原文]

　　知人者智，自知者明。
　　胜人者有力，自胜者强。
　　知足者富，强行者有志。
　　不失其所者久，死而不亡者寿。

▶[直译]

能了解他人叫作智慧，能了解自己叫作高明。

能战胜他人叫作有力量，能战胜自己叫作强大。

能够知足就是富有，能够知难而进就是有志气。

能够守持生命的根本就能长久，能够做到形体虽死但精神不亡则是真正长寿。

▶ [读解]

知己知彼　是为明智

"知人者智，自知者明。"意即，能够较为深刻地了解别人，然后决定自己的行动，这是人生的一种处世智慧。能够深刻地了解自己的长短优劣，然后决定自己的进退取舍，这是心智的高明。

人类社会，每天都是人和人在打交道。世界上最复杂的、最难以掌控的，就是人和人之间的关系。《尚书》说："人心惟危，道心惟微。"一个人很难知道另一个人的内心世界究竟是什么样的。况且，人的思想感情、观点立场，经常处于变化之中。所谓的"知人知面不知心"，是客观存在的，故而人们感叹"人生难得一知己"，"害人之心不可有，防人之心不可无"。特别是在政治舞台和商业活动中，人和人的关系尤显重要。政治之争，多翻云覆雨；商业之争，多利大于义。人们之所以大喊诚信，正是因为诚信已经缺失。

人世间对于某一事物价值的判断，永远不会有一个统一的标准。人类各有各的价值取向，各有各的生存方式。你认为这个人很好，但别人则认为他很坏，反过来也是如此，因为人们的立场各不相同，所以看法也不相同。

但是，世间的事终归是有是有非的，终极的判断标准是"道"。"道"是万物生成者、主宰者、评判者。站在"道"的主场上来评价事物，判断事物，就是明智之举。唯有道，才是人生最安全的终极依靠。所以我们评价一个人，判断一个人，认识一个人，要看他是否正直上"道"。

认识一个人，有三个途径：一是接触，人的言谈举止，就是内心的外露、素质的反映；二是长期共事相处，"路遥知马力，日久见人心"；三是危难之际显身手，患难之时见真情。实践是检验真理的唯一标准。社会在选人用人上，有着一整套流程，包括面试、考试、考核、公示。

总之，"知人"是一个大学问，而知人的前提是有一个判断标准。站在"道"的立场上，这个标准的主旋律，就是看他是否正直善良、德才兼备。

"自知者明"是一件很容易，也很不容易的事。

为什么这样说呢？比如，许多人自己知道自己底子薄、能力差、没有什么过人之处，所以也就不敢有太多想法，或叫没有什么野心，所以能安分守己，活得自然并且踏实。而有的人，稍微有点能力和地位，便想入非非，上蹿下跳，不甘寂寞，浮躁不羁。芸芸众生，人间百态，有的人不知道自己是谁，摆不正自己在人群中的位置，人们称他"不知道自己姓什么"，这就叫不明智，不明智就容易碰钉子，不开心，受挫折。有的人折腾了一辈子，结果还是所愿不遂。

所以圣人叫人们要经常反观内省，知道自己的长处短处，扬长避短，不断改进自己，做水到渠成的事，顺其自然，才是人生处世的最大智慧。

兵家讲"知彼知己，百战不殆"，此言同样具有普世价值。不过兵家用的是诡道，对敌斗争，不择手段。而人世间，是正道，一般情况下，知人善任，知人忠厚可用就足够了，没必要用在与己不太相干的事情上，为了"知人"而煞费苦心，正所谓"用人不疑，疑人不用"。

战胜自我　才是强大

"胜人者有力，自胜者强。"意即，能够战胜别人，战胜外力，这叫有力气，有力量；而能战胜自己，内心坚强，才叫真正的强大。

老子的话，哲意深沉。就形神关系而言，人的生命活动过程，是灵魂支配机体的过程。没有灵魂，没有精神意识，机体只是行尸走肉。

两人角斗，能够战胜对方的，叫有力量。老子没有说"强"，因为体魄的强健是暂时的，不可持续的，所以只能叫"有力"。

而"自胜者强"，则是精神层面的。细细想来，一个人的真正强大，是指内心世界、精神力量的强大。

人们可能都熟悉这句话："人生最大的敌人是自己。"即，能够战胜自我，方为强者。比如，发生在中国现当代的抗美援朝战争、解放战争、抗日战争，都是中国人民以弱胜强的例证。毛泽东的内心是非常强大的，他相信正义，相信真理，相信人民，他相信反动势力都是外强中干，表面强大，内心虚弱。中国人民没有被反动派的气势汹汹所吓倒，能够绝地反击，有理、有利、有节，这就是战胜自我，有智慧，有骨气的结果。

在日常生活中，有的人遇事，喜欢牢骚满腹，怨天尤人，强调客观。孔子告诉人们要"不怨天，不尤人"，要"三省吾身"，这是一种修身态度，是战胜自我的过程。许多时候，都是"世上本无事，庸人自扰之"。人若总是想入非非，不能自持，便会招来许多麻烦。所以人的修行，需要悟道、学习，不断改变自己，战胜自己。世上的法律制裁了许许多多的人，这不都是自作自受吗？守持正道，端正态度，克制自我，就能战胜自己。

富无标准　知足而已

"知足者富"，意即，只有心灵上知道满足，才是真正的富有。

富有的问题，是一个价值判断问题。在世俗社会里，人们对"富有"的价值判断标准是量化的，叫作百万富翁、亿万富翁。对名和利，人们总是趋之若鹜。

我在电视上看到一个贪官的自白，事发前他已经以职务之便疯狂敛财三千多万了，但他的财富标准是过亿，人心不足蛇吞象，他疯狂到几近目无法纪了。"货悖而入者，亦悖而出"，钱不是从好道来的，也就必定不会从好道走。这是"道"，是天理、人心、法纪。

贫穷是苦楚，是困顿，是耻辱；富足是享受，是幸福，是自豪。这无可厚非。但人世间，人的造化不同、机遇不同、能力不同、追求不同，永远都会有差距，消灭不了，只能设法缩小差距。

就人的生命需求而言，人一生所需消耗的财货不是很多。大富大贵的人，其内心世界并不一定幸福。浮华的背后往往是无尽的疲惫、烦恼、忧惧、无奈。

所以，老百姓愿意过知足常乐的日子，人只有知足了，才会有幸福的感觉。而这种知足，并不局限于财富，它包括事业、家庭、情感、人生状况。聪明的人，与自己比，心就踏实了。

知难而进　是谓有志

"强行者有志"，意即，能够解决困难，知难而进地完成既定目标，叫作有志气。人贵有志，不可饱食终日，无所用心。人如果没有方向、目标，就会迷失。但是人生的路径没有一帆风顺的，人应该有意志品质、志向志气。

人生要有所追求，需要方向、定位，需要止于至善。目标不一定就是什么宏图大志，要能够做到不怕困难，坚毅地前行，这就叫作"强行者有志"。

毛泽东同志的一生可谓不屈不挠、艰苦卓绝的，他领导人民把黑暗的中国打造成了光明的中国。他的志向和志气，在年轻时候就显露出来了，那是一种伟人的气象。

不失其所　方能长久

"不失其所者久"，意即，万事万物，不失掉自己的本原本分，才能长久。

比如公鸡打鸣，母鸡下蛋，这是天地造化，品物分工，万物应当各安天分。而偏偏，有的母鸡却学会了打鸣，人们就认为不吉利，结局就是学会打鸣的母鸡被杀了。所以老子告诉人们，"知其雄，守其雌"，各安天命，这就叫"不失其所"。用俗话讲：卖啥吆喝啥，该干啥干啥。

就人生而言，什么叫不失其所呢？就是守住灵魂，守住人性，守住健康，守住家庭，守住情感，守住事业。能守住这些，就是守住了人生的根本，守住了"道"。"道"在人性中，不是虚无缥缈的，而是实实在在的生活实践、实际展现。

健康、事业、家庭，是人生的三大支柱，失掉任何一个，人生都会陷入困顿。另外，这三大支柱的维系，需要一个美好的心灵，也就是道德情操。心理完善的人，比较容易健康长寿，事业也容易成功，家庭也能够稳定，情感也比较顺利。而这些，就是"不失其所者久"。如果站在老子的立场上说，就是守住人间正道。

死而不亡　可谓长寿

"死而不亡者寿",意即,人的形体虽然死亡了,但其精神却能长存于世,这就叫作真正意义上的长寿。

世俗社会,人人都在试图追求健康长寿,但能活过百岁的人,总是屈指可数。

关于人的寿夭穷通问题,佛道两家各有着自己的见解。高僧大德认为人的真我是自性灵光,是精神灵魂,而不是皮骨肉体。佛教认为灵魂可以超越肉体,所以把脱离六道轮回作为修行的最高追求。那是佛教界的"死而不亡"。

在人世间,孔子和老子两位圣人已经辞世两千五百多年了,但是他们所留下的精神财富、文化瑰宝,一直在指导着中华民族。当我们感悟圣人的教诲时,实际就是圣贤们的"虽死犹存"。毛泽东走了,但他留下的是人民解放、民族独立的伟大中国。毛泽东思想的光芒依然照耀着这个伟大的国家和民族。

"人生自古谁无死?留取丹心照汗青。"这是中国文人的情怀。雷锋英年早逝,但是他的无私精神却永远留在人民心中。

老子的"死而不亡者寿",反映的是老子道德的高洁。他对人生价值的判断,始终是在"道"的境界里。古代先圣众多,他们真的"死"了吗?没有。他们的"灵"是永恒的,消逝的只是有形的肉体,那是"假我"。

▶ [小结]

老子在这一章所讲的都是判断句,语气肯定,发人深省。人们对个中内涵的理解,各有不同。如果人们都学会站在大道的立场上看待事物,判断事物,人生会避免许多失误。

第三十四章
不自为大 而成其大

▶[题解]

"道"是天地之始、万物之母,但"道"的品格是生而不有,为而不恃,长而不宰。它以虚无的状态和光同尘,融入万物之中,人们感受不到它的存在,老子称它"可名于小"。反过来,天地万物又都归附于道的衣养而相互不辞,老子称它"可名为大"。由于"道"从来都不会自以为大,所以才造就了道的大象无形与无边之大。

老子在本章,明为说"道",实则在劝诫人们。他告诉人们:"道"因为谦卑无我,衣养万物,而成为万物所归。人类,尽管能力很大,但不可狂妄,要效法大道,"以其终不自为大,故能成其大"。这就是大德智慧。

▶[原文]

大道泛兮,其可左右。
万物恃之而生而不辞,
功成不名有。
衣养万物而不为主,
常无欲,可名于小;

万物归焉而不为主，可名为大。
以其终不自为大，故能成其大。

▶[直译]

大道广泛地充斥在天地内外啊，它无所不到，运行不止。
万物依赖着它生生不息而不会离去。
"道"成就了一切而不为己有。
养育了万物而不加以主宰。
它恒久保持着无欲状态，名字上可称作"小"；
万物都归附于它，它却不加以主宰，名字上可称作"大"。
由于它从来不自以为大，所以才能够成就它的大。

▶[读解]

道贯虚空　万物以生

"大道泛兮，其可左右。"意即，大道的存在，就像泛滥的河水充斥在天地内外啊，它无所不到，运行不止。

这句话的文法贵在生动，老子以写意的方法比喻大道的存在是广泛的、漫无边际的。泛：广泛，形似泛滥。这种具象的形容，为的是方便常人理解。

"其可左右"，可以理解为前后、左右、上下，无处不在。在古人的观念里，左右常指左升右降，它是动态的阴阳运转的代名词，所以我们可以把"其可左右"理解为"大道的运行永不衰竭"，这样更贴切些。因为第二十五章有"独立而不改，周行而不殆"的句子。

"万物恃之而生而不辞。"意即，万物依赖着大道生生不息而从不离开。辞：告辞、离开、推辞。有的书把"而不辞"译为道对万物不加干涉，亦通，但似觉不顺。从严格意义上讲，万物与道的关系本是一元的，所以"不辞"是相互不能分离。

视有为无　小中见大

"功成不名有。衣养万物而不为主"，意即，道创造了万物而不为己有，养育着万物而不加以干涉和主宰。道生万物，任由其自然生长荣枯。

"常无欲，可名于小；万物归焉而不为主，可名为大。"意即，道总是无欲无求，隐而无形，可以称之为"小"；万物的存在都归附于它，而道又不进行主宰，可以称之为"大"。

道创造了万有，但它以有为无。道隐于万物之中而不现，使万物归附，小中见大。这就是道的奥妙。

无就是有，无中生大有；小就是大，小中积真大。这是老子的哲学思辨，是真实的辩证法思想。

"以其终不自为大，故能成其大。"意即，由于道始终虚无谦卑，不自以为大，所以才能够成就其无边之大。

这一句，是老子对本章所做的结论。

▶ [小结]

人类有欲望，有所求，所以人类的思维惯性总是与道相悖，那么其结果往往是失败多多。

比如：在家庭里，有的父母总认为孩子是他们个人的"私产"，所以在孩子成长的过程中，特别是面对许多人生重大问题时，总喜欢横加干涉，把关定向是对的，但干预太多，干涉太过，往往适得其反，引发逆反。官场也是如此，一朝天子一朝臣。有的领导总喜欢他所提拔的这批干部（因为他们唯命是从，俯首帖耳），总认为下属的前途和地位是他给的，是私授的，下属必须其卖命。久而久之，必会众叛亲离。上边自己不知毛病出在哪儿，反骂下边没良心，忘恩负义。裙带关系，一荣俱荣，一损俱损，都因不合正道。凡是心系人民、坚守正义的政党，其宗旨必是不脱离民众，否则，它无法生存。只有无我，才能成就大我；只有无私，才能成就其私。老子所说的人生智慧，同时也是政治智慧。

第三十四章

不自为大 而成其大

第三十五章
大象无形　其用无穷

▶[题解]

"大象无形",是《道德经》第四十一章的名句。老子为了说清他的"道",动用了人类感观上的许多概念,是想告诉人们,"道"的本质是无物之物,是无象之象。"道",是纯粹的理性。

理性的东西是抽象的,不具体的,它很难作用于人们的感觉器官,说出来也"淡乎其无味",看不见,听不着,抓不住。所以,它很难引起人们的兴致。然而,道是其用无穷的。

▶[原文]

执大象,天下往。
往而不害,安平太。
乐与饵,过客止,道之出口,淡乎其无味,
视之不足见,听之不足闻,用之不足既。

▶[直译]

守持住大"道"这个无形的理性,天下民心就会自然归附。
人心归附而不会受到伤害,天下就会安乐、和平、持久。

音乐和美食的诱惑，可以让过客停下脚步。

但是，"道"如果说出口来，却平淡得没有什么味道。

看它，看不见；听它，听不到；用它，却用不完。

▶[读解]

人心向道　两不相伤

"执大象，天下往。往而不害，安平太。"意即，守持住大"道"这个无形的理性，天下民心就会自然归附。民心归附而不会受到伤害，那么，天下就会平安、祥和、持久繁荣。

"大象"，是老子给予"道"的代称。第四十一章中的"大象无形"，说的是道没有具体形象。道生万物，万物之象就是道象，所以称为"大象"。

"天下往"，往的本意是去了、走了、离开了。但有往就有来，所谓"迎来送往"。老子的思维是反向的，此文中的"往"字，既有走遍天下的意思，又有天下归心的效果，所以译为"天下民心都来归附"较为直接。

"安平太"：安，安定、安乐。平，和平、平安、平稳。太，副词，表示程度，意为"持久"。

道，是一种纯粹的理性。无论是道义还是法则，都属于意识形态。在人类的一切活动中，不论出于自觉还是不自觉，都是灵魂支配机体，思想指导行动。

人间需要正义，这是芸芸众生的最普遍的精神诉求。道，代表着正义、正气，这是天下共识。所以，每当天下君王无道、奸臣当道的时候，造反者总会打出"替天行道"的旗帜，这也是一种"执大象，天下往"的表现形式。

人民能否拥戴某一位领袖人物，关键在于领导者的政治主张。人们信奉的是"道",而不是人,这就是人心向道。

平淡是真　道用无尽

"乐与饵,过客止,道之出口,淡乎其无味,视之不足见,听之不足闻,用之不足既。"意即,美好的音乐和美味的食物,可以引诱人们停下脚步。但是"道"说出来,则平淡无奇,没有味道。看又看不见,听也不动听。然而使用起来,其益处是无穷无尽的。既:既然,已经做完了。"不足既",就是没完没了。

老子这段话,讲得很客观,似乎有点无奈。人们往往很重视生活上的直接需求,重视生理上的直接反应,而对心灵方面的需求有所忽略,或者不感兴趣。不过,老子的话说得很巧妙,最后他告诉人们:道,虽然平平淡淡,不当吃也不动听,但使用起来,是用不完的。

人们常说:"轰轰烈烈不长久,平平淡淡才是真。"此言甚是。

道是虚无的、平淡的、沉静的、谦卑的。就人的生命本质而言,人类也只不过是自然物。老话说"人生一世,草木一秋"。老子告诉人们:"自爱不自贵",平平安安才是福。

唯有道,才是人生有成、人生平安的终极依靠。

▶ [小结]

人们都喜欢繁华和热闹,但繁华过后是平静,热闹过后是孤寂。能够守持住道,少一点"乐与饵",也就少一点心灵的疲惫。多一点平平淡淡,悟一点老子的"道",人生就会多一点平安和幸福。

第三十六章
国之利器　不可示人

▶[题解]

老子大德。修真布道，是他的德行；爱民治国，是他的情怀。《道德经》的每一章内容，都是围绕着这两个基点展开的。

本章内容的关键，是"鱼不可脱于渊"和"国之利器不可以示人"。这是老子对统治阶级的忠告，也是道家提出的治国方略。而其前边所讲的"将欲歙之，必固张之"等等，都是较为具体的策略，也是治国安民的智慧，其理论依据是"柔弱胜刚强"。

春秋时期，天下大乱，民怨沸腾，使社会安定下来，靠强权政治是不行的，官逼民反，民不得不反。"民不畏死，奈何以死惧之"，这是老子在第七十四章中提出的忠告。

所以老子极度反对强权政治，憎恶严刑酷法，主张柔性治国，使用安抚政策，满足人民诉求。

我们解读《道德经》，必须要根据老子所处的时代背景和老子的情怀，而绝不该把老子的智慧当作权变智谋去曲解。可惜，人们有时候把老子的话扯到"厚黑学"里面去了。

▶[原文]

　　将欲歙之，必固张之；

将欲弱之，必固强之；

将欲废之，必固兴之；

将欲取之，必固与之，是谓微明。

柔弱胜刚强，鱼不可脱于渊，国之利器不可以示人。

▶[直译]

想要收敛平息事物，必须因势利导使症结得到释放。

想要消弱对立势力，必须强化对立势力的不利因素。

想要废止负面东西，必须要把负面的东西暴露出来。

想要获得某种收获，必须要有相应的投入方能获得，这就叫作微妙简明的道理。

柔弱胜刚强，鱼的生存永远不可以离开深渊，维护国家安全和政权统治的利器，不可以向世人炫耀。

▶[读解]

因势利导　柔弱胜刚

"将欲歙之，必固张之。"意即，想要收敛平息某种不利事态，必须给事态的症结张开出口。歙：音xī，收敛、收拢之意。

世间事物，隔行不隔理。比如屋子太热了，想要凉快一些，最直接的办法就是开窗通风。病人得了疖肿化脓了，最快捷的方法就是切开放脓，很快就能收口痊愈。病人感冒了，恶寒发热，头疼身痛，鼻塞声重，中医用汗法辛温发散，毛孔开张，汗出则愈。

物理是这样，人理也是如此。自古以来，社会动荡，民怨沸腾，人民造反的根本原因，是上梁不正。镇压，不能解决根本问题，结果适得其反。安抚，惩恶扬善，彰显民众的诉求，才是靖国之本。古装剧《谢瑶环》说的就是这类故事。武则天时期，武三思的儿子和来俊臣的外甥在苏杭一带横行霸道，强占民田，强抢民女，民不聊生，积怨闹事，奸臣主张镇压，良臣主张安抚，武则天派谢瑶环携尚方宝剑前往巡察处置。巡察历经凶险，扳倒了黑恶势力，为人民伸张了正义，江南民乱得到了平复。这就是"将欲歙之，必固张之"的政治运用。

"将欲弱之，必固强之。"意即，想要削弱对立势力，必须要强化对立势力的不利因素，使之物极必反。

20世纪下半叶，美苏两大政治集团争夺世界霸权，大搞军备竞赛。美国不断刺激苏联强军，结果苏联的经济结构严重失调，国家经济被拖垮，加上政府腐败，不能代表人民，所以其联邦大厦在20世纪90年代初轰然崩塌。

中国人很智慧，我们不谋求霸权，奉行积极防御的国防政策，你搞你的，我搞我的，绝不被别人牵着鼻子走。看菜吃饭，先安排好经济和民生，避免社会结构失调。我们中国人的治国方略，始终有着圣人的影子。

老子的有些言论，近似兵法，但他反对武力，主张不争无忧，柔弱胜强。在军事斗争领域，骄兵必败，所以人们想方设法迷惑敌人，骄纵对手，强化敌人的骄傲情绪，使之放松警惕，懈怠军力，轻视对手，这是军事上的以柔克刚。

"将欲废之，必固举之。"意即，想要废止和消除某个事物，必须要把这个事物亮显出来。

老子的这一句较难解读。他的本意绝不是"我想废掉这个东西，就举起来把他摔了"那么简单。

有人说：要想铲除毒草，就得让毒草先长出来。老子的话，大概是这个意思。人有错误，都很怕暴露，但如果没有自我暴露，不做自我批评和修正，又怎么能改呢？这是态度问题，也是方法问题。

铲除毒草的方法,近似欲擒故纵,那是谋略,也是智慧。要想制裁犯罪,必须列举他的罪证,这也是一种"废"和"举"。有的人在官场上"明升暗降",被削掉实权,这也是"废"和"举"。总之,老子的哲思妙语,着实"是谓微明"。

"将欲取之,必固与之,是谓微明。"意即,要想有所收获,必须有所付出。这句话是世人皆知的道理。出于老子之口,他是告诫人们不要不劳而获,巧取豪夺。这就是是微妙而简明的道理。

老子的"柔弱胜刚强",指的绝不是两个人的直接较力,即便是较力,太极的以柔克刚,刚柔并济,也往往并不吃亏。老子从"道"的立场出发,他的治国爱民理念是柔性的,是带有天地慈悲的。本章最后的两句,可谓大智。

鱼水关系　立国之本

"鱼不可脱于渊,国之利器不可以示人。"意即,鱼的生存永远不可以脱离深渊。维护国家安全和政权稳定的利器(国家机器)不可以向人民展示(炫耀使用,镇压人民)。

"鱼不可脱于渊",老子讲的是自然现象,但他的本意是讲国家的政治形态。"官"就是鱼,代表上层建筑,负责国家治理;"民"就是水,代表社会基础,承担国家繁荣。两者相辅相成,绝不是对立关系。假如统治阶层脱离人民,欺压人民,就等于鱼儿离开了水。毛泽东同志深谙此道,始终告诫党和军队,要保持与人民群众的鱼水关系,发动群众,依靠群众,服务群众,让人民当家做主,所以才能克服千难万险,取得了中国革命的最后胜利。任何一个王朝的兴衰存亡,都是鱼水关系的造作结果。人民永远是勤劳善良的,如果他们被逼得不畏威,则大危将至。

"国之利器不可以示人。"老子的本意是，国家机器不可以对人民使用。

什么是国家机器呢？军队、警察、法律，在今时社会被称作国家机器，被国家严格操控，为的是保卫国家安全和维持社会安定。但在古时候，法制不健全。在君主制度下，社会没有多少民主可言，严刑酷法较为普遍，动辄出兵镇压，人民敢怒而不敢言。老子告诫统治阶级，不要把国之利器拿出来炫耀，不要用它对准人民，不要轻易使用暴力，要爱民如子。"柔弱胜刚强"，更有利于社会和谐稳定。

后来，人们也常把"国之利器不可以示人"，理解为国家的尖端武器不要轻易展示。此种理解也有道理，因为这是国家安全机密。

▶[小结]

《道德经》全书，是一个体系，所以读某一章时，需要参照全书，在体系中理解某一个章句，这样才能贴近《道德经》本意。

《道德经》的其前后文看似不甚相干，但实际上，它的论点、论据、论证，均逻辑严谨。道的本质是虚无缥缈，老子的文法，更是古拙朴奥，他给人们留有了太多的感悟空间，任人思考，这就是老子的高妙。

本章，老子讲的是深刻的爱民、治国、理政之道，但他并没有明说。

第三十七章
道常无为　而无不为

▶ [题解]

老子的"无为"和"无为而不无为",已被人们所熟知。而今人们将其转变为"有所为,有所不为",这比较符合时代特征。

按照传统分类,《道德经》的前三十七章为《道经》,所以本章就是《道经》的结尾。大道至简,如果以最精练的语言提纯老子的思想,正是"无为"二字最为妥切。

人们总以为老子的"无为"太过消极,那是因为老子的境界"莫知其极",它与尘世的喧嚣距离较大,人们较难做到。如果有人失足了,失落了,可能会觉得老子说得很对,很亲切。有些狂傲的人如果能懂一些《道德经》,可能不至于身败名裂,不得善终。

本章的关键论点是"无为自化"。老子再一次提到"侯王若能守之",可见老子的忧国忧民之心。老子的著述,似乎重点是讲给侯王们听的,因为古代只有上层社会才有读书习文的方便。只要上边不胡作非为,国家自然就会安定了。

▶ [原文]

道常无为而无不为。

侯王若能守之，万物将自化。

化而欲作，吾将镇之以无名之朴。

无名之朴，夫亦将无欲。

不欲以静，天下将自定。

▶[直译]

"道"总是保持着自然运作的无为状态，却造化出了天地万物。

侯王如果能守持道德宗旨，天下人心也会自然归化于道统。

虽然归化中也有妄为欲作者，那么我就用真朴的大道来安定他。

大道的真朴，能消解人们的欲望。

没有欲望便会清静，天下将会自然安定。

▶[读解]

有所作为　有所不为

"道常无为而无不为"，意即，"道"无意志，没有主观刻意，没有私我存在，一切都以自然法则为法则，自然地创造了天地万物，从而达到了无所不能为的境界。而人类很难达到"道"的境界，这是因为，人有私身、私我，有主观意志。所以，人要效法"道"。"有所为"就是要安排好生活，安排好工作。事，总是要做的。"有所不为"，就是少私寡欲，谦卑无争，消解妄想执着，顺其自然发展。人的德行只要符合大"道"，并能守住朴，以"无私"而定能成就"私"，"天道无亲，常与善人"。天道没有私亲，但它总能完善有道之人。

侯王守道　万物自化

"侯王若能守之，万物将自化。"意即，侯王治国若能守持大道，天下万物将会自然归化。

在古人的观念里，天地人三才是合一的，存在着天人感应。君王有道，则国泰民安；君王无道，则灾乱丛生。正所谓"国正天心顺，官清民自安"。

老子说"万物将自化"，他明着不说"人"，是把"人"归于万物之中，暗指的是天地人和。

"化而欲作，吾将镇之以无名之朴。"意即，万物归化了，但人们的欲望仍会躁动，我就用真朴的大道来教化他。

人类是需要教育和教化的。人类除了有"食色，性也"的自然属性外，还有社会属性，需要文明，否则，人类的创造性足以毁灭自己。有人说，人的一半是天使，一半是野兽。所以人类需要伦理，也就是天理人伦知识的教化。孔子提倡"有教无类"是对的。

"无名之朴，夫亦将无欲。"意即，使用大"道"清静无为来教化，使人们的思想返璞归真，那么，便会消解躁动的欲望。

不欲以静　天下自定

"不欲以静，天下将自定。"意即，人们都消解了欲望，能够做到淡静，天下便避免了纷争，自然也就安定了。

这是老子的理想境界，也是"道常无为而无不为"的思想用于社会实践的伟大构想。在中国人的文脉中，灵魂里，是有着先圣们的基因的。淡泊明志、宁静致远，是人们的文化共识。我们中国在世界风云变幻中能和平崛起，就是中华智慧的体现。

▶[小结]

　　欲望,是人类生存的本能,不可能断绝,也不可以断绝。一方面,它在不断地推动着社会的发展进步,在创造着巨大的物质文明,在改善着人类的生存质量;另一方面,它也是引起人际纷争、天下动乱的万恶之源。老子的"无为",就是倡导"少私寡欲",而不是"断私断欲"。所以"有所为,有所不为",应当是当今时代芸芸众生效法老子"无为"思想的适宜选项。人不可以不做事,但不可以乱做事。

第三十七章　道常无为　而无不为

下 篇

绪 论

从《道德经》第三十八章"上德不德,是以有德;下德不失德,是以无德"开始,到第八十一章,这四十四章的内容,老子讲的主要是人在世间怎样做为好。即:如何认识眼前的事物,如何评断人们的行为。这一部分称为《德经》。

《德经》讲的多是人生智慧、处世原则、时弊评断、治国方略,其中蕴含着老子爱民治国、忧国忧民、心怀天下的大爱之心。

"德"为何物?什么是"德"?

从造字法上看,"德"是"会意字",人心正直为德。此字由三个部分组成:"双立人"代表人群;"心"字上边是异体的"直"字,"直"即"正"。什么最正?"天心"最正,它无私无我,无欲无求,没有远近亲疏,只按自然规律运作,所以又叫作"天公"。天公,有人格化的意思,但主要是指公道、公平。

在《道德经》中,道和德,一虚一实,一无一有,一里一表。"道隐无名",以德是辅。意思是,"道"无名无实,永不见实物,有如灵魂支配机体。而"德",是"道"的彰显,显露在外,所以,"德"又叫"得"。你有什么样的心,就做什么样的事。这是思想与行为的关系。直观上看不到人的思想,但是可以通过行为来评断。

老子的"道德"之论,包含着宇宙天机,是用来解释宇宙自然和人间百态的,是广义的。它与人世间狭义的道德评价,既有关系,又相区别,不可同日而语。

茫茫宇宙,浩浩时空,而我们人类,则生存在这个藐小的地球上,我们所面对的一切都是相对的、狭隘的,人类社会所建立起来的观念,也都是相对的、狭隘的。说白了,是自私的,自我的。所以,有太多的人活得很"痛苦",很"自负"。绝大多数人,在彰显自我中养成了偏执人格,不懂得什么叫"中",什么叫"和",更不懂得什么叫"天地人和",所以也就不真懂何谓"舍得",何谓"道德"。

其实,大道至简。"道德"二字,就人的知行而言,就是要解决"为我为他""为私为公"问题的。舍去自我,则会成就自我;舍掉私心,则会融入人群,活出个心灵安适、自由奔放、无忧无惧、身心健康、平安幸福。有了这些,则富有了一切,这就是"真得"。

人生智慧的真谛,老子在《德经》里都讲到了。

我们读《道德经》的时候需要注意,老子的"道德"思维,多是逆向思维。反观理,大智慧。

第三十八章
上德不德　是以有德

▶[题解]

"上德不德，是以有德。"老子的话，揭示的是宇宙人生的终极真实。

"道"创造了宇宙万物，这个宇宙万物，就是"道生之德"。两者的关系：道是无，德是有；道在里，德在表；道隐无名，德显有实；道是本原，德是辅佐。"孔德之容，唯道是从"，就是此意。

"上德"，就是自然的德性，它从不标榜自己有德，生而不有。因此，这才叫真正的有德，是最高的德行。

而人间的德行，往往都有主观刻意的色彩。信誓旦旦也好，沽名钓誉也罢，都属于"下德不失德，是以无德"。

当道统失序后，人类又发明了仁、义、礼之类的替代品。老子认为这类东西更加失真，并且虚伪。在这一点上，道家与儒家的立场、观点、境界，则有着很大区别。道家崇尚自然，儒家务于人伦。而人类社会的发展规律往往是物质丰厚了，而精神却空虚了。这是文明社会的顽疾，所以人类需要教化，需要明理。

▶[原文]

上德不德，是以有德；下德不失德，是以无德。

上德无为而无以为；下德为之而有以为。

上仁为之而无以为；上义为之而有以为。

上礼为之而莫之应，则攘臂而扔之。

故失道而后德，失德而后仁，失仁而后义，失义而后礼。

夫礼者，忠信之薄，而乱之首。

前识者，道之华，而愚之始。

是以大丈夫处其厚，不居其薄；处其实，不居其华。故去彼取此。

▶[直译]

"上德"的展露是天赋本能，因此，属于"有德"；"下德"的展露是人为刻意，因此，属于"无德"。

"上德"的展露没有目的（无为），因此它不讲什么有所作为；"下德"的展露是人为刻意，因此，它的目的是有所作为。

"上仁"的作为是道德的表达，没有什么个人目的；"上义"的作为具有目的，属于有意所为。

"上礼"的作为没有人响应，于是就举起手臂强迫别人顺从而为。

因此，缺失了道，才强调德；缺失了德，才强调仁；缺失了仁，才强调义；缺失了义，才强调礼。

礼的出现，是忠信不足的产物，是祸乱的魁首。

上述的认识，说的都是道的浮华外表，然而它也正是理性愚昧的发端。

因此，大丈夫应立命于道的淳厚而不居于浇薄；存心于道的实在而不居于浮华。所以，要舍弃后者而取用前者。

▶[读解]

德有上下　自然为界

"上德不德，是以有德；下德不失德，是以无德。"意即，"上德"的展露，是自然的表达，没有人为的刻意，因此属于"有德"。而"下德"的展露，是人为的刻意，是观念的驱使，因此属于"无德"。

"上德"和"下德"，属于老子所表述的概念，可以理解为最高尚的、完善的、最好的德行。古人的观念离不开天地人，所以他们判断事物喜欢使用上、中、下。在老子的观念里，"自然"是最好的，所以自然之德为"上德"。而人为的往往虚伪，带有杂念，不纯粹，所以称为"下德"。"不德"就是不自我张扬，没有目的性。"不失德"就是人为刻意、观念驱使或者是沽名钓誉，生怕别人不知道，故为"下德"。

"上德无为而无以为"，意即，上德的作为是无为之为，不为什么，天性如此。比如，"道"创造了天地万物，它没有目的。天地万物被人类所用，它任人取用，绝不干涉，无所作为，也就是"无以为"，不作为。再比如，有的人见义勇为，在情急之下救了人，记者在采访时总爱问："你当时是怎么想的？"回答说："我什么都没想，救人要紧。"这种德行，可以称为"上德"。这是有德者的本能反应。如果想了许多，问题就比较复杂了。

"下德为之而有以为"，意即，"下德"是有意为之而有所作为。比如，有目的，就是有动机。有的人是刻意积德，到庙上大量布施，为的是求点什么。有的人是想通过善举提高自己的声誉，把支票做得很夸张，生怕别人不知道。这样就不是自然而然，而是"下德为之而有以为"。

人世间的活动，"与物反矣"，这是老子的看法。所以生产力一发展，人们就容易产生争夺占有之心，做事就走样，就容易离经叛道。而春秋时期，不光是"大道废，有仁义"，而且是"礼坏乐崩"，天下大乱。所以，以孔子为代表的儒家，极力倡导仁者爱人，推崇忠孝节义，主张恢复周礼，安排人伦秩序，以求天下安定。但是，孔子在当时的主张，还没有被当时的统治阶级所重视，君王们喜欢霸权和王道，讲究实力。当时，已开始推行法制，奖罚分明，生产力发展较快，为后来秦始皇统一六国奠定了基础。而儒家的思想悖逆霸权，所以秦始皇搞了焚书坑儒。秦的暴政，背离了大道，所以秦朝的气数仅有十五年，便"不道早已"了。

上仁上义　小有区别

"上仁为之而无以为"，意即，上仁的作为是道德的自然表达，没有什么个人的目的。

"仁"：本意是"仁者爱人"，即"仁爱"，是大爱。比如：父母对子女的爱是没有什么附加条件的，是无私的、自发的、神圣的、不会改变的。这是天性，所以是"上仁"。人间有"大德"之人，他们对人的爱，是真诚的、普遍的、不求索取，没有附加条件，所以叫"无以为"，就是"不为了什么"。

"上义为之而有以为"，意即，上义的作为是有意而为，具有明确的目的性。

"义"：人间大义，天地正义。它是内心的一种豪情。为了国家和民族，为了人民的利益，可以放弃自己的利益，甚至可以"舍身取义"。所谓"见义勇为"之举就是"上义"，这和"为朋友两肋插刀"的意气用事不是一回事。

礼是制度　强制执行

"上礼为之而莫之应，故攘臂而扔之。"意即，上礼的施行得不到响应，所以便举起手臂强制别人顺从。

"礼"：是"礼制"，是古代社会的典章制度。夏朝有夏礼，商朝有商礼，周朝有周礼，它们之间有连续性，等级森严，彰显天子权威，不能僭越。孔子一生花了很多心血研究周礼，并说"克己复礼"，就是恢复周礼，安定天下秩序。

在道家，礼制的规范是最不合乎自然的，它极大地限制了人性的自由。有人问庄子，什么是自然？庄子回答说：比如牛在天地间自由生活，就是"自然"。如果把牛鼻子拴起来，就不自然。庄子的话，是有深意的。王法压制了人的心性的自由，也使人和人之间的关系，由于强制而变得虚伪。臣子们在高呼"万岁"的时候，不知心里在想着什么。嫔妃们在跪喊"太后万福金安"，而后宫的争斗永远是你死我活，人人自危。

道德失序　仁义礼充

"故失道而后德，失德而后仁，失仁而后义，失义而后礼。"意即，因此，大道缺失后才有了德；德缺失后才有了仁；仁缺失后才有了义；义缺失后才有了礼。

"夫礼者，忠信之薄，而乱之首。"意即，礼制这个东西，纯是维护王权的人为造作，它把人际的忠厚和诚信搞得很浇薄，从而成为祸乱的起因。

社会结构的礼制规范具有强制性，古时的礼制非常刻板而且烦琐。为了维护皇权，帝王们警觉多疑，唯我独尊，甚至兄弟相残。"礼"，着实成了"乱之首"。"礼"，就是杀人的理由。如果帝王认为某人"大不敬"，那他就得死。

"前识者，道之华，而愚之始。"意即，仁、义、礼等理性认识，都以道德仁义自居，但那只是给"道"安上了华丽的外表，从而也正是愚昧和愚民的开始。

老子的这句话很犀利，他认为仁、义、礼已脱离了人的纯朴，从而成为维护统治阶级利益的工具。道家立场，是对儒家思想的颠覆。所以，道家思想不可能成为中国封建社会的主流思想，而唯有儒家思想，能有利于皇权统治，能打造"忠君"的信念。

在中国历史上，当人民造反的时候，常把儒家思想放在一边，因为它不利于造反。而当政权稳定之后，再把它请回来，安定社会秩序。

春秋战国时期，是中国文化的百家争鸣时期，其前提都是为了安邦定国。人们的立场不同，所以观点各异，这极大地丰富了中国的传统文化。我们读书应当兼容并蓄。儒家思想与时俱进，大道废了，回不去了，只能用仁义来充填思想的空白，只能用"礼"来维持社会秩序。而老子的观点，讲的是终极的真实。

人生之路　在于选择

"是以大丈夫处其厚，不居其薄；处其实，不居其华。故去彼取此。"意即，因此，大丈夫的人生要选择厚德贵道，而不选择礼数浇薄；选择道德的朴实忠信，而不选择道义的虚伪浮华。所以，去掉浇薄浮华，选择厚德朴实。

老子的思想，对后世影响很大。倾向于道家思想的古代读书之人，比较淡泊，他们疏远名利和官场。而倾向于儒家思想的书生们，则把金榜题名看作人生得志的重要标志，从而跻身于宦海沉浮。

道家思想源于自然，所以重视人的生命的自然性和自由性，认为只有这样，生命才真实，才安全。老子的思想看似消极，但它的本质是让人们以出世的心态做好入世的事情。

▶[小结]

本章是《道德经》下篇《德经》的开始。其实这是后人的分法，有一定道理，因为从本章开始，老子的论述多为道德问题的社会实践。

老子评价事物的价值标准是"道法自然"，因为自然代表着真实可信，比如亲子鉴定要看基因，而不靠人言。这就是"人心惟危，道心惟微"。

在本章里，老子列举了当时社会人们最常用的几个概念：道、德、仁、义、礼，并进行了评价，也是评判，告诉人们鉴别方法——"上德不德""下德不失德"。其言微妙，且直截了当。这就是老子的智慧。人如果做点好事后生怕别人不知道，那就会有动机问题了。

"法令滋彰，盗贼多有。"治理社会，最根本的还是从思想防线入手，所以道德教育，非常重要。人们如果不违法，法有何用？老子的话是对的，他不是保守，而是保真。

第三十九章
万物得一　就是守道

▶[题解]

在这一章里，老子提出了"得一"的概念。"得一"，就是"得道"，就是守住根本。"道生一，一生二，二生三，三生万物。万物负阴而抱阳，冲气以为和。"一切都从"道"中来，都是"道"的安排，都各有造化和使命。所以，守住禀赋，各安天命，天下才会有序和安定。

最后的"不欲琭琭如玉，（而欲）珞珞如石"，便是本章论述的思想重点，即：不事浮华，而务真实。

▶[原文]

昔之得一者：天得一以清，地得一以宁，神得一以灵，谷得一以盈，万物得一以生，侯王得一以为天下贞。

其致之，天无以清将恐裂，地无以宁将恐发，神无以灵将恐歇，谷无以盈将恐竭，万物无以生将恐灭，侯王无以贵高将恐蹶。

故贵以贱为本，高以下为基。是以侯王自谓孤、寡、不穀。此非以贱为本耶？非乎？

故致数舆无舆。

不欲琭琭如玉，珞珞如石。

▶[直译]

　　古来，能够对大道抱玄守一的情况如下：天得一而空虚清朗，地得一而深厚宁静，神得一而变化灵验，谷得一而川流充盈，万物得一而生生不息，侯王得一而为天下的正统。

　　由此可知：天不守一而清将会崩裂，地不守一而宁恐将动摇，神不守一而灵恐将歇止，谷不守一而盈恐将枯竭，万物不守一而生恐将灭绝，侯王不守一而正高高在上恐将跌足失败。

　　所以，显贵当以卑贱为本，高位当以下位为基。因此，侯王称呼自己为孤、寡、不穀。难道这不正是把卑贱作为根本吗？不是吗？

　　所以，拥有很多车相当于没有，不要追求美玉般的浮华，而应当像坚贞的顽石。

▶[读解]

抱玄守一　各正性命

　　"昔之得一者：天得一以清，地得一以宁。"意即，自古以来，天地万物能够守持大道而抱玄守一的情况是：天得一而空朗清明，地得一而深厚宁静。

　　"一"，就是"道生一"的"一"，它是万物的根本。万物只有"抱玄守一"，各安天命，才可持久存续。这就是"各正性命"。性是禀赋、天性、本性；命是使命。该是什么就是什么，该干什么就干什么。天就是天，地就是地；男就是男，女就是女。这就是天地秩序，就是"道"。悖逆就生乱局。

　　"天得一以清，地得一以宁。""以"：在文言文里是连词，作

"而"讲。

混沌初开时，阴阳分辨，清阳上升为天，浊阴下降为地，一虚一实，一动一静，一刚一柔，乾坤厎定。天和地各有分工，各有使命。正所谓"一阴一阳之谓道"。它们各守本分，守持使命，所以天清地宁。

"神得一以灵，谷得一以盈。"意即，神明得一而灵验，川谷得一而充盈。

什么是"神明"？正确的理解是"变化不测谓之神，品物流形谓之明"。试看天地之间，风云变幻，阴雨晦明，寒来暑往，万物丛生，天地自然变化莫测充满神奇，它根本不受人们的意志所掌控。就在这冥冥渺渺之间，万物都彰显着自己的形态和品质，这就叫明。

比如，一些比蚊子还小的蠓虫，它的生命力应当很脆弱，人类不能想象它们怎样熬过冬季，但是，天一回暖，它们便成群出现。

就是说，只要存在，就是道理，它有它的生存之道，这就是"守一"。在干涸多年的河床上，一旦有了水，就有鱼的出现，因为鱼子可以在石头堆里忍受干旱若干年，这也是"守一"。守住天赋的灵性、道性、生命力。

而"谷得一以盈"，是说川谷恪守着谦卑处下的天分，所以才能聚小溪而成大河，聚滴水而汇江海。

"万物得一以生，侯王得一以为天下贞。"意即，万物得一而生生不息。侯王们只有恪守正道，天下才能走向安定正统，自己的地位才能稳固。

贞：正也，固也，指人的节操正当坚固。"为天下贞"，就是天下的好领袖。

老子前边的五句都是讲"道"，后边这一句是为了教化侯王。前面是铺垫，后面是包袱。老子言道德，是为教化人。

背离道统　就是失败

"其致之，天无以清将恐裂，地无以宁将恐发，神无以灵将恐歇，谷无以盈将恐竭，万物无以生将恐灭，侯王无以贵高将恐蹶。"意即，由此可知：天不守一而清将会崩裂，地不守一而宁将会动摇，神不守一而灵将会歇止，谷不守一而盈将会枯竭，万物不守一而生将会灭绝，侯不守一而正，贪图荣显高贵将会落败跌倒。

"其致之"，在语气上是承接上文，意思是"按这种情况推导下去"，所以译为"由此可知"。这是逻辑推理的语气。

"天无以清将恐裂"，"无以清"是"无以之清"，以：介词，与"之"构成介宾短语。在古文中，介宾短语常把宾语"之"省掉，但在解读的时候需要把"之"加进去理解。"之"是代词，指代"一"，所以"以之"就是依靠"得一"或是"守一"。完整翻译过来就是：天如果不依靠得一（守一）而清明，恐怕就会崩裂。

"地无以宁将恐发"的"发"字，是"发动"的意思，实际就是"动"。发生、发展、发动，都是动。如地震，古人认为是阳伏阴迫导致的。

"侯王无以贵高将恐蹶。""贵高"，就是以高高在上为贵。蹶：跌倒，引申为失败。高高在上就容易从上边掉下来。

高低贵贱　各有根本

"故贵以贱为本，高以下为基。"意即，所以，显贵当以卑贱为根本，位高当以谦下为根基。老子说的既是物理，也是人理。人处在高位上，要谦恭自爱，不要脱离根本，脱离人民。

"是以侯王自谓孤、寡、不穀。此非以贱为本耶？非乎？"意即，因此，侯王们称呼自己为孤、寡、不谷。这难道不是以贱为本吗？不是吗？

"是以"，就是"以是"，译为"因此"。"是以……"是古代常用的固定句式。

孤、寡：是古代帝王的谦称。天无二日，国无二主，一国之内，没有人能与帝王比肩，所以他们对自己称孤道寡，以示孤独谦卑，有寻求同情的意思。

"不穀"这一谦称，在春秋战国时常用。如《左传·齐桓公伐楚盟屈完》中有："齐侯曰：岂不穀是为？先君之好是继！与不穀同好，何如？"

"不穀"，是谦称自己"不善"的意思，需要大家帮助。"穀"的意思是"善；好"。

"此非以贱为本耶？""邪"是"耶"，用于疑问句式，表肯定，"此非……耶"，译为"这难道不是……吗"。"非乎"：不是吗？否定加否定，就是肯定。

"故至数舆无舆。不欲琭琭如玉，珞珞如石。"意即，所以，至高无上的荣誉和赞誉，应当是没有荣誉，不须赞誉。不要追求美玉的浮华，而要做坚固的磐石。

"琭琭"形容玉的华美，"珞珞"形容石头的坚硬。按文中全文的推理，最后一句当是"不欲琭琭如玉，（而欲）珞珞如石。"这才是老子的本意。老子一贯反对浮华，崇尚质朴坚毅。

▶ [小结]

只有字斟句酌地拜读《道德经》，才能从他的古拙形象的比喻中感受"道"的妙逸。只有反复通读了《道德经》全书，才能有效地理解《道德经》某一章的要义。《道德经》全书是一个整体，其中的每一章都有着严密的逻辑。解读《道德经》，不可以望文生义。在他所言的现象后面，才是他所要说的真谛。老子是高人，他的告诫多是启发式的。这就是"道"的"直而不肆，光而不耀"。

"守一"的内涵太大了。老子列举的是天地万物与人间，都要"守一"。守一就是守道德。

具体地说，人在世俗社会中，要守住本心，守住本分，守住健康，守住家庭，守住事业，守住情感。守住思想品德、家庭美德、职业道德、社会公德，都叫"守一"。这样，人生就安全安稳了。

对悟道修道者而言，"守一"就是守住空静无为。天道是空静的。真正做到回归于无极，人也就"得道"了。

第三十九章　万物得一　就是守道

第四十章
道之真谛 贵在反观

▶[题解]

本章只有二十一个字,可谓简约至极。知道、达变、用反,是老子阐述"道"的本质属性和运动规律的基本方法。内容虽短,但凝聚着"道"的三大本质属性:一是"反者道之动";二是"弱者道之用";三是"物生于有,有生于无"。

本章处在《道德经》的中央位置,我们可以把它视作老子对"道"的既往论述的归纳总结,而后面的四十多章,老子谈的多是道德实践的事。其中,不乏犀利之语,但最主要的还是教导人们怎样看待事物,开启智慧。

本章文字虽少,但具总结凝练性质,所以解读起来还须由约返博。只有理解了,才能深刻地感悟。总之,道的智慧是反向的,只有站在反向的角度上,才能看清事物的本质。

▶[原文]

反者道之动;弱者道之用。
天下万物生于有,有生于无。

▶[直译]

"道"的运行,表现在反面、反向、返还上;"道"的作用,表现在柔弱、谦卑、无争上。

天下万物产生于有形的母体，而有形的母体则来源于无形的道。

▶[读解]

道的智慧　反向思维

"反者道之动。"意即，道的运动方式和运行方向，是具有反面、反向、返还属性的。老子的这句话是倒装句，为的是强调一个"反"字。

从《道德经》全书内容来分析归纳，"反"字里面包括三大内涵：

第一，相反相成。"一阴一阳之谓道"，"万物负阴而抱阳"。世间一切事物，都是由矛盾着的两个侧面构成的。事物的矛盾双方，相互吸取，相互作用，才能构成矛盾运动，才有事物的发生发展。物性的本质就是同性相斥，异性相引，这是"道"，没有为什么。所以，没有矛盾就没有世界。《道德经》第二章所讲的"有无相生，难易相成，长短相较，高下相倾"等，说的是事物的本来面目就是既对立又统一，既相反又相成的。这是永恒的道理，是事物的本质属性。老子的思想及表述，比较古拙，他不可能像近代哲学那样表述得那么系统，那么具逻辑性。

第二，走向反面。运动是物质的存在方式和固有属性。世间的万事万物，没有孤立的、静止的，一切都在运动变化之中。其运动过程的基本规律，就是各自向着自己相反的方面转化。老子说的"物壮则老，是谓不道，不道早已"，就是说物极必反。有生必有死，活一天就离死亡近一天。人的生存，越是示强、逞强、用强，就越是"其事好还"，则消亡得越快，或者是

"强梁者不得其死"。毛泽东说：事物总是走向它的反面的。所以处理矛盾运动问题，要根据事物的内外因条件，做好转化工作。老子主张用"柔"，就是减缓物极必反的过程。

第三，返回原点。日月轮回，牵扯出一年四季；冬去春来，又是新的一年。所以在第十六章里老子说："万物并作，吾以观复。夫物芸芸，各复归其根。""复"，返回原点。道的运动规律是个圆，旧的终点就是新的起点。这是循环往复、周流不息的过程。天运如此，草木亦然，"离离原上草，一岁一枯荣。野火烧不尽，春风吹又生。"这是道赋的使命。

相反相成、走向反面、回归原点，这三种理性状态，并不是彼此孤立的，而是贯穿于同一事物发生发展的整个过程。同样，也表现为事物发展的某一阶段，即这一阶段是这种状态，而下一阶段是另一种状态。

了解了"道"的这种运动规律，我们就可以较为全面地掌握事物。见到这一面，要想到另一面；看到开始，就可预料到结束。道，是老子哲学，是朴素的辩证法思想。

弱的效应　道的特征

"弱者道之用。"意即，道的属性和效应，表现为柔弱、谦卑、无争。

上善若水、曲全洼盈、不矜不恃、不主不宰、和光同尘、知雄守雌、不争无忧、不一而足，老子的诸多论述和比喻，说的都是"柔弱胜刚强"的道性和道理。

用弱使柔，也是老子倡导"无为"思想的具体体现，代表着老子道家思想的本质特征。

林则徐曾说："海纳百川，有容乃大；壁立千仞，无欲则刚。"这种哲意所表达的就是"道性"。

老子的"弱者道之用",强调的还是"柔弱胜刚强"。这是一种反向思维,或者是说正言若反,正话反说。而在世俗社会中,有许多人因为浮浅,所以一味地示强逞能,死扛硬碰,不知收敛,所以结果就是危殆立现。

有无相生　无是根本

"天下万物生于有,有生于无。"意即,天下万物产生于有形物质,而有形物质则来源于无形的"道"。

老子这句话使用的是推理逻辑。实际上,他是在强调"道"的本原论、整体论。

世俗中的人们,往往只顾及眼前的"有",而很少考虑背后的"无"。人们总把"有"当作眼前的真实,然而事物的终极真实是"无"。

比如,灵魂与肉体的关系问题。许多人看重的是身体,真正是"贵大患若身",经常战战兢兢,担心身体出毛病,而不注意心神的稳定。结果,心理不健康了,躯体必然要出现相应反应。神经功能失调的病人身体不适的敏感度,比健康者要强,他们能听到自己的心跳,能感受到心脏在剧烈跳动,心悸心慌,焦躁不安,结果全身各系统失调,没有好受的地方。这也是一种"有生于无"吧!

所以,人的健康问题,贵在心理首先要健康。《黄帝内经》说:"悲哀愁忧则心动,心动则五脏六腑皆摇。"灵魂,也就是精神意识这个"无",才是身体这个"有"的主导,才是"真我"。

老子在第一章说:"无,名天地之始;有,名万物之母……两者同出而异名,同谓之玄。玄之又玄,众妙之门。"讲的就是"道"的本原论、一元论。事物不论表现为"有"的状态,还是"无"的状态,其根源都是"无",都是"无"的变现。

在宏观上,"道"创造了宇宙万物,也主宰着宇宙万物,裁判着宇宙万物。但是"道"的行为方式是"无为",是"生而不有",所以"道"的"大有"还是根系于"无为"和"不有"。这是宏观上的"有生于无"。

在微观上,几十年前没有你,几十年后也没有你。你是怎么来的?回答说:"父母生的"。这是"万物生于有"。那么再问:"你父母为什么生你?"这里就有一个"一阴一阳之谓道"的问题了。这个问题,属于理性范畴。理性,无形无物,称它为"无"。正是由于这个"无"的驱动,才有了你。这也是"有生于无"。

再比如,我们做任何事情,都是先有想法,后有行动。灵魂支配机体,思想指导行为,无形支配有形。这也是"有生于无"。

老子的哲思,是非常奇妙的。他的寥寥数语,有时真的就是"天书"。他给人们留下了太多的思考空间,无论如何解读联想,似乎都难尽其意。

▶ [小结]

世上的道理,真是"少则得,多则惑"。本章的二十一个字,解读起来却用了许多笔墨,不但难尽其意,而且未必正确。

所以,学习《道德经》,一在通读全书,二在背诵原文,三在细致消化,四在抽出宗旨,最后能熟练掌握老子的若干经典名句而作为生命航标,便足以受益终身了。

老子身后,留给我们这个古老民族以巨大的精神财富。他的境界之高,真的叫人如慕北斗;他的意境之深,真的叫人不可见底;而他的质朴亲切,还是可以感悟得到的,是可以"塑魂"的。

老子的话，都是宇宙人生的终极真实。不管社会如何发展，它都是一面镜子、一个指南、一份人生保险。

　　学会知道、达变、用反，人就智慧了。所以在修道者那里，人的修行是逆向的，是从阴阳二返回到混沌一，这叫作顺阴阳生人，逆阴阳成仙。其中的道理属于修炼家的学问，那是另一套超凡脱俗的理论系统。

第四十一章
道隐无名　善贷且成

▶[题解]

本章的内容主旨是"道隐无名"。为了说明这一点，老子列举了一系列"道"的存在的属性特征，例如"明道若昧，进道若退"等等。这些"与物反矣"的道性特征，一方面较难被世俗社会所理解；另一方面，也较难被世俗社会的价值追求所接受。所以老子说："下士闻道，大笑之。不笑，不足以为道。"

老子说的是实话。道很玄妙，道的理性包涵宇宙，深不可测，不是世间所有人都能参透和悟懂的。所以自古以来，人们对道家思想的社会存在总体上分三种态度：一是"上士闻道，勤而行之"；二是"中士闻道，若存若亡"；三是"下士闻道，大笑之"。"上士"的基数肯定是塔尖。

当今时代，物欲横流，许多人都在全球性的市场经济大潮中随波逐流。商海艰辛，宦海沉浮，很少有人关注《道德经》，亲近《道德经》。其实，就人的生命意义和生命价值而言，能够恪尽职守并能得善终，也是一种顺其自然吧！

道的功用，就是"善贷且成"。

▶[原文]

　　上士闻道，勤而行之；中士闻道，若存若亡；下士闻道，大笑之。不笑，不足以为道。

故建言有之：明道若昧，进道若退，夷道若纇；上德若谷，大白若辱，广德若不足，建德若偷；质真若渝，大方无隅，大器晚成，大音希声，大象无形，道隐无名。夫唯道，善贷且成。

[直译]

悟性很高的人对于道的理论，会勤奋地学习和实践；悟性一般的人对于道的理论，是半信半疑；悟性很差的人对于道的理论，是一笑了之。不被嘲笑，那就不叫"道"了。

所以，建立道家思想的理性认识有如下观念：明显的"道"因不被感知则显得很暗昧；精进的"道"因不事显露则好像是倒退；平坦的"道"因意志不同则好像崎岖难行。崇高的德行虚怀若谷则好像很空虚；最纯洁的白色则很容易被杂色所溅污；最广大的德行看起来好像不够圆满；最刚健的德行看起来好像怠惰松懈。最质朴的真实好像并不真实；大"道"的德行是圆融方正的，但它没有边际，没有棱角；最完善的成功是顺其自然，不急于求成；最大的声音应当是没有声音；最大的形象应当是没有具体形象。大"道"的真实永远是内在内隐，无名无形。

那么，只有"道"，才能辅助万物，成就万物。

[读解]

大道之存　世俗不认

"上士闻道，勤而行之。"意即，有着较高悟性的为学之士，对于"道"学理论的态度是勤奋学习并努力实践。

"中士闻道，若存若亡。"意即，一般悟性的为学之士，对于"道"学理论的态度是半信半疑，圣念浅，俗念深，无处落脚，不能修持。存：心里有。亡：忘掉了。表现为似是而非，不能专一。

"下士闻道，大笑之。不笑，不足以为道。"意即，悟性很差的人听闻道的理论后，便大声笑话起来。不被嘲笑，便不足以为"道"了。

"上士""中士""下士"，不是指古人的等级分类，而是指对道的感悟程度和治学态度上的三种区别。自古以来，能够读书悟道的人很少，似懂非懂的人却很多。而不知"道"为何物的人是普遍存在的。在世俗社会里，人们普遍追求的是物欲的浮华，不理解"道"的真谛，也更不愿接受"道"的清静与清苦。

"士"的概念在古代是指"知识阶层"，他们有些权势和地位。春秋时期还是奴隶制末期，大大小小的奴隶主们属于"士"这一阶层。而一般百姓是"庶人"。

"不笑不足以为道"一句，道出了老子的无奈，也引出了一连串的下文，这是老子的文思和文法。在下文，老子列举了十二个常人难以理解的反常概念，或许也有解答"下士大笑"的原因所在吧。

三种道性　玄妙难懂

"故建言有之：明道若昧，进道若退，夷道若纇。"意即，所以，建立道家思想的理论认为：明显的"道"因为不被感知则显得很暗昧；精进的"道"因为不事显露则好像是倒退；平坦的"道"因为意志有别则好像崎岖难行。

"建言"就是立言、设言，设立道家学问的理论、言论。无从考证"建言"是古书还是古人的言论。从文法上看，还像是老子的理性归纳。

"明道若昧"，指的应当是"人在道中，不知有道"的道的存在的普遍性。"不识庐山真面目，只缘身在此山中。"我们的生命过程，我们面对的一切，都是"道"。一切都在对立统一、消长转化、升降出入、生死存亡的变动之中，也就是"一阴一阳之谓道"。比如：睡了醒了、吃了拉了、进去出来、上去下来，都是对立统一的运动。人们就靠这个活着，但浑然不觉，也根本不知道这就是"道"。"道"是纯粹的理性，运用起来是必须的，这就叫"明道若昧"。另外，"道"造化了世间万物，千姿百态，千奇百怪，谁也说不清它是怎么来的，很神奇，这也是"明道若昧"。"品物流形谓之明"，万物都在彰显着，这就是"明道"。

还有最重要的，是修行得道的人不轻易露相，他们的生命潜能很大，但是轻易不外露，他们活得不像俗人那样张扬，大智若愚，这是得道者的"明道若昧"之貌。

"进道若退"，主要是指"为道日损"。得道修道的人，清心寡欲，无为不争，淡然自若。没有了世俗的争名夺利的心思，人便显得不求上进了。或者说，境界上升了，物欲下降了，好像是消极倒退了。

"夷道若纇"，纇：音 lèi，崎岖不平。道理很好懂，很好明白，但做起来却很难。都会说"看破放下"，但看破了也放不下。所以修道修行不是易事，人类很难做到超凡脱俗。

四种德相　异于常人

"上德若谷，大白若辱，广德若不足，建德若偷。"意即，最高尚的德行是虚怀若谷而无杂念；最纯净的洁白容易被杂色玷污；最广大的德行看起来好像不够圆满；最刚健的德行看起来好像怠惰懒散。

"上德若谷"，也就是"上德不德"，不认为自己有德，像山谷一样空旷。自然之道如此，有大德的人也是如此。有德的人不刻意修行，而把生活本身就视作修行，心胸开阔，与世无争，海纳百川，包容一切。

"大白若辱"，如同"皎皎者易污"。人太纯洁了，会被人说傻。修行的人、得道的人，思维方式和行为习惯异于常人，所以很容易被俗人非议。比如"道"的理论体现的是一种反向思维，有人听不懂，只知道眼前的"有"，不承认背后的"无"，所以"下士闻道，大笑之"，他嘲笑你是胡说八道，这就是最大的明白反而不被理解因而受"辱"。

"广德若不足"，没有什么事能面面俱到，老天下雨也得一块一块地下，也有旱涝不均，天气也分阴晴雨雪。足与不足，都由人定，凡是不合人意的，都是不足。就是明君圣主治理一个国家，也不可能事事圆满。人的品格也是如此，大德之人德行广大，但是人无完人，都有各自的欠缺。出家人不成家，不生养后代，就生命的完整而言，不是欠缺吗？儒家认为"不孝有三，无后为大"。对许多问题，人们的立场不同，评价的标准和结论就不同。

"建德若偷"，偷，是偷空、偷闲的意思，表现为行为涣散的样子。《道德经》第二十章说"俗人昭昭，我独昏昏。俗人察察，我独闷闷"。别人都忙着过日子，生怕落后，生怕吃亏，而修道得道的人，心里装的是宇宙真相、人生的走向、爱民治国的方略。他们的内心是刚健的、坚定的，他们不被外物所扰，做的是大事，想的是天下的长治久安问题。老子的话，也是自身的写照。

五种妙象　都是道象

"质真若渝，大方无隅，大器晚成，大音希声，大象无形，道隐无名。"意即，最质朴的真实存在好像是没有什么东西存在；最大的方正是没有边际，没有棱角；最完善的成就是顺其自然，水到渠成；最大的声音是没有声音和少有声音；最大的形象是没有自己的形象。"道"的存在永远是没有自我、无名无形的。

这一段，是《道德经》真言中较难理解和最难翻译的。如果按字面直译，很难成话，也容易造成曲解。比如"大器晚成"，如果解读为"最大的器具要最晚完成"，就等于亵渎老子。老子比喻的是"道"，说的是哲思，而不是任何一个具体事物。老子哲言的深意是广泛的，真是"只可意会，不可言传"，一说出来，就狭隘了，走样了。但为了理解，还必须得说。

关于"质真若渝"，渝：音 yú，"变"的意思。始终不渝，就是始终不变。"道"是原始的质朴的真实存在，其本质是无物之物，是天地之始、万物之母；同时，"道"又是纯粹的理性，支配万物。但是，它却变化得没有自我，像是什么都是而又什么都不是。"道"很真实，它能变化出世间万物，所以"若渝"。

《易经》说："一阴一阳之谓道。继之者善也，成之者性也。仁者见之谓之仁，知者见之谓之知。百姓日用而不知，故君子之道鲜矣。"

我们就生活在"道"中，但没有人能说清"道"为何物。什么是"道"？它很浅显，但又深不见底，一言难尽，无法言尽。

"大方无隅"，宇宙是最大的"方"。在人类的相对概念中，"方"是由前后、左右、上下这种具体形象构成的，叫"六合"。

空间和实物的概念都是如此。因为人类的生存离不开地球，所以人类的观念都是相对的、具体的、狭隘的。如果跳出这种狭隘，放下以我为中心这个观念去看宇宙，它是没有东西南北和上下左右的，宇宙无边，何谓棱角？这才叫"大方无隅"。

人的内心如果能少一点自我，多一些"道"理，人的能力就大多了。国家主席、总理，他们什么都得管，但管的并不是具体的事务，而是大政方针、政策走向。

老子的"大方无隅"还有一个很重要的喻义，就是"道心圆融"，"圆通万物"。"和其光，同其尘"，"直而不肆，光而不耀"。他很荣显，位高权重，但很谦和，绝不傲慢；他很正直，行为有方，不乱方寸，说话办事绝不伤人，绝不放肆。这是做人的"大方无隅"。

关于"大器晚成"，老子讲的不是器具器皿。"朴散则为器"，天地间的一切有形之物，在古文中都被称作"器"。人有出息了，也叫"成器"。成器就是有所造就，有所成功。"晚成"就是提醒人们不要急躁，按规律办事，办水到渠成的事。"合抱之木，生于毫末；九层之台，起于累土；千里之行，始于足下。"有许多人并非少年得志，一时的成功并不等于永远的成功。西方有句谚语：一心想要得到诺贝尔奖的人，可能一辈子也得不到诺贝尔奖。因为心已经脱轨了，浮躁了，办事就会走样。一心想拼争冠军的人，心浮气躁就会导致失败。还是什么都不想为好，这样才会无为而无不为，大器晚成。

"大音希声"，人们都说美妙的声音如同天籁，但是，谁能听到天籁呢？因为它没有声音。我们的祖先发现了"五音"，权作它就是天籁。"五音"就是宫、商、角、徵、羽五个音阶，也就是现在通用的 1（do）、2（re）、3（mi）、5（sol）、6（la）。把这五个音阶调配起来，就能创造出无数个美妙的乐曲，没有尽时，莫知其极。音乐的后两个音阶是后人完善进去的。"五音"就是"大音希声"。音符很少，但有无限可能，这就是"道"的奇妙。

老子的"大音希声"也是在告诉人们，要少说话，不乱发表言论。特别是执政者，不能随意说话，随便说话，言多语失，无异于折腾。病从口入，祸从口出，也是真理。

"大象无形"，就是最大的形象没有自己的形象。万物都是"道"的造化，万物就是"道"，"道"就是万物。都是就都不是，这就是"大象无形"。

而在另一个层面上，天气是"大象"，或阴或晴，或风或雨，云横九派，变幻无常，这也是一种"大象无形"，即没有固定的形象或形态。

水也是"大象无形"，随形就形，装在什么东西里就是什么形，热了就蒸发，冷了就结冰，可以是一滴，也可以成大洋。它最接近道性，能润泽滋养任何生命，可以是血，也可以是尿，所以"上善若水"，"故几于道"。

有大德修养的人，表现为随缘济世，善良而不固执，没有分别心。"圣人无常心，以百姓心为心。"他们入乡随俗，一视同仁。在《道德经》第十五章中，描述了"古之善为士者，微妙玄通，深不可识。夫唯不可识，故强为之容"的七种性格特征。

总之，老子在"故建言有之"之后，连续讲了十二个道与德的表现特征，最终要证明一个结论："道隐无名。"

道虽无名　善贷且成

"夫唯道，善贷且成。"意即，那么，只有道，才能无声无息无私无畏地辅助万物，成就万物。贷：辅助、帮助之意。

此言甚简，但分量极重。说到底，还是"道常无为而无不为"。

▶[小结]

本章妙语连珠，不似天书，胜似天书。其中的妙逸及奥趣，不是我们凡夫俗子能用几个例子说清说尽的。可能只有修行得道之人，才能悟出如此多的天地道理，道才能以此示现人间而教诲众生。

第四十二章

万物存续　秉承道性

▶[题解]

宇宙是无边无际、无始无终、永无生灭的，古人称它为"无极"，就是没有极限的意思。老子称它为"道"，为"大"，并形容它"莫知其极"。

而我们所面对的这个物质世界，则是有边有际、有始有终、有生有灭的，一切都像是实实在在的，但一切又都在变化运动，不可永恒。凡属有形的，都是相对的。人类生活在一个相对的空间里，所以人的观念必然也是相对的。站在"道"的立场上看人生，人的观念是有局限性的、狭隘的，因为地球只是宇宙中的一粒微尘。

天地人是怎么来的？今日的科学界倾向于宇宙爆炸说和自然衍进说两种猜想，但无定论。我们的古人则认为：无极（道）生太极（混沌），太极生两仪（阴阳），两仪分天地，天地孕万物。当然，人作为万物之灵长，可以视为万物的代表。老子说："域中有四大，而王居其一焉。"

在本章里，老子以"道生一，一生二，二生三，三生万物。万物负阴而抱阳，冲气以为和"的略略数语，纯粹理性地回答了天地人的由来问题，同时，也对万物的存续问题道破了天机，即阴阳二气冲气为和，不断地造化滋生着万物。

接下来的内容，看上去与上文似无关系，但细细感悟，它当是"万物负阴而抱阳"问题的延续。王公们的称孤道寡，老子认为是有问题的，"或损之而益，或益之而损"，"强梁者不得其死"，都存在着"孤阴不生，独阳不长"问题。

老子的哲思极其深邃，他不厌其烦地多角度说道，为的就是"人之所教，我亦教之"。

▶[原文]

道生一，一生二，二生三，三生万物。

万物负阴而抱阳，冲气以为和。

人之所恶，唯孤、寡、不谷，而王公以为称。

故物或损之而益，或益之而损。

人之所教，我亦教之："强梁者不得其死。"吾将以为教父。

▶[直译]

没有极限的道（无极），衍生出了形质未分的物质（太极），我们称它为一；在"一"中，蕴含着阴阳二气两种相反相成的对立势力，这叫"一生二"；阴和阳两种势力的相互作用，造化出了天地人，这叫"二生三"；天地人的不断衍进，化生出了天地间的万物并作和芸芸众生。

在万物的自我禀赋当中，都蕴含着阴和阳这两种天生属性，这两种相反的属性相互吸引对冲，构成了对峙相合的"冲气"。

人们所最为厌恶的，是孤家、寡人、不谷这种名称和状态，然而王公们却偏偏以此为自己的称呼。

所以，世间的事物，有的会因减损而受益，有的会因受益而减损。

人们都是这样教育人的,我也这样教育人:"强出头的人不会得到善终。"我要把这一条作为教人的头条。

▶[读解]

万物衍进　根于道生

"道生一,一生二,二生三,三生万物。"意即,万物的起源是由无极的大"道"首先衍生出形质未分的混沌物体,可称其为"一";在"一"之中又蕴含着阴阳两种对峙相合(对立统一)的矛盾势力,可称其为"二";阴阳两种势力的属性不同而各从其类,便造化出天地人,可称其为"三";天地相感不断衍进,而有了芸芸万物并被人类所认识。

"道"是谜,老子是谜,老子的话还是谜。对于老子的这段话,古今注家的解读不一,关键点集中在"三"是指什么。许多书都摆出了好几种说法,但不肯有自己的认定,结果还是莫衷一是。

对于这个问题,我想还是把它说清楚点为好:"三",就是指天、地、人。

理由如下:

第一,《道德经》第二十五章说:"故道大,天大,地大,王亦大。域中有四大,而王居其一焉。"在这"四大"中,除了"道"是本原,剩下的就是天、地、王了。

第二,在中国古人的传统观念中,天、地、人三才合一,这是古人的世界观、方法论,是中国传统文化的魂。《黄帝内经》强调"天覆地载,万物悉备,莫贵于人"。其所强调的就是天人合一。如果没有这种理解,也就没有中医理论,中医本质上就是中国道学文化的分支。

第三，关于天、地、人到底是怎么来的，中国有一则神话故事记在《三五历纪》一书中："天地混沌如鸡子，盘古生其中，万八千岁。天地开辟，阳清为天，阴浊为地。盘古在其中，一日九变，神于天，圣于地。天日高一丈，地日厚一丈，盘古日长一丈。如此万八千岁，天数极高，地数极深，盘古极长。"

这段混沌初开与盘古开天辟地的神话，重点揭示了这样几个理性问题：

1. 人与天地是在混沌中共生，并在天地开辟后共存的。

2. 明确提出了"阳清为天，阴浊为地"的天地阴阳的两极概念。

3. "盘古在其中……神于天，圣于地……日长一丈"，是顶天立地的，是神圣的。

4. 有两个"万八千岁"，是在说明天、地、人的造化衍进过程是十分漫长的。

如果把这段话与老子的"道生一，一生二，二生三"对应起来，两者应当是一致的。这是中国古代大德们的共识。他们讲的是哲思理性，是真实过程的抽象与浓缩。这是中国古人的大智慧。

道是"无极"；混沌是"太极"，是"一"；阴阳是"二"；天、地、人是"三"。

原始的太极图是一个空圈，并没有阴阳鱼；而阴阳鱼表示的就是"二"在一个共同体中。

实际上，道与阴阳的关系，就是"一分为二，又合二为一"的关系。说穿了，就是既对立，又统一，相反相成。逻辑上有先后，实际上是一体。因为道不可说，而说起来又很麻烦。

关于"三生万物"问题，有了天和地之后，就有了万物生长的条件，万物便根据自性的内因驱动，生生不息。

什么是"自性"呢？老子下面的论述便讲了这个问题。

阴阳相感　和则生物

"万物负阴而抱阳，冲气以为和。"意即，天地间的万事万物，都蕴含着阴和阳两种对立的势力，两种势力相互作用而产生新的事物，这叫作"和"，和则生物，和生万物。

在《道德经》一书中，"和"指的是和则生物，"知和曰常"。"常"就是"道"。"不知常，妄作凶"。

冲气，就是指阴阳二气的相互吸引，相互作用。同性相斥，异性相引，这是物性，天性，祖性。

毛泽东同志说："没有什么事物是不包含矛盾的，没有矛盾就没有世界。"矛盾从一事物的外部，贯穿于一事物的内部，从而构成矛盾运动，推动着事物的发生发展。

老子的"万物负阴而抱阳，冲气以为和"，实际也是对"二生三，三生万物"的进一步注解。只是老子用字太简约，太隐晦。

道评王公　孤寡不谷

"人之所恶，唯孤、寡、不谷，而王公以为称。故物或损之而益，或益之而损。"意即，人们所厌恶的事情，恐怕只有孤家、寡人、不谷这种名称和状态，而王公们却偏偏以这种称呼称谓自己。所以世间的事物，有的可能由于减损而获益，有的可能由于获益而减损。

《道德经》一书，近似天书。天书无字，而老子的真意，往往就隐晦在无字之中。

前面讲"万物负阴而抱阳，冲气以为和"，这是"道"。而王公们却偏偏要"称孤""道寡",这大概就不合"道"了。

孤和寡,都是单极。古人都明白,"孤阴不生,独阳不长",所以老子提出"物或损之而益",意思是,王公们认为自己至高无上,没有人可以与自己平起平坐,显得"孤独",或叫"可怜",争取得到臣子们的同情帮助。如果做得好,效果就是"损之而益"。反过来,如果做得不好,就会出现"益之而损"的严重问题。权力至高无上,如果有了"独夫"之心,独断专行,结果就是"减损"。春秋时期,昏君太多,他们就是战乱之源,老子目睹了这一切。

"不谷"的称谓,在春秋战国时期经常被王公们使用。《左传·齐桓公伐楚盟屈完》中,就出现了多次。"不谷"就是"不完善"的意思。谷,是指川谷,不是谷物。川谷有水,"不谷"就是缺水不充盈,故以此自谦。也有"不才"的意思,可能不便明说。

强梁霸道　不得其死

"人之所教,我亦教之:'强梁者不得其死。'吾将以为教父。"意即,别人就是这么教的,我也这么教育人:就是横行霸道的人会不得善终。我要把这条作为教人的头条。

"强梁":横在河沟上的木头。其结果是可想而知的。这个比喻是指横行霸道。

"教父":父,是家长,引申为"首"。"教父"就是教育人的头条。

老子的"人之所教,我亦教之",里面可能有隐晦的话。春秋时期,诸侯争霸,王侯们虽然谦称自己为孤家、寡人,但他们骨子里想的还是霸权,他们一直在做着"人之所恶"的事。所以老子告诉他们"强梁者不得其死"。

老子的话很重，但这是事实。古今中外，凡属横行霸道的人，凡属发动不义战争的人，都是没有好下场的。孤阴独阳，独夫民贼，非亢即衰，无一长久。

▶[小结]

本章前后文乍看上去，好像很不搭调，很具戏剧性，但慢慢思考，细细品读，会发现它们是浑然一体的。其转折点在"孤、寡"上面，因为它们不合"万物负阴而抱阳"之道。统治者往往会因为自己的权力至高无上而成为思维理性上的"单极世界"，可以肆意妄为而成为"强梁"。

老子大方无隅，他的语言是直而不肆的，所以我们解读《道德经》，真的需要"悟"。

第四十三章
无为之益　天下希及

▶[题解]

守柔、不言、无为，是"道"的本质属性，是老子修道的心灵路径，是老子教诲世人的智慧。它听起来很奥妙，似乎很好懂，但做起来很不易，因为它是一种反向思维，是一种修行路径。老子的许多话看起来很简单，但里面的深意很难读懂和参透，因为我们的境界与他不在一个层面上。我们真的不能全部知晓老子的所指。但是，哪怕知晓一些原则理性，也会有益知行，受益终身。

▶[原文]

天下之至柔，驰骋天下之至坚。

无有入无间，吾是以知无为之有益。

不言之教，无为之益，天下希及之。

▶[直译]

天下最柔弱的属性，可以征服天下最坚强的属性。

没有形质的物性，可以深入有形质的内在（无间）之中。我因此知道无为的益处。

不言的教诲，无为的益处，天下人很少能真正体会到。

▶ [读解]

柔弱胜刚　无能入有

"天下之至柔，驰骋天下之至坚。"意即，天下最柔弱的东西或属性，能够征服天下最坚硬的东西或属性。

"至柔"：水性至柔，表现为没有自己的形状，谦卑处下，极具渗透性，没有什么生命能离开它。它可以穿石，可以排山倒海。

空气至柔，无孔不入，无所不在。一旦形成风暴，能驰骋于天地之间，可以摧枯拉朽。

"无有入无间，吾是以知无为之有益"。意即，无形质的东西，它的属性可以深入有形质的内部之中去。我因此得以知道无为的益处。

比如：水性至柔，没有自己的固定形状，所以有渗透性，并且能被生物和生命体吸收，养活他物，成就自己。所以老子说"上善若水"。

再如：人的精神没有形状，可谓"至柔"，但是它正是构成内心强大和生命顽强的内在品质。

"道"，没有形质，永远内隐，但一切形质都是"道"的形质。"道"的作用，有如灵魂支配肌体，无所不在，无所不能。

柔能胜刚，是《道德经》全书的主要内容，也是老子表达"无为"思想的主要论据。看起来很柔弱的东西，其内部却存在着巨大的生命力。一粒种子要出土，可以掀翻土块；一棵树木要扎根，可深入土壤，乃至扎入岩缝。据说古时医学上在解剖颅骨时，用的不是工具，而是把豆子从枕骨大孔装进去，然后灌上水。豆子得水的张力可以把颅骨分解得完美无比，可以完成一切硬性工具都无法完成的任务。

天下希及　意在何为

"不言之教，无为之益，天下希及之。"意即，不言的教诲，无为的好处，天下很少有人能够感悟到和做到。

为什么呢？因为人们都喜欢成功，都喜欢有为，都愿意开动脑筋，但免不了心浮气躁。官场上，人们总喜欢做出点政绩，新官上任三把火，有的做对了，有的并不合时宜，不合实际。

总之，老子的"无为"思想贯穿于全书，内容丰富。"无为"身后是"大有作为"。

▶ [小结]

蒲松龄老先生为求功名屡试不第，到老年时写出了一部《聊斋志异》，以鬼说人，可以说他是越想有为而越难成功的代表。而《聊斋志异》一书当属无心之为、失意之为，却能流芳百世。

蒲松龄老先生写过一副对联，可以反映老子的"柔弱胜刚强"思想的影子。

有志者，事竟成，破釜沉舟，百二秦关终属楚；

苦心人，天不负，卧薪尝胆，三千越甲可吞吴。

上一句说的是西楚霸王项羽，英雄盖世，推翻大秦王朝。不过，只能逞强一时，而自刎乌江。

下一句说的是春秋时越王勾践，卧薪尝胆，韬光养晦，最后战胜吴王夫差。

就人生的真实智慧而言，真正的强大不是外表的彰显而是内心的坚忍。人的强大和勇敢在内心。

比如，真修行的人，心空无一物。打坐入禅定时，尾闾着地，百会朝天，莲座双盘，手脚心朝上，这种心态和姿态，便和天道对上频道了。此时，宇宙天心的大元气便会源源不断地进入人体，滋养人体的先天小元气。久而久之，天人合一，天之元气"无有入无间"，人就健康长寿，或可智慧通灵了。老子的"无为之益"，不同的人理解起来，会产生不同的人生价值。

第四十三章 无为之益 天下希及

第四十四章

知足不辱　知止不殆

▶[题解]

"知足不辱，知止不殆"，是老子参透天机，中傍人事，劝勉众生的忠告。很好懂，也不难做，关键是看人的内在德行和自我定力。

人世间有些人可谓心随境转，"虽智大迷"。古今中外，宦海沉浮，不断有官员落马，贪腐数额之大，可谓触目惊心。这些反面教材一再证明着老子本章的一句话："多藏必厚亡。"他们失去的是他们的名节和生命的自由。

就物质层面而言，其实一个人的生命所需的东西是有限度的。但可怕的就是人心不足，私欲膨胀，不知所止，多多益善，直至用金钱把自己葬身于欲海之中，落得个身败名裂，抱憾余生的下场。

许多人学历不浅，但所掌握的是知识和技能，不是智慧；有的人位高权重，但所钟情的是机关算尽和阴阳莫测，自以为聪明。假如这些"聪明人"能潜下心来感悟一点《道德经》，他们的人生可能就长久了，平安了。

▶[原文]

名与身孰亲？身与货孰多？得与亡孰病？

是故甚爱必大费，多藏必厚亡。

知足不辱，知止不殆，可以长久。

▶[直译]

虚名与身体，哪个更亲近？身体与财物，哪个更重要？得到与失去，哪个更令人忧虑？

所以过度地爱名利必然造成莫大的耗费，过多地积敛财富必然造成过多的亡失。

知道知足便不会导致受辱，知道适可而止便不会引来危害。只有这样，才会有人生的长久。

▶[读解]

得失利弊　谁人真懂

"名与身孰亲？身与货孰多？得与亡孰病？"意即，身外的头衔名号与自己的身家性命比起来，哪一个更实在亲近？身家性命与金钱财物比较起来，哪个更重要？得到荣华富贵与失掉人的生命价值，哪一个更令人忧虑？

老子的"三问"是天下人共同的思考。谁人能懂？谁人真懂？这就要听其言而观其行。

老子创道学，后人设道教，只为渡人化人。人们常在殡仪馆里恍然大悟什么叫"生不带来，死不带去"，很容易触景生情。但情感是会变的，离开此地，可能就是另一番心思。所以，人需要悟道，需要定力。

一切私存　不是你的

"是故甚爱必大费，多藏必厚亡。"意即，过度地偏爱名利，必然要造成大量的耗费和浪费。过多积敛财富必然造成过多的消亡。

在古代，有些皇帝贪图享乐，大兴土木，不惜国力修造宫殿；在今时，豪门不惜重金购豪宅，收藏家以一栋楼的价格收购一只瓶子，有钱的认为珠光宝气才能彰显自我。

为富不仁，贪得无厌的人有罪过。报上登载有位"老虎"级别的贪官涉案金额达 900 亿，可谓典型的"多藏必厚亡"，厚亡之中还附带着名节的陪葬。

人往往容易活在认知的误区里，没有的时候想有，有了之后想更多，到最后不知道多少是多。很少有人会认真地去想一想：财富真的就那么重要吗？它真的就属于自己吗？

回答是："金玉满堂，莫之能守。"有人富甲天下，也不过是一个临时保管员。"终朝只恨聚无多，及到多时眼闭了。"此话应当引起人们的深思。身外之物，不是你的，是子女的，也可能是医院的、法院的……

去掉误区，知足，知止，人生平安。这样，符合道家的智慧，符合人的自然属性。

▶ [小结]

人的真我是灵魂，人的富有是精神，因为在人的生存过程中，活的是人生态度。富足未必就等于幸福，因为荣华易产生烦恼。清贫未必就等于苦恼，世上的贫贱夫妻更有真情。古代文人雅士，活得内心充实。陶渊明被贬官驻远，过的是"采菊东篱下，悠然见南山"的日子，不为物累，不为世扰，回归人性的道法自然。

究竟选择一个什么样的活法？人类没有办法统一。老子的东方智慧，讲的都是天理。人如果不尊天理，一切所谓聪明智巧、机关算尽，都是"虽智大迷"。

第四十五章
大成若缺　其用不弊

▶[题解]

"大",在《道德经》里是"道"的别称。在本章里,老子列举了"大成、大盈、大直、大巧、大辩"等五种"道貌",形似说道,实则喻人。老子告诉世人,只有这样做人做事,才符合道性。

世间的事,没有完美的。金无足赤,人无完人。没有最好,只有更好。还有,人们判断事物的价值,各有标准,各有取向,各有感通,所以很难有统一的评价标准。比如,我研究《道德经》,有朋友问我:不"酸腐"吗?面对这种疑问,我只好淡然一笑,因为各有活法,多言无益。

人类不可以狂妄,不可以自以为是,必须懂一点"道"。只有"道",才是判断事物的天然标准。而老子本章所讲的"道",大而言之当属意通天地,小而言之当属细致入微,大中见小,小中见大,让我们分不清他是在说天,还是在说人。这就是《道德经》的"大成若缺,其用不弊"。几千年来,人们都在破解它,在思考中,人们的智慧得到开启,境界得到升华。

▶[原文]

大成若缺,其用不弊。

大盈若冲,其用不穷。

大直若屈,大巧若拙,大辩若讷。

躁胜寒,静胜热。

清静为天下正。

▶[直译]

最大的成功好像有缺欠,它的作用不会破败。

最大的充盈好像还空虚,它的作用不会穷尽。

最大的正直好像委曲,最大的巧妙好像笨拙,最大的辩解好像木讷。

躁动可以克制寒冷,安静可以减轻烦热。

清静无为是天下事物的正道。

▶[读解]

留有余地　才是圆满

"大成若缺,其用不弊。大盈若冲,其用不穷。"意即,最大的成功(圆满)好像是还有欠缺(不够圆满),那么,它的功用便不会破败。最大的充盈好像不够充盈,那么,它的功用才不会穷尽。

老子的话,本身就是"大成若缺"的典型,当你意会的时候,它好像有着无限延展且可以解读一切的可能,一旦把它翻译过来,反倒好像有局限性了。这就是"道可道,非常道",说出来就走样。

比如吃饭,吃饭的成功与圆满是吃饱,但是,吃饭问题的真正圆满恰恰是不饱。有修养会养生的人,吃饭坚持七八分饱,给消化道和消化功能留下一点回旋的余地,这样,消化功能才会"其用不弊"。如果一下子把胃撑坏了，就不敢再吃了。中国改革开放后，生活富裕了，突然间糖尿病等富贵病与日俱增，原因就是吃太饱了，营养过剩，身体消受不了。胰腺累着了，干不动了，就不再干了。"弊"，是"破败"的意思。

老子讲"大成若缺"的本意，是告诉人们做事情、想问题，要留有余地，不要一味地追求圆满、极限。事情一旦到了极致，就僵化了，就会开始走向反面。

有造化的艺术家往往都是文化底蕴比较深厚的哲人，他们所创作的好的作品，往往都有"留白"。一张纸，如果画得满满当当，画面就会显得十分拥挤，表现不出来意境。所以，少就是多。不满，才够圆满。齐白石画虾，不但数量不多，而且还缺胳膊少腿，讲究的是神似，这是中国画的妙逸。如果画得像照片一样真实，那就不叫中国画了，也就不是中国文化了。

《断臂的维纳斯》，举世闻名，那是一种残缺的美。假如它不是断臂，一开始被发现时就很完整，那它可能就很普通了。如果没有遗憾，没有联想，没有争论，它可能不会被广泛欣赏。有人曾试着复制出完整的维纳斯，但效果正相反。事到极致，就结束了。

老话告诉人们，话不要说绝，事不要做绝，一切都要留有余地。留有余地是"大成"。"大成"不是一次性成功，而是天长地久。

关于"大盈若冲"，老子的本意应当是，天地之间虽然充满了一切有形的存在，但一直保留着阴阳相感、风云激荡的巨大空间，"冲气以为和"。所以"道"的作用才不会穷尽，才会有万物的不断化生。

大智若愚　因为厚道

"大直若屈，大巧若拙，大辩若纳。"意即，正直善良的人，处事不争，恭敬谦让。真正的大巧，是古拙简朴，不事烦琐。真正意义的雄辩，是少说不说，点到即止。

"大直若屈"，其含义是宽广的，含有"直而不肆"的意思。比如，大德之人，心中有道，为人处世，不失规范，但他一向谦和，即使是批评别人，也讲究方法，以柔克刚，这是德行。做事宁可自己吃亏、忍让，也不愿与小人一般见识。俗话说，假如你被狗咬了一口，你还能反过来去咬狗一口吗？斤斤计较的人，德不配位，做不成什么大事。

"大巧若拙"，意思也比较广泛。做大事的人，往往小事不会计较。大科学家是不会去考虑鸡蛋有多少种吃法这种琐事的。实际上，老子主张简朴，拙就是巧，巧就是拙，简捷实用就是"大巧"。越复杂的东西越不受用，越简单的东西越受欢迎。拙和巧之间，有辩证法。有的艺术家追求古拙、朴拙，追求意境，结果成功了。红山文化中出土的玉龙，很古拙。华夏银行的行徽就来源于此。它有古风、古韵，有华夏风姿，它就是"大巧"，能代表华夏。

再看看人们现在穿的鞋子，有的很复杂，有的很简单，哪个是巧？哪个是拙？老子评价说："大巧若拙。"拙，才是大智慧。

"大辩若讷"比较好理解。张艺谋执导的电影《秋菊打官司》就是"大辩若讷"的典型作品。质朴的乡下女人秋菊少言寡语、执着倔强，她打官司不为理赔，全部诉求只有四个字："要个说法。"这部电影获得了大奖。为什么能获奖？因为它的艺术表现形式和思想表达形式反映的是真实。在浓郁的乡土气息中，蕴含着丰富的文化内涵。艺术家的灵感很多时候来自《道德经》中的理性。

事实胜于雄辩。有涵养的人往往不多说话，不随便说话，而是用行动"说话"。在国际舞台上，有的外国领导人总喜欢出来说话，特别是针对争议时，滔滔不绝，不能自持，结果是言多语失。中国领导人没有吵架的习惯，只做不说。要说，就让外交部、国防部去说。这是文化传统，是中国智慧。

天下正途　贵在清静

"躁胜寒，静胜热。清静为天下正。"意即，躁动可以克制寒冷，安静可以减轻烦热。清静无为是天下万物存在与发展的正途。

人在寒冷的时候会跺脚走动，产生热量以抵御寒冷。而在天气很热的时候则安静地待着，避免动而生热。老子讲这个道理的意思是，事物有相克相制的属性，人如果能保持清静，就是步入了人生正途。

清：清心寡欲，少一点乱事烦心。

静：宁静致远，多一点深思熟虑。

清静是道家的人生哲学、处世态度。

▶[小结]

道，就在我们的生活当中。老子说的"大成若缺"，不是指最大的成功，而是指妥善、圆满。就像吃饭，每一顿都不能吃太饱，坚持保护好消化功能就是"大成"了。

美国苹果公司的商标是一个被咬了一口的不完整的苹果。正因为它不完整、不完美，所以才彰显个性，引发思考，吸引人群。从某种意义上讲，不完美的本身就是一种完美。所以对于老子的话，有时可以正着读，有时可以反着读。许多时候，事情往往是没反没正，看问题，做事情，都不要走极端。

修炼者在进入修行状态后，心境总是空静的。他们从不自满，而是终生修行，这是修道层面的"大成若缺"。一旦认为自己行了、成了，修行的层次很快就会下降。

道家的道理，无论在凡还是成圣，所用皆通。

第四十六章
知足之足　可以常足

▶[题解]

"知足"是一种理性,它没有标准,可以是宽慰,可以是定力,可以是德行,它所反映的是人生态度问题。

从本章的上下文中,似乎可以感受到老子的愤怒。"罪莫大于可欲;祸莫大于不知足",其所指责的就是"天下无道,戎马生于郊"的战争状态。

那么,战争的罪魁祸首是谁呢?老子对事不对人,阐明是欲望,是不知足,是欲望的不知足。

老子的理性就像一颗恒星,在两千多年的时间里一闪一闪地观照着人类的历史。无论是古今中外,还是国家个人,都在这个"因果齐一律"中沉浮走动。

医治"欲火"的良方是"静胜热","清静为天下正"。这或许正是老子安排前后文章内容的联想所在。

▶[原文]

天下有道,却走马以粪。

天下无道,戎马生于郊。

罪莫大于可欲;祸莫大于不知足;咎莫大于欲得。

故知足之足，常足矣。

▶[直译]

当天下有道的时候，战马会被退回乡间从事农业生产。

当天下无道的时候，连母马都被用于征战而致产崽于郊野。

若论罪恶，没有比为所欲为更大的了。若论祸端，没有比不知足更能招惹的了。若论错误，都是错在"欲得"之上。

所以，只有知道满足这种充足，才是真正而长久的知足。

▶[读解]

有道无道　马说分晓

"天下有道，却走马以粪。天下无道，戎马生于郊。"意即，当天下太平的时候，国家就把战马退还给百姓使之从事农业生产。当天下战乱不息的时候，连母马都被征用而致产崽于荒郊野外。

关于"有道"与"无道"，老子在此指的是战争与和平。所以老子以战马的生存状态来描写两种不同的场景。

"却走马以粪"：却，退却、退回、返还的意思。走马，快马、好马。古时的"走"字是"跑"的意思，所以"走马"就是跑得很快的战马。以粪，意为"用马种地"。粪，即粪土，是土地的代称。这一句描写的是国泰民安，天下太平，人民安居乐业的场景。这就是"天下有道"，是好"世道"。

"戎马生于郊"：戎马就是军马、战马。但能产崽于郊的就必然是母马了。古语说"雌马不上阵"，或叫"骒马上不了阵"。因为雌马的体魄和胆气不如雄马，所以战马都是雄性。等到连母马都被征用到战场上的时候，那么战争的损耗就可见一斑了。

老子用五个字，描述了战争的残酷、经久以及战争带来的凋敝、荒凉。老子痛恨统治者征尽民力去争夺天下。

罪魁祸首　都在欲望

"罪莫大于可欲"，意即，人的罪恶、罪过，没有比为所欲为更大的了。

"罪"的概念在出现时，一般是已经成事实，事已经"做成"了。

"可欲"，是可以实现欲望，为所欲为。能够不受限制地做到这一点的，应当是上层社会，因为大权在握，可以主导"戎马生于郊"。在字里行间，老子不露声色地痛斥了统治阶级的罪行、罪恶。

"祸莫大于不知足"，意即，论祸端，没有比不知足更大的了。也就是说：不知足就是最大的祸端。祸指人祸，人祸的起因是不知道满足。春秋时期的诸侯们，不甘现状，都想扩大自己的地盘，攻城略地，祸端四起。

"咎莫大于欲得"，意即，人的过失、过错、错误，往往就发生在想要得到上。"欲得"，就是想要得到。有"欲得"之心，本身就是一个错误。如果去做了，就错上加错。轻者叫错，重者叫罪。俗话说：不怕贼偷，就怕贼惦记。惦记就是"欲得"。

欲得克星　贵在知足

"故知足之足，常足矣。"意即，所以，只有懂得知足，才是真正且长久的知足。

人活的是理念，看你想要什么，追求什么。修行的人，不为外物所累，不追求名利，活得轻松自然，享尽天年。而在欲海中奔波的人，钱越挣越想多，官越当越想大，没有知足之时，所以，有些人就"翻船"了。

欲望是火，能克制它的，是宁静和知足。

▶[小结]

老子在本章，既义愤填膺，又语重心长，他的一片爱民忧国之心跃然纸上。贪欲，是万恶之源。知足，可建立平衡，可减轻某些人求而不得的焦虑，可诫勉某些人的行为要适可而止，可以使人们的心态平稳、内心充实。

"知足者常乐"，是老百姓的真理。

第四十七章

天道有常　不见而明

▶[题解]

本章内容，当是老子"得道"体会的自述。尽管我们常人很难参透老子所说的"不出户，知天下；不窥牖，见天道"到底是什么，但是，纵观《道德经》全书，在其五千余言的洋洋洒洒中，他已说遍了宇宙人生的真相，道尽了天地万物的法则。

老子的"道"，是天人一体的理性，更是对人间理性的反思。人们说："读万卷书，行千里路。"而老子却说："其出弥远，其知弥少。"在老子看来，人们的感性认识未必真实，并且千奇百怪真假难辨，唯有参透了理性的本真，才能驾驭一切感性的东西。一叶知秋，见微知著，掌握了事物发生发展的变化规律后，智者是可以做到"不行而知，不见而明"的。也就是知道了事情的开端，便可以推断事情的结局。

▶[原文]

不出户，知天下；
不窥牖，见天道。
其出弥远，其知弥少。
是以圣人不行而知，不见而明，不为而成。

▶[直译]

不出家门，可以知道天下大势；

不望窗外，可以认识自然规律。

人们离家越远，反而获得的道理越少。

因此，圣人追求的是，不须出行便知道形势，不须眼见便明了是非，不动心机便获得成功。

▶[读解]

两种境界　两种见解

"不出户，知天下；不窥牖，见天道。"意即，不出家门，可以知道天下大势；不望窗外，可以认识自然规律。

老子的这两句说了两种境界。

第一种是老子"致虚极，守静笃"的"无欲观妙"境界，比如前边的第二十一章、第二十五章，老子的描述是很奇妙的。"得道"之人，具有与天地万物共往来的能力，这种能力，超越常人的认知，不被常人理解。至于老子"知"了什么？"见"了什么？他不说，我们便"不可致诘"。

第二种是"非常道"的境界。老子所讲的，都是从天道中引入人间的常理，也就是规律和法则。人们只要掌握了事物的真实规律和法则，便能判断事物，推导结局。旧时所谓"秀才不出门，能知天下事"，便有推理的意思。诸葛亮年轻时，还未出隆中茅庐，却能向刘备精辟地分析天下大势，提出三分天下的构想，遂而出山辅佐刘备，联吴抗曹，而形成三国鼎足之势。

抗日战争初期，面对着日本侵略者的气势汹汹，国内的政治派别有的喊"速胜论"，有的喊"速亡论"。毛泽东同志身在窑洞，认真分析着两个国度的大小、强弱、是非关系，写出了指导中国人民积极抗战的著作《论持久战》。指出中国既不能速胜，也不会速亡，而是必须经历战略防御、战略相持、战略反攻三个阶段。以时间换空间，正义一定会战胜邪恶。实践证明，抗日战争就是这样胜利的。由于世界反法西斯战线的共同努力，所以胜利比预期来得快。毛泽东思想之所以能领导中国人民从一个胜利走向另一个胜利，首先是因为它代表正义，第二是因为它代表哲思，第三是因为它代表求实。

在现实生活中，大到国家集体，小到家庭个人，都会面临选择问题，要学会"观大势，谋大事"，这是智慧，是顺应。

道不在表　而在心里

"其出弥远，其知弥少。"意即，人们离开家门走得越远，那么他所获得的道理可能越少。

人们常说：外边的世界很精彩，可以长许多见识，学到许多经验、知识。这对常人而言，叫"为学日益"，有所增益。而对修道者来说，如果想得道，就需要"塞其兑，闭其门"，减少欲望，不要让外面的花花世界冲击感观。清心寡欲，精神内守，才能得道。

所以，就人生的知识与智慧而言，有时加法就是减法，减法就是加法。

人的见识太多了，心会乱，心乱动，就容易缺少智慧，这是因加而减。

人的见闻少了，心会静，心不乱动，潜心悟道，就会增加智慧，这是因减而加。

老子接着上文而讲出这八个字，是从修道的角度出发的，是在说：跑得越远，道行越浅，乱了心智，何以观天。

圣人追求　无为之为

"是以圣人不行而知,不见而明,不为而成。"意即,因此,圣人所追求的是,不需要出行便能知道形势,不需要见到便能明白是非,不刻意而为便能获得成功。

老子的这三句,讲的都是"无为"。但是圣人有圣人的层次,常人有常人的层次。老子可以做到"不行而知,不见而明",而我们常人可能要费一番推理和调研功夫。

▶[小结]

就像佛说一切都是"空"的一样,常人是很难理解圣人的认知的。不过老子也不会要求天下人都成为圣人,他在本章中介绍了圣人对外部世界的观察方式和认识方法。其中,我们应当领悟理性的重要。"道"是理性思维的最高境界,有了它,便可以见微知著、睹始知终了。

人生天地间,如果真想透彻地了解一下我们所面对的这个世界,或许就应该好好地淡化一下自己的见闻,认真清理一下过去所积累的感性认识,而用老子的视角来强化一下现代社会中所缺失的理性,以便少点追求,多点淡定。

对修道者而言,最难做到的是关闭掉后天意识,"塞其兑,闭其门",成为"无漏"之人。如果能做到无知无欲,便得道了。所谓"得道",便是"无为而无不为"的生命状态。

第四十八章
为学日益　为道日损

▶[题解]

本章接续了上一章的论述。老子以"为学日益，为道日损"为题，提出了"取天下常以无事"的"无为治国"方略，其论点、论据都是"无为而无不为"。

在道家，"为学"是积累知识增长才干的"有为"过程，"有为"就容易"有事"，就不足以取天下。而"为道"则是明白天理和减少欲望的"无为"过程，"无为"就不容易"有事"，所以天下就安定了。

道家希望人们以"出世"的心态来做"入世"的事情。所谓"出世"就是超凡脱俗，进入修道状态。所谓"入世"就是用道的法则做好人间的事情。在春秋时期，道家思想主要体现在解除纷争，让天下太平。

▶[原文]

为学日益，为道日损。

损之又损，以至于无为。

无为而无不为。

取天下常以无事，及其有事，不足以取天下。

▶[直译]

就学问而言，随着人们知识的增多和能力的增长，人的愿望也会自然增长。然而，就修道而言，要求的是清心寡欲，返璞归真，需要不断减损欲望。

当人的欲望在修行中不间断地减损之后，便可逐步进入无为境界。

在无为的境界里，是没有什么事情不能做到的。

统治天下的前提是保持社会稳定，无为治世。等到天下动荡不安了，那么政权也就难以保住了。

▶[读解]

为学日益　世俗习惯

"为学日益"，意即，人的生命过程，就是知识和经验不断增加积累的过程。人们常说"活到老学到老""书越读越不够用"，原因是人们都有追求，有"欲得"之心。在中国古代，儒家推崇"学而优则仕"，所以，人们始终把金榜题名、登科及第作为人生追求，以求光宗耀祖，报国安民，乐享人生荣华富贵。及至今天，大多数人还是把读书、升官、发财，作为人生成功的基本内涵而去理解、奋斗。

欲望，一方面在极大地促进着社会生产力的发展进步，从而改善着人类的生存条件；而另一方面，它又是引起社会纷争和动乱不安的罪恶根源。老子站在道家的立场上，一直反复强调这个问题，所以他主张"无为"治世，还天下平安。但是，做到这一点很难，欲望是人们的行为习惯，只有潜心于修行的人，才能感悟老子的真言，才能认真思考人生的长久与平安。

为道日损　减损欲望

"为道日损",意即,潜心修道的人,能够清心寡欲,无为不争,使自己的获得之心日益损减,守持住内心的清静。

"损之又损,以至于无为。"意即,欲望在减损中不断减损,久而久之,可以达到无我、无心、无为的状态。

"损之又损"是在说明,人的修行是一个需要坚持的恒久过程,如果没有超凡脱俗的定力和动力,一般人很难达到无为的状态。

"无为而无不为。"意即,在无为状态下,就没有什么事情不能办到。

人们都明白,老子的"无为",恰恰是为了"无不为",是"有为"的真实智慧。

理解《道德经》的"无为",要注意分清如下几个层次:

第一,天道无为,无为自化。大道创造了宇宙万物,支配主宰着宇宙万物,但它的境界是"生而不有,为而不恃,长而不宰"。

第二,老子无为,无求无欲,无我无私,独异于人,进入化境,可与天地万物共往来,可以"不出户,知天下;不窥牖,见天道"。

第三,老子告诉世人,少私寡欲,不争无忧,柔弱胜刚,谦卑处下,也属于无为的智慧,有利于长保平安。

第四,不要悖逆道德,不要违背规律做事。

天下治理　稳定第一

"取天下常以无事,及其有事,不足以取天下。"意即,掌握和治理天下,最重要的任务就是能使天下太平稳定。如果天下动荡不安了，那么统治者的地位也就难以保住了。

老子的话，实际是在谆谆告诫统治者。春秋时期的诸侯们，多数都是"多事"之人。"苛政猛于虎"的故事，就发生在这个时期。老子在后文中讲："民之难治，以其上之有为"，"民不畏死，奈何以死惧之"。老子的愤慨，就是当时世风的真实写照。所以，老子劝统治阶级，学会尊道贵德，无为治世。上无为则民自化，是道家的一贯观点。

▶[小结]

老子的无为，是天地的真实，是得道者的真实，这两者都达到了"无为而无不为"的境界了。

而对世俗社会而言，"无为"是一种智慧，一种策略。总之，能够做到"有所为，有所不为"，就说明具有很高的智慧和定力了。

第四十八章　为学日益　为道日损

第四十九章

圣人之心　百姓之心

▶[题解]

圣人，就是有着崇高智慧和道德修养的人。在老子心里，他希望天下的统治者是圣人，或者至少要效法圣人。上古的太昊、炎帝、轩辕黄帝、尧、舜、大禹等，就是人们所尊崇的先圣，他们的共同特点就是淳朴，爱民如子。

本章，老子从细微的角度入手，希望统治阶级善待人民，亲近人民，引领天下保持民风淳朴，促进社会安定。老子的政治主张是恒久正确的。

▶[原文]

圣人无常心，以百姓心为心。

善者，吾善之；不善者，吾亦善之，德善。

信者，吾信之；不信者，吾亦信之，德信。

圣人在天下，歙歙焉，为天下浑其心，百姓皆注其耳目，圣人皆孩之。

▶[直译]

圣人没有平常人的私心，而是把百姓的利益挂在心上。

对于品行完善的人，我善待他；对于品行不完善的人，我也善待他。这样，可使民风向善。

对于守信的人，我以诚相待；对于不守信的人，我也以诚相待。这样，可使人人守信。

圣人在人民中间，凝聚收敛民心啊，使天下人的意志浑然一体，老百姓的诉求全在他的耳目之中，圣人把百姓都当成孩子去爱护。

▶ [读解]

圣人情怀　心系天下

"圣人无常心，以百姓心为心。"意即，圣人没有平常人的私心，而是把老百姓的生活诉求作为自己的治世公心。

对于老子的话，由于人们的理解不同，所以翻译用语也各不相同。老子用词简约古奥，如果逐字对照直译，有时很难反映出《道德经》的真意。

老子著《道德经》的终极目的是让统治者以道家思想和理论去爱民治国。《道德经》全书三十多处提到"圣人"如何如何，他希望统治者成为圣人，至少要效法圣人。他是在给统治阶级上课，告诉他们怎么做才是对的。

古今中外，不论是何种制度，何种政权，如果想长久存续，都不可以脱离人民。国家政权是公权，它必须代表人民，反映人民的诉求。老百姓所拥护的，不是某个人，而是道义，是公平、公正、自由、平等，是社会稳定、生活幸福。

圣人，站在"道"的立场上看待世界，这是"无我"精神的体现。关心百姓生活，体恤百姓疾苦，解决民意诉求，这就是老子所说的"以百姓心为心"。所谓"当官不为民做主，不如回家卖红薯"。这些道理，凡是明君圣主都明白，但实行起来有时很不容易。不过只要"上梁正"，社会就不会动荡不安。古时人们常说"皇上圣明"，就是指皇帝通晓圣人之道，知道什么是对，什么是错。

平等待人　广德天下

"善者，吾善之；不善者，吾亦善之；德善。"意即，对品行品格完善的人，我善待他；对品行品格不完善的人，我也同样善待他。这样，广大的德行就会在天下推广，社会民风因此好转。

"善"字，在古文中极常用，有完善、完美、善良、善于、善待多种字意。语言环境不同，则表意有别。此文中的"善"，应当理解为"完善"为妥，"完善"涵盖"善良"之意。"不善"亦如此。

"德善"二字的意思是很宽泛的。首先，"德"是"得"，是"有"，是天道的德行在人间得到实现和彰显。其次，上行下效，圣人没有分别心，一视同仁，可以使整个社会风气得到好转，使民心归于善良淳朴。"圣人无弃人"，体现的是佛心道性。

"信者，吾信之；不信者，吾亦信之，德信。"意即，对于诚信的人，我以诚相见；对于不诚信的人，我也同样以诚相见。这样，就可以使诚信在人间得到推广，使社会风气归于诚信。

诚信、友善，是圣人的倡导，也是古今社会共同认可的核心价值观念。

对于品格不完善的人，抑或不善良、不诚信的人，整个社会不可以歧视和厌弃，要以诚相待，隐恶扬善，劝人向善。人是可以改变的，这也是道义。

当今世界，人类面对着弱势群体，原则上一律采取人道主义方式进行处理，关爱、救助、教育。这是人类文明进步的结果，老子在两千多年前所构想的社会，无论如何也实现不了了。历史的车轮从不逆转，但老子的精神永恒不灭。

圣德治世　天下同心

"圣人在天下，歙歙焉，为天下浑其心，百姓皆注其耳目，圣人皆孩之。"意即，圣德之人在人民中间，能够凝聚收敛民心啊，使天下人的意志浑然一体归于淳朴，老百姓的生活状态全在他的视听之中，他把百姓都当成孩子一样关爱。

对于老子的原话，均需要用《道德经》的整体思想去理解，按字对照，望文生义，则容易失掉老子本意。

通过本文中的"歙歙焉"，老子给人们留下了太多的思考空间。歙（xī）字的本意是"吸气"，中医古书上常用"歙歙"二字形容人体外寒怕冷的感觉，有收敛的意思。在这里，就可以理解为收敛、收拢、凝聚人心。同时，它也有收敛欲望的意思。

"为天下浑其心"，就是让人心浑然一体，无纷无争，淳朴少欲。"百姓皆注其耳目"，其动作应当是双向的，即圣人的视听在关注着百姓，百姓的视听也关注着圣人。老子用词很微妙，也很巧妙。可以理解为深入群众倾听群众呼声，解决群众疾苦，深受群众爱戴，愿意服从领导，听从指挥。"圣人皆孩之"，意为圣人把百姓当作孩子。

▶[小结]

大千世界，芸芸众生，天下万物在"道"的一统下，生命的存在是平等的、共生的、浑然的。老子在两千多年前提出的"圣人无常心，以百姓心为心"的治世思想，是人类社会治理的唯一正确的指导思想。尽管道家思想没有成为中国古代思想文化的主流，也没有能像儒家那样详细地排定人伦秩序，但道家思想是一种永恒的存在，它所确定的是原则，它的价值是"内圣外王"之道，是天长地久之道。

第五十章
出生入死　道说生死

▶ [题解]

生死问题，是人类不可回避的重大话题，也是一个非常深刻的哲学问题。

如何对待生？如何看待死？这里有人生态度问题，而人生态度又是建立在理性认知基础之上的。

一般而言，"求生避死"是生物界的天性本能，而每一个物种都有着一个相对的寿命。由于人类有思维，有理性，所以人类的生死问题，时常是受理性支配的。支配得好，可以延年益寿，尽享天年；支配得不好，为了贪生而"动之于死地"，其结果就是加速死亡，老子说这部分人占十分之三。

本章内容，老子从道法自然的角度讲了两个问题：一是告诫过度"贵生"的人，属于"动之于死地"，效果正相反。二是提出了"善摄生"的概念，这是一种常人很难理解的"天人合一"的状态，是得道之人的境界，我们很难妄加译说，但它确是大道的真实。

▶ [原文]

出生入死。

生之徒，十有三；死之徒，十有三；人之生生，动之于死地，亦十有三。

夫何故？以其生生之厚。

盖闻善摄生者，陆行不遇兕虎，入军不被甲兵；兕无所投其角，虎无所措其爪，兵无所容其刃。

夫何故？以其无死地。

▶[直译]

生命的出生与存续叫作"生"，生命的灭寂与回归叫作"死"。

人的生命过程，长寿的，占十分之三；短寿的，占十分之三；对生命养护不当而自寻死路的，又占十分之三。

为什么会是这样呢？因为有些人太过于厚待自己的生命了。

我听说善于摄生的人，在路上行走不会遇到犀牛和老虎的袭击，在军队里打仗不会被兵器杀伤。犀牛在他面前用不上它的锐利的角，老虎在他面前用不上它锐利的爪，敌人的兵器也伤不到他的身。

这是为什么呢？因为他没有进入属于死亡的境界。

▶[读解]

生死问题　如何认识

"出生入死。"意即，生命的产生与存续叫作"生"，生命的灭亡与回归叫作"死"。这种解读，或可接近道家的思想。

生和死，本是一个同一体、统一体，因为有生必有死，生物每活一天都是向死亡走近一天，这个法则任何生命体都不可抗拒。人类有"心"，人都贪生而怕死，这无可厚非，因为生命是可贵的，需要尊重和保护。老子道家思想的全部宗旨，就是爱民治国之道。他告诉人们怎么样才能活得平安，活得自然，活得长久一点。社会的安定与人民的平安幸福是紧密相连的。因为社会一旦动荡，人民的生活与生命就没有保障了，这是悲天悯人的老子最关心的大事。

要想解决死的问题，必须先解决生的问题，生的问题解决好了，死的问题好像就不是什么问题了。

儒家认为："生死有命，富贵在天。"人有天命，有宿命。但同时鼓励人修身、齐家、治国、平天下，要自强不息、厚德载物，要体现生命价值，要孝亲、忠君、报国，必要时不惜杀身成仁。儒家的意识形态对国人思想的影响很深。孔子只谈生，不谈死，有学生问他死是怎么回事？孔子回答说："未知生，焉知死？"意思是连怎么活还没弄明白呢，还去研究死有什么用？

佛家认为：生死是一个生命轮回过程，是因果转世的因缘关系。人生很苦，所以佛家的最高追求是往生后去往极乐世界。其途径就是"借假修真"，就是借着身体（生命）这个"假"，来修炼内心的真如本性这个"真"，以求达到接近"佛"的境界。佛家有一整套的理论，对信众的人生观、价值观的确立，对促进社会和谐安定影响很深。有信仰的人，面对生和死的问题往往很淡然和坦然。

道家认为：人的生命属于自然，是天地造化，所以人的生命过程须效法自然，回归自然，须与自然规律融为一体。自然是虚静的、柔弱的、无为的、有规律的。比如《黄帝内经》的理论根基所使用的阴阳五行、精气学说等，完全属于道家思想，其所论述的养生理论，以及对人体生命现象和疾病现象的解释，立足点都是"道法自然"。老子讲修行，修行的根本途径是"无为"，如果能达到"致虚极，守静笃"的境界，人就能做到"无为而无不为"，这也是一种"无死地"的境界，回归于"道"的境界。老子的话，有的较好理解，有的则深不可测。

就生死问题而言，佛家讲"出世"，即脱离轮回，回归天国。儒家讲"入世"，即活着干，死了算，体现生的价值。道家是以"出世"的心态做"入世"的事情，"无为而无不为"。老子说："死而不亡者寿。"这是道教的追求。

照顾生命　不宜过度

"生之徒，十有三；死之徒，十有三。"意即，属于长寿的，占十分之三；属于短命的，占十分之三。这是个比较粗略的说法，古时候医疗条件不好，加上春秋时期战乱频发，人口死亡率会很高。

"人之生生，动之于死地，亦十有三。"意即，人对自己的生命保护不当而自寻死路的，也占十分之三。

"生生"，是动宾短语，第一个"生"是动词表"保护"，第二个"生"活用作名词表"生命"，合起来就是"保护生命"。

"动之于死地"，就是由于保护生命不当而把自己推向死亡。也就是太想长寿反而早亡了。

"夫何故？以其生生之厚。"意即，这是为什么呢？因为他对生命的爱惜太过分了。

古人不见今时月，今月曾经照古人。古往今来，人类对生命的珍惜均有着极大的误区，并且早被老子说中了。

以秦始皇为例，他就是"生生之厚"的典型代表。第一，皇帝的生活极度奢靡，酒色财气终日，过度享用。第二，极度贪婪，并因贪婪而残暴、多疑、嗔怒、心无宁日。第三，极度贪生怕死，为求长生不老，传说他派徐福带三千童男童女东渡扶桑寻药，一去无回。结果，他自己死在去泰山祭天的归途上了，时年才四十九岁。

在现实生活中，有的人吃死了，有的人喝死了，有的人累死了，有的人气死了，有的人被枪毙了……所有这些，都可以叫作"动之于死地"。

善摄生者　不入死地

"盖闻善摄生者，陆行不遇兕虎，入军不被甲兵；兕无所投其角，虎无所措其爪，兵无所容其刃。夫何故？以其无死地。"意即，我听说善于摄生的人，在路上行走不会遇到犀牛和老虎，参军打仗不会被兵器所伤。犀牛用不上它的角，老虎用不上它的爪，兵器用不上它的刃。这是什么缘故？因为他没有进入属于死亡的境界。

"兕"，音 sì，即犀牛。

这段话老子讲得有点神秘，说的是一种"善摄生者"的境界，我们常人很难理解。据古籍记载，凡是修行得道之人，都有与万物和谐如一的能力。野兽一类在得道之人面前，都变得很乖，互无伤害之心，亦无戒惧之意。传说药王孙思邈就曾给老虎治牙，老虎为他守杏林。

凡俗人等，如果能清心寡欲，不事争斗，没有贪婪之心，不去冒险，自然也会远离死地，免受伤害。

古代圣贤的"摄生"概念与现代人的养生概念有所不同。《黄帝内经》说："上古圣人之教下也，皆谓之虚邪贼风，避之有时，恬惔虚无，真气从之……是以志闲而少欲，心安而不惧，形劳而不倦……愚智贤不肖，不惧于物。"古人重点讲清心，讲恬淡虚无。现代人一谈养生，修心的少，多被引领到"药"上去了。人的生死问题，关键在于心性的修养。"悲哀愁忧则心动，心动则五脏六腑皆摇"也是《黄帝内经》的话。

▶[小结]

　　感悟《道德经》可以增加人的精神厚度，进而可以增加生命的长度，这种长度，就是天年，就是自然寿命。自古以来，人们相信人的天寿当为百岁左右，超过了是"偏得"。最重要的是生存质量，如果没有质量，活着等于遭罪，也就没有什么意思了。

　　修行的人，活着的时候给自己的心灵找到了归宿，所以在死的时候，也就坦然了。要活得无忧无惧、心安理得。

第五十一章
道德造化　表里相应

▶[题解]

本章内容，老子讲的是"道"与"德"的表里关系。

道是无，为里，"道隐无名"，"善贷且成"。它是万物的本原，生成万物而不自显。

德是有，为表，唯道是从，以得为显，畜养万物而各自成器，成就大千。

德是道的"无为而无不为"的自然展现。两者一无一有，一虚一实，一里一表，造化了朗朗乾坤、天地万物。道是宇宙万有的根源，德是宇宙万有的存续，"两者同出而异名，同谓之玄"。

"道德"二字，是老子借以解释宇宙现象的宏观概念，也是论述天地法则的说理工具。道德观念被引入人文，则自然成为规范人间行为的价值标准。所以老子所讲的"玄学"，是天人之学。这就是它的博大精深之所在。

老子所说的道，首先是广义的，是宇宙规律；其次是狭义的，是人生规范。依天理，喻人文，这是老子的大德智慧，他所讲的都是宇宙与人生的真实。悟道、立德、修德，是人生平安长久的保证。

▶[原文]

　　道生之，德畜之，物形之，势成之。
　　是以万物莫不尊道而贵德。
　　道之尊，德之贵，夫莫之命而常自然。
　　故道生之，德畜之；长之育之，亭之毒之，养之覆之。
　　生而不有，为而不恃，长而不宰，是谓玄德。

▶[直译]

　　道生化万物，德畜养万物，万物各具品质，世界就此形成。
　　因此，天地万物都在遵从着道德的法则而存续。
　　道与德的至尊至贵，表现在没有谁命令它，而是自己永恒保持着自然默化的状态。
　　所以，道生化万物，德畜养万物，长育万物，平衡万物，养护万物。
　　生成万物不据为己有，作育万物不仗恃己功，主导万物不加以主宰，这就是大道深远而玄妙的德。

▶[读解]

道生德畜　成就天地

　　"道生之，德畜之，物形之，势成之。"意即，道生化万物，德畜养万物，万物有了各自的形质，天地就此形成。
　　道生万物是"无中生有"的过程。这个"无"，是无物之物、无状之状的真实存在，它有着变生万物的可能。我们可以把它理解为"反物质"或"潜物质"，基本粒子或叫玻色子等物质的极微存在。科学家证明，波的运动产生物质。把天地间的各类物质分解为最小单位时，它们属于同一类物质。《道德经》第二十一章说："道之为物，唯恍唯惚。惚兮恍兮，其中有象；恍兮惚兮，其中有物。窈兮冥兮，其中有精；其精甚真，其中有信。自今及古，其名不去。"我们有理由相信，老子在"化境"中，具备感知天地万物本原的能力。所以有时把圣人称为"先知""先觉"，这不是迷信。老子的"道"带着浓重的唯物主义色彩，他认为是无知无欲的道，创造了天地万物。

"道"代表着物质运动的规律和法则。规律和法则是纯粹的理性，是"无"。一切事物的发生发展，都无法摆脱它的制约，它无处不在，无所不能，不生不灭，无为而无不为。

老子把他所发现的物性和法则，合称为"道"。由"道"所造化出来的天地万有，称为"德"，"德"就是"得"，就是"有"，是"大有"，是"万有"。所以"德"是"道"的表现形式。它们是一个事物的两个侧面。

"德畜之"：畜：音xù，饲养之意。即德畜养万物，才有了万物的"物形之"，也就是万物才有了各自的品质属性，比如木、火、土、金、水各类物质各有天性。

"势成之"：是说在道德的作用下，万事万物顺势而成，自然形成。

老子用了十二个字，高度概括了道德的关系和万物的形成过程及存续奥妙。

"道"造化万物的过程不是一次性的，也不靠外力的推动，靠万物的自觉，靠先天的本能，道贯其中。

所以老子接着说："是以万物莫不尊道而贵德。"意即，因此，天地间的万事万物，没有能脱离道德法则而独立存在的。也就是说，万事万物都在道德法则的规定下自成自立，自由生息。这是先天决定的。顺之则生，逆之则亡。

道尊德贵　出于自然

"道之尊，德之贵，夫莫之命而常自然。"意即，道德的尊贵，是出于无知无欲，没有任何命令和指令而天性如此，自自然然。

老子的话是在告诉人类这样一个真理：天地间的终极道理是道法自然；人世间的最高智慧是顺其自然。一切人为的造作和勉强，都不可长久。

道生德畜　玄德深远

"故道生之，德畜之；长之育之，亭之毒之，养之覆之。"意即，所以，道生化万物，德畜养万物，长育万物，平衡万物，养护万物。

"亭之毒之"，多数书籍均按"成之熟之"来解读，可能是按发音相近来勉强解释的。

"亭"：字意有二，一是指有顶无墙的独立的小房子，叫"亭子"。二是指适中，均匀，叫"亭匀"。现代人很少用这个字意。所以，"亭之"当是"亭匀"，引申为"平衡"。

"毒"：古今均没有"熟"的意思，所以应当理解为相杀，相克，相制。

所以"亭之毒之"，还是引申为事物之间相互克制，自然平衡为好。事物之间不能只有生，没有克，相反才能相成。"无生则发育无由，无制则亢而为害"，这是事物相生相克的法则，老子深知此道，所谓"反者道之动"。因此，"亭之毒之"就是通过生克制化平衡万物。

"养之覆之"就比较好理解了，"覆"就是覆盖，引申为保护，连起来就是养护。

至于"生而不有，为而不恃，长而不宰，是谓玄德"，已在全书中解释多遍了，无须再释。

玄德的"玄"字，是深、远、奥、妙，无可名状的意思，很难说清。至今为止，宇宙还有着太多的未解之谜。在老子的那个年代，人类对自然现象的认识，更是蒙蒙昧昧。老子所解读的，只是规律和法则而已。

▶ [小结]

在前面的很多章节中，老子已经多次论述了"道"与"德"的关系。由于"道"具有虚无的特点，因此，"道"需要与"德"配合，一虚一实地来说明和论述宇宙万有的起源与存续，以及道的运行规律及法则。

"道""德"相配，是一个事物的两个侧面，可分而不可离，"道"是灵魂，"德"是躯体，它们是灵魂支配躯体的关系。就像评价一个人一样，"道"属于心理层面、思想层面，"德"属于外在层面、表现层面。"道"的存在，必须通过"德"来表达。人的生命活动如此，宇宙的运行过程也是如此，大同小异而已。

"道""德"造化万物不是一次性的，而是永续的、循环的、须臾不离万物的。我们就生存在"道"中，"道"就在我们的身边。老子全部的谆谆教诲，就是教导人们要走好道德人生。

第五十二章

见小曰明　守柔曰强

▶[题解]

老子在这一章，讲的是"修道"问题。"修道"的理论根据是，"天下有始，以为天下母。既得其母，以知其子；既知其子，复守其母，没身不殆"。这是一条生命回归的理性途径。

"修道"的方法是，"塞其兑，闭其门，终身不勤"。也就是排除一切外在的物欲干扰，"常无欲，可名于小"，"见小曰明，守柔曰强。用其光，复归其明"。

老子的话，看似直白，实则非常隐晦。在每个字中，都存储着很大的信息量，都连带着道家理论的整体思想。

▶[原文]

天下有始，以为天下母。
既得其母，以知其子；
既知其子，复守其母，没身不殆。
塞其兑，闭其门，终身不勤。
开其兑，济其事，终身不救。
见小曰明，守柔曰强。
用其光，复归其明，无遗身殃，是谓袭常。

▶ [直译]

天下万物有一个起始,就以这个起始作为天下万物的本原(道)。

既然掌握了天下万物的本原,就可以由此知道天下万物的来龙去脉。

既然知道了天下万物的来龙去脉,就应该回过头来守住自己的本原,这样,到死都不会使自己陷入危险境地。

屏蔽感官的刺激,关闭欲望的门户,终身不受外物的干扰。

打开感观的诱惑,满足欲望的要求,终身都不可救药。

能够保持无欲叫作"见小","见小"叫作明智。能够守持柔弱,才能成就强大。

运用"见小"和"守柔"的光亮,回归到明白四达的境界,就不会给自己遗留下灾害祸殃。

这就叫作承袭大道的恒久。

▶ [读解]

知始知母　复守其母

"天下有始,以为天下母。"意即,天下万物,都有一个初始或叫创始的力量,那么,我们就把这个创始的力量,视作天地万物的母体或叫母亲。

"以为天下母":"以为"是"以之为",把代词"之"省略了,译为"把它"。

那么,这个"之"字所代表的原始力量是什么呢?第一章中讲的"无,名天地之始,有,名万物之母",所指的都是"道"。无论是"无",还是"有",都"同出而异名",都是

"道"。所以,"道"就是创造天地万物的原始力量,是母体、母亲。

"既得其母,以知其子。"意即,既然我们已经懂得了"道"是创始万物的本原,那么,就可以根据"道"的属性和法则,来推知天地万物的存续和归属。

老子的这种思维方式,属于推理,也叫"纲举目张"。既然万物都是由"道"所生成的,那么,万物就必然带有"道"的属性,也就是"万物莫不尊道而贵德"。这一章从内容深意上来看实际是对上一章的延续。

"既知其子,复守其母,没身不殆。"意即,既然知道万物都秉承着"道"的属性,那么就要回过头来守持住"道"性,这样,到死都不会使自己陷入危险。

"复守其母",就是回过头来守持"道"性。"道"性是什么呢?是虚静、无为,也包括少私寡欲、谦卑不争。这既是修道的途径,也是人生修为的途径和要领。

修行之要　　排除干扰

"塞其兑,闭其门,终身不勤。"意即,制约感官的诱惑,关闭欲望的闸门,终身不受外物的干扰,而保持活力。

这十个字,老子讲的是"修道"的秘诀,或叫功夫。

"兑"和"门"是这样一种关系:

"门",是门户,指人的感觉器官——眼、耳、鼻、舌、身,它们是人体感知外界事物的窗口。"兑",是兑现,是感官感知到的色、声、香、味、触等外界刺激。

佛家讲"六根",即眼、耳、鼻、舌、身、意;"六根"对应"六尘",即色、声、香、味、触、法。

"意"是意识,"法"是意识所做出的判断、形成的概念,或叫分辨能力。

老子讲"塞其兑",就是屏蔽、克制、克服由感官门户所接收进来的色、声、香、味、触、法等外界刺激,使自己的思想保持虚静。《黄帝内经》说:"恬淡虚无,真气从之,精神内守,病安从来。"

"闭其门",老子讲的应当是一种修行状态。它指的是打坐、坐禅的功夫,关闭了眼、耳、鼻、舌、身、意,进入一种"致虚极,守静笃"的状态。那是一种"无我""无意识"状态,是回归于"道"的"化境"。一般的修行者很难进入这种境界。

老子的德行是神秘而深远的,这是他被后世推崇为"道祖",衍生出道教的根本原因。在老子的时代,佛教还没有传入中国,但佛道两家修行的途径则是大同小异的。所不同的是道家讲得比较粗略隐晦,而佛家讲得比较细致系统。

"终身不勤":"不勤",是指不受外物干扰,心无挂碍,无忧无惧,不事操劳。老子在第六章中说:"绵绵若存,用之不勤。"意即"道"的功用恒久。这里指的是如果进入修道状态,生命便可以平安长久,保持活力。

"开其兑,济其事,终身不救。"意即,敞开感官的诱惑,满足欲望的要求,终生都无可救药。

人是靠感官生活的,但同时又要靠理性去规范。在物欲横流的人文环境中,人类如果为所欲为,就等于自寻死路,"终身不救"。有许多时候,理想是美好的,但现实是残酷的。有许多人因为想法太多,而把自己折磨得心力交瘁,或者是焦虑不安。心不静,则会生病。佛说:"万法唯心造。"

见小守柔　复归其明

"见小曰明,守柔曰强。用其光,复归其明,无遗身殃,是谓袭常。"意即，修行达到洞悉一切的状态，叫作"明"；守持住道性的柔弱虚无，叫作"强"。用"见小"和"守柔"的光亮，使自己回归到道性的明白四达的境界，就不会给自己带来任何灾祸。这就是承袭了大道的恒久存续。

"见小"，也是"现小"。古文中，"见"就是"现"，呈现的意思。"小"，指的是"道"。老子说："衣养万物而不为主，常无欲，可名于小。"人"得道"后，可以明白四达，洞悉一切常人不能感知的东西，这种状态叫作"见小曰明"，是"道态"。

"守柔曰强"，守持道性的虚无、无为，最后达到"无为而无不为"，才是真正的强大。

"用其光"指的是"见小"和"守柔"这两种状态，老子称之为"光"。因为"道"不可说，所以老子用的都是比喻。老子言论的真意，并不在其文字的字面上。

"复归其明"，指的是人从"道"中来，修回"道"中去，生是如此，死亦如此。"见小曰明""知常曰明"，都是指明"道"。明"道"就是回归。

"无遗身殃，是谓袭常"指的是修道的人，不会让自己受到来自内部和外部的伤害，这就是承袭了大道的恒久。

老子说："死而不亡者寿。"佛教讲修行成佛，回归天国。道教讲修性成神，与道长存。这是佛道两教修行的最高追求。

▶ [小结]

天地人是怎么来的？自人类开蒙以来，这便是一个重大的哲学命题。古时的阴阳学说、五行学说、精气学说都对此有较多的讨论。总体上，都是立足于唯物主义的立场。老子站在道法自然的立场上，认为人类首先是自然物，平安长久才符合自然，所以，他的爱民治国的全部的思想主张，都是力图平安长久，谋求"没身不殆""终身不勤""无遗身殃"。其途径就是回归自然，回归于"道"。老子的思想，属于古朴的唯物主义思想。至于生命科学里的事情，由于现有的科学还无力解释，所以人们愿意把它推向唯心的一面，这可能是一种理性的偏执。你所不知道的，未必就不存在；你所不能解释的，未必就不真实。道，无物无状，但它却是宇宙的终极真实。老子的能为、老子的智慧，有太多的地方是常人所无法理解和了解的，但都是真实的。俗人达不到他的境界，只叹夏虫不能语冰。

　　修道的人，必须去除世俗社会的后天意识，必须模糊所谓的"唯物"与"唯心"的争斗心，而要采取"中和"的态度。道，就像电波，无形而实有。如果你说它是"唯心"，或加以排斥和反对，只能说明你的思想太僵化、太偏执了。

第五十三章
大道甚夷　而民好径

▶[题解]

老子在本章所描述的是春秋时期的社会弊端、人间乱象。这一时期社会成员的两极分化已非常严重。

一方面，国家朝政荒废，田地荒芜，人民饥馑；另一方面，统治阶级则锦衣玉食，财货有余，佩带利剑，耀武扬威。老子愤怒地称这类人为"强盗头子"。

站在道家的立场上来分析社会荒乱，老子认为苦乐不均的原因，是道统的失序，是"大道甚夷，而民好径"的必然。而最后一句"非道也哉"的感叹，其实是在痛骂统治者的"不道早已"。

春秋战国时期，是中国社会由奴隶制向封建制转型的大变革时期。儒家、法家的治世思想和理论就是在这个时期形成的。老子认为，只有以正治国，回归道德，才是正途。此后的两千多年里，尽管儒家和法家思想成了封建王朝的文化主流，但老子的道德观念，却也一直润贯其中。

▶[原文]

　　使我介然有知，行于大道，唯施是畏。
　　大道甚夷，而民好径。

朝甚除，田甚芜，仓甚虚；
服文彩，带利剑，厌饮食，财货有余，是谓盗夸。
非道也哉！

▶[直译]

假使我具备清晰的智慧，就一定要走在人间正道上，唯一畏惧的就是走入歧途。

大道非常平坦好走，而有的人却喜欢走斜径。

朝政很荒废，田地很荒芜，仓库很空虚。

（但有的人）却锦衣加身，佩带利剑，挑剔饮食，财货有余。这就是"强盗头子"的作为。

根本不是正道啊！

▶[读解]

介然有知　顺行大道

"使我介然有知，行于大道，唯施是畏。"意即，假使我有着清晰的智慧，就要坚定地走在人间正道上，唯独害怕步入歧途。

"介然有知"："介"，界，处于两者之间。"介然"就是是非分明，明辨是非。可以引申为清晰明确。"有知"，就是有知识智慧。古时的"知"就是"智"。

"唯施是畏"："施"，当是"迤"的通假字，或借字，读音为 yí，常"逶迤"连绵，表示地势斜着延长。毛泽东有"五岭逶迤腾细浪"的诗句。所以"施"在此作"斜路"解释，也就是歧途的意思。

这句话，是老子给人的警示，告诉人们要头脑清醒，不要误入歧途。

天下失道　苦乐不均

"大道甚夷，而民好径。"意即，人间正道是很平坦的，但是上层的人们，却喜欢走斜径。所谓斜径，就是只顾一己之私，而不顾他人死活，有失天地正道。

"朝甚除，田甚芜，仓甚虚。"意即，朝政荒废，田地荒芜，家国的仓库很空虚。这是一种无人理政、朝政荒废的局面。或许是不停的战乱给生产力造成了极大的破坏，国家和民众仓廪空虚，一派贫穷的面貌。民不聊生，水深火热，尽在联想之中。

"服文彩，带利剑，厌饮食，财货有余。"意即，而统治阶级，却穿着有纹彩的锦绣服装，佩带着锋利的宝剑，挑剔着生活饮食，私家财货享用不尽。

春秋时期，盛行一种"有"和"得"之风，上层社会以"得"为荣，都拼命地霸占资源，弱肉强食，相互攻伐，尔虞我诈，不讲道理。而当时的诸子百家思想，还都没有登上文化主流的位置，就连孔子所宣扬的仁义道德，也未被上层社会所接受。儒家思想成为封建文化的主流，起于汉武帝时期。

孔子与老子生活在同一个时代。一次，孔子到齐国去，路过泰山，听到一个妇女哭得很伤心，就叫子路去打听，妇女说："以前我公爹被老虎吃了，现在丈夫和儿子也被老虎吃了。"子路问她为什么不搬走，妇女说："山里没有苛捐杂税。"子路告知了孔子，孔子说："苛政猛于虎。"可见，当时的统治者有多残暴。

"是谓盗夸。非道也哉！"意即，这不就是"强盗头子"吗！他们的作为违背大道啊！

"盗夸"，就是盗魁，强盗头子。"夸"有"大"的意思，

"盗夸"即大盗。老子骂统治者是最大的强盗。

▶[小结]

老子言辞隐晦,为人谦卑、内敛,很少激动,也很少骂人。但在本章中,我们可以感觉到老子的愤怒。正道很好走,但统治阶层"好径"。一句"非道也哉",预示着"不道早已"。中国历代王朝的更替,总体都是这样走过来的。

老子的话,总能留给人们无尽的思考。大到治国,小到做人,其中的道理大同小异。

第五十四章
修德养真　兼济天下

▶[题解]

老子在这一章里讲述的是修身之道。如果用现在的话讲，就是先"从我做起"，然后"修之于家""修之于乡""修之于国""修之于天下"。这是一个随着德行的增长而逐渐发扬光大的过程，并与儒家的"格物、致知、诚意、正心、修身、齐家、治国、平天下"之论，有着异曲同工之妙。凡是大德都心系天下而忧国忧民。本章内容与前章也是有着自然联系的，或者是直接针对"非道也哉"的现状而做的诲言。

此外，老子在本章还提出了"以身观身，以家观家，以乡观乡，以国观国，以天下观天下"的观察事物和评价事物的基本方法，它是建立在"善建者不拔，善抱者不脱，子孙以祭祀不辍"这个大德可以长久的基础之上的。

一个人，一个家，一个国，如果能和谐长久、长治久安，必然是风清气正、道德造化的结果。

如上，应当是老子本章内容的精神主旨。

▶[原文]

善建者不拔，善抱者不脱，子孙以祭祀不辍。

修之于身，其德乃真；修之于家，其德乃余；修之于乡，其德乃长；修之于国，其德乃丰；修之于天下，其德乃普。

故以身观身，以家观家，以乡观乡，以国观国，以天下观天下。

吾何以知天下然哉？以此。

▶[直译]

善于以正道建功立业的，他的事业可以长久；善于抱持正道的，他的功德不易脱失。那么，子子孙孙便会传承德业而不致中断。

修行道德于自身，可以体验道德妙用的真实；修行道德于家庭，可以收获德报之有余；修行道德于乡里，可以收获德业之长久；修行道德于国家，可以收获大德之丰厚；修行道德于天下，可以收获大德之普及。

所以，可以用自身的道德立场去观察他人，可以用道德的家风去观察他家，可以用道德的乡情去观察他乡，可以用道德的国情去观察他国，可以用道德的天下去观察天下。

我是根据什么来考察和判断天下状况的呢？就是根据上述方法。

▶[读解]

善建不拔　大道长久

"善建者不拔，善抱者不脱，子孙以祭祀不辍。"意即，善于以正道建功立业的，他的事业可以长久；善于抱持正道的，他的功德不易脱失。那么后世子孙可以薪火相传，不致中断。

老子在前一章的最后说："是谓盗夸。非道也哉！"而在本章一开头就说"善建者不拔,善抱者不脱,子孙以祭祀不辍",内容反差极大。可知,老子的本意是说大德长久,小私一时。

老子以"善建"和"善抱"为例,本意在于以物性喻人理,指的是建功立业方面的事情,而绝不是指盖房子结实,抱东西牢固,所以才有"子孙以祭祀不辍"的下文。像大秦王朝,初看强大无比,但它只存续了短短的十五年便崩塌了。秦二世胡亥没有机会去祭祀嬴政,这就是"小私一时",家国断了。

从我做起　修褉大德

"修之于身,其德乃真。"意即,修行道德于自身,可以体验道德的妙用和真实。

老子讲道德凡八十一章,五千余言,道尽宇宙人生真相,说遍天理人文真谛,都是他"修之于身"的结果。要想理解"其德乃真",我们可以通过《道德经》观老子。在儒释道三教中,儒家讲"修身养性",佛家讲"明心见性",道家讲"修真炼性"。儒家只讲生前,佛家追求死后,道家是兼顾两端,说"死而不亡者寿"。老子的"其德乃真",有返璞归真的意思,"归真"就是回归自然的化境。

"修之于家,其德乃余。"意即,修行道德于家庭(家族),可以收获德报有余。

老子的这一句与《易经》中的"积善之家,必有余庆"有些相似,相反的就是"积不善之家,必有余殃"。可见,儒道两家圣人,是非常重视积德行善的。一个家庭,乃至一个家族的道德情操,便是这个族群兴旺发达的关键。

"修之于乡,其德乃长。"意即,修行道德于乡里,可以收获德业的长久。

这涉及民风问题、社会风气问题。我在中央电视台国际频道上看到一栏节目，说的是福建的一个老村落，至今仍保持着扶贫济困助学的民风，其发起人是清朝初年的一位善信妇人，她乐善好施，悲天悯人，德高望重，她的塑像至今仍被供奉在祠堂里。几百年来，族人及乡邻们一直在传承着大德的传统，乡邻之间讲信修睦，济困扶贫，建立了慈善基金会，每当有学子升学时，都要发放助学奖金，虽然数额不大，但可表心意，可嘉荣誉。几百年来，乡风传承不断。这就是"修之于乡，其德乃长"吧！凡事一旦形成风气，便容易惯性运转。

"修之于国，其德乃丰。"意即，修行道德于国家，可以收获德业的丰满。

丰满、丰收、丰厚，都是广而多的意思。老子的大德是"内圣外王"之道。老子希望统治者都是圣人。在中国几千年的封建社会里，统治阶层自幼所读的书籍，都是圣贤之道，明君圣主是大有人在的。中国的国力在世界民族之林中一直比较强盛，中国封建王朝的衰落是从1840年开始的，这是内忧外患的结果。

"修之于天下，其德乃普。"意即，修行道德于天下，可以收获德业的普及。

在老子所处的时代，中国社会的政治制度是分封制，在天子属下，还有几十个分封国，国主称作"王"。老子所指的"天下"，是中华大地和普天之下。秦始皇建立了第一个封建王朝，称始皇帝，实现了天下的大一统，书同文，车同轨，统一了度量衡，结束了天下的分封制，实行郡县制，置天下于一人统治之下。此后的两千多年中，中华大地虽然数经改朝换代，分久必合，合久必分，时而大乱，时而大治，但是大一统的趋势未曾改变。中国传统文化根深蒂固，它对中华民族和世界的影响是非常深远的。孔子的"己所不欲，勿施于人"的名言，已被联合国采纳，老子的《道德经》在西方的发行量仅次于《圣经》，中国已在世界范围内开设了五百余所孔子学院，中国文化得到了空前的普及。这种现状亦可谓"修之于天下，其德乃普"。

道德坐标　以观天下

"故以身观身，以家观家，以乡观乡，以国观国，以天下观天下。"意即，所以，正确的观察和判断事物的方法是，以自身的道德立场去观察他人，用道德的家风去观察他家，用道德的乡情去观察他乡，用道德的国度去观察他国，用道德的天下去观察天下。

人们每天都在接触外界事物，时刻都在自觉不自觉地对外界事物进行审视、判断、评价。其中有一个非常重要的问题，那就是评价标准问题，或者叫世界观、人生观、价值观问题。人们往往习惯于用自己狭隘的心性去评价事物，判断事物，做出决策，但往往会出错，容易碰钉子，走不通。所以，人需要知理。

老子的世界观是"道"。所谓世界观，就是人们对世界的总的看法。老子对世界的总的看法是唯物的。所不同的是，他看到了世界的两个侧面，"道"代表着两个侧面。他能见始而知终，见微而知著，见显而知隐，能全面地把握事物发展的规律。

老子的人生观是对"道"的不懈追求，他把他的体会不厌其烦地告诉人们，他的能为已达到了"化境"，无私无我，天人合一。

老子的价值观是爱民治国、忧国忧民，他致力于天下太平，对统治阶级所造成的社会弊端痛心疾首，怒斥他们"不道早已"，"强梁者不得其死"。

所以，老子判断天下事物的立场，就是他的道德立场。

"吾何以知天下然哉？以此。"意即，我是根据什么来判断天下事物的呢？就是根据这种方法。

▶[小结]

俗话说：打铁还须自身硬。老子判断事物的标准，是以"修之于身，其德乃真"来量身定做的，然后逐渐放大到家、乡、国、天下，有范本，有对照，有比较。这是一个道德实践的过程，也预示着一个人的道德正途可以逐渐放大，越走越远，乃至从修身到齐家，从治国到平定天下，体现的是"人间正道是沧桑"，人间正途宽而广。

公道自在人心，人道有天道可审。如何规范自己？如何判断事物？最忌"以小人之心，度君子之腹"。老子的道德标准，是天地情怀，是天理人心。

修行得道的人，一个人就是一个天下。比如儒释道三位圣人，他们的理性是普照天下，普度众生的。如果天下多数人都接受圣人理论，天下就和谐了。

第五十五章
含德之厚　比于赤子

▶[题解]

本章内容或可从两个方面来进行理解：一是老子在交流修行的功夫和体会；二是老子在强调"无为"的处世哲学。

老子喜欢用"婴儿"般的"赤子之心"来表达对世道人心能够返璞归真的殷切期待，这既是修行的途径，也是人心应有的真诚。这种真诚，是天真无邪，是纯真，是清纯。只有这样，才能保持住生命的活力和持久。

老子提倡使柔，反对用强。本章中的"心使气曰强"，指的是人的欲望之心经常驱使自己逞强做事，勉强而为，从而促使人们提前进入"物壮则老，谓之不道，不道早已"的境地，导致事与愿违。

修行之要在于守柔，处世之道在于不要逞强，这是老子告诉人们"道法自然"的修炼良方。

▶[原文]

含德之厚，比于赤子。毒虫不螫，猛兽不据，攫鸟不搏。

骨弱筋柔而握固，未知牝牡之合而朘作，精之至也。终日号而不嗄，和之至也。

知和曰常，知常曰明。益生曰祥，心使气曰强。

物壮则老，谓之不道，不道早已。

▶[直译]

修行有得的大德之人，心性就像不知世故的婴儿一样天真自然。毒虫不会伤他，猛兽不会犯他，猛禽不会袭击他。

初生婴儿虽然骨弱筋柔，但握力很强；虽然不知雌雄交合之事，但生殖器官却能时常勃起：这是精力充沛之极的缘故。虽然整天哭号但声音不会嘶哑，这是精气致柔之极的缘故。

懂得守柔致和叫作"常"（恒久），懂得"守常"之理叫作"明"（明道）。贪求生乐会招致不祥；意念操纵体力叫作逞强。

事物强壮到极点就会转为衰老，这叫作不合于"道"，不合于"道"就会提前走向衰亡。

▶[读解]

大德境界　无忧无惧

"含德之厚，比于赤子。毒虫不螫，猛兽不据，攫鸟不搏。"意即，修炼有得而含德深厚的人，有着一颗赤子之心，能和谐万物，毒虫不会伤害他，猛兽不会抓咬他，猛禽不会袭击他。

"毒虫不螫"：毒虫，指蛇、蝎、蜂之类。螫，音shì，蜇咬的意思。

"猛兽不据"：据，用尖爪抓物。

"攫鸟不搏"：攫（音jué）鸟，鹰隼类猛禽。

这段表述，不是指毒虫、猛兽、攫鸟之类不伤害"赤子"，而是指"得道"之人不受伤害。有些"大德"之人的居所蚊蝇不进、百兽不侵，可与万物和谐相处，互不相犯。这是一种境界，常人较难理解，科学难以解释。

修行之要　　返璞归真

"骨弱筋柔而握固，未知牝牡之合而朘作，精之至也。"意即，虽然骨弱筋柔但握力很强；虽然不知雌雄交合之事，但生殖器官时常勃起；这是精气充盈至极的缘故。

老子的这句话，隐含着"无为而无不为"的自然天成的意思。告诉人们葆有天真，守持禀赋，无知无欲，符合天道，生机盎然。"朘作"：朘，音zuī，男子生殖器的意思；作，勃起之意。指生殖器官由软缩变坚挺。

老子一贯强调"柔弱胜刚强"。实际上，守柔就是守强，是真正的强大，持久的生机。

"终日号而不嗄，和之至也。"意即，婴儿整天哭号但声音不会嘶哑，这是和气致柔的缘故。

嗄：吵哑、嘶哑。婴儿哭号不止但声音柔和不哑。老子强调的还是柔和。

知和曰常　　知常曰明

"知和曰常，知常曰明。"意即，知道和同大道叫作"常"（守常、守道）；知道守常叫作"明"（明道、明理）。

"和"，是中国传统文化的核心观念，叫"天地人和"，或叫"天人合一"。没有和，便没有万物。

第一，因为人有"心"，所以要学会"身心合一"，要守柔守静。尽管很难，但还是需要修行。

第二，人与人之间，需构建和谐，社会一体，不可孤立，你中有我，我中有你，不争无忧。

第三，人与自然，同出于道，万物共生，浑然一体。人类要学会顺应自然，回归自然。

道，是天地万物的终极依靠。懂得这一点，就叫作"知和曰常"。"常"就是恒久的道理。懂得恒久的道理，就叫作"知常曰明"。明，是明白、明理、明道，是心境的光明、人生的平安长久。

物壮则老　不道早已

"益生曰祥，心使气曰强。物壮则老，谓之不道，不道早已。"意即，过度地追求生命的享受，是不祥之兆。让自己的欲念去驱使行为，叫作逞强。事物达到极限就会走向反面，这叫作不合于"道"，不合于道便会提前走向衰亡。

老子在两千多年前就提出"益生曰祥"这样的理念，实为至理名言。"益生"，就是过度地贪求生命需求和生存质量，名闻利养、酒色财气，无所不要。比如：有人贪吃，有人贪喝，有人贪财，有人贪色，到头来，身败名裂。有的人嗜酒如命，结果不到花甲就亡故了。这叫"夭祥"。"祥"字，其意有两种：一是指"吉祥"；二是指"吉凶的先兆"，即"不祥""夭祥"。

"心使气曰强"，就是心机、心智驱使身体勉强做事，逞强而为。比如有的人已经劳累过度，但是还要死撑，结果是伤精耗气，提前衰老，甚至死亡。

▶ [小结]

过了文字关之后，老子的话实际是好懂的。但实践起来，里面有着层次问题。上等层次是修真炼性，中等层次是明理开悟，下等层次是知有其事。老子说理的风格是润物无声，不勉强任何人，听不听由你，信不信由你。

佛度有缘人，道引同路者。自律很重要。

第五十六章

知者不言　言者不知

▶[题解]

老子本身是"出世"之人，也就是说，他的德行已经进入了超凡脱俗的境界。但他是以"出世"的感悟告诉人们如何做好"入世"的事情。

本章内容，仍然是讲"出世"的功夫和天道的玄机。但"入世"俗人，仍然可以法地效天，这样才能成为智者。

老子的世界观是天人合一，即"玄同"。他反对世间的远近亲疏、利害贵贱的人为区别，这是真正的道性体现。

▶[原文]

知者不言，言者不知。

塞其兑，闭其门，挫其锐，解其纷，和其光，同其尘，是谓玄同。

故不可得而亲，不可得而疏；不可得而利，不可得而害；不可得而贵，不可得而贱。

故为天下贵。

▶[直译]

真正的智者从不随便说话，随便说话的就不是真正的智者。

阻断外物的诱惑，关闭欲望的门户，圆融无畏的锐气，解除利欲的纷争，和谐道德的光明，混同万物的尘埃，这种返璞归真的状态就叫作"玄同"。

所以，天地万物之间，无所谓对谁亲近，也无所谓对谁疏远；无所谓为谁谋利，也无所谓对谁有害；无所谓区分高贵，也无所谓区别低贱。

因此，混沌了远近亲疏、利害贵贱，才是天下最为贵重的理想境界。

▶[读解]

天道无言　人间贵言

"知者不言，言者不知。"意即，真正的智者不会随便说话，随便说话的人则不会是智者。

知：知晓、知道，也是智慧、明智。在古文中，"知"和"智"通用，"知"就是"智"，"智"也代表"知"。如何理解，要看文字语言环境。

《道德经》第一章说："道可道，非常道。"因为道不可说，一说出来就走样，就不是真道了。第十章说："明白四达，能无知乎？"老子是"得道"之人，但是他也不敢信口开河，他告诉人们"知道了也当作不知道"，也不是真知道。

老子的"知者不言"，实际上是反对统治阶级随便发布政令，随便以个人意志干扰民众生活。他反复强调"上无为则民自化"，认为社会乱象都是上面的"有为"造成的。从古至今，实际情况也确实如此。

放弃成见　与道玄同

"塞其兑，闭其门，挫其锐，解其纷，和其光，同其尘，是谓玄同。"意即，阻绝外物的诱惑，关闭欲望的门径，圆融无畏的锐气，解除利欲的纷争，和谐道德的光明，混同万物的尘埃，这种道法自然的状态叫作"玄同"。

关于"塞其兑，闭其门"，在第五十二章已经出现和解读过了。"门"是指眼、耳、鼻、舌、身等人体感官，它们所接收进来的色、声、香、味、触、法，就是"兑"，是感觉器官所"兑现"进来的东西。"法"，是指观念、概念，是人类主观意识对客观世界所做出的反应。比如：花很美、菜好香、人不错、天很热，都是观念和概念。人类就活在观念之中。

老子讲的"塞其兑，闭其门"，是一种"出世"心态和状态。佛教、道教的修行者，经常"闭关"修行，也就是在一段时间里不接触外物，以便使修行达到一个"精进"的状态。对常人而言，能做到淡定、不动心思、不被外物所扰就很不容易了。但是，人总是需要有点精神的，安分守己、坐怀不乱，就是一种道德精神。

挫锐解纷、和光同尘，可以理解为一种圆融、谦和、无争、慈柔的人生态度和处世原则，是一种人生的修行状态和高贵品质。能做到这一点，便是人生境界的"玄同"，也就符合大道的同一境界。

天道无亲　人当效法

"故不可得而亲，不可得而疏；不可得而利，不可得而害；不可得而贵，不可得而贱。故为天下贵。"意即，所以，人要学习天道，无所谓对谁亲近，也无所谓对谁疏远；无所谓为谁谋利，也无所谓对谁加害；无所谓区别高贵，也无所谓区别低贱。因此，混沌了远近亲疏和高低贵贱，才是天下最为可贵的精神境界。

老子认为，人道与天道是相反的。在第七十七章中有这样的话："天之道，损有余而补不足。人之道则不然，损不足以奉有余。"这就是人道的最大不公。

在人道中，人们处世总是要区分远近亲疏、高低贵贱、利害得失，总是斤斤计较、患得患失，所以人与人之间，越是有"心"，越难和谐。

老子说的"不可得而亲，不可得而疏"，就是反对人际关系上的人为界定，任人唯亲或任人唯疏，非得分出高低贵贱，这是天下不和的根源，是"虽智大迷"。凡是修行有得的人，很少有"分别"心，他们善待一切，慈悲为怀，简朴节约，一视同仁。好的执政者，第一要务是关爱民生，兼顾公平。

▶[小结]

老子的"知者不言，言者不知"，是天道的启发，是放之四海而皆准的智者的共识。"不言"的身后是"无为"，老子告诉人们不要有太多的心机与智谋，不要有高低贵贱、远近亲疏的"分别"心。《红楼梦》中的王熙凤，是多么足智尖酸、霸道刻薄，但到头来还是"机关算尽太聪明，反算了卿卿性命"。

世界本身就是一个浑融的整体，看似与你无关、离你很远的事情，其实和你都有关系。有一首歌写得很好，"只要人人都献出一点爱，世界将变成美好的人间"。

自然界各类生物系统，都是天道的自然安排，都有存在的价值，它们之间的生克制化，维持着地球的生机。站在老子的立场上，这就叫"玄同"。人类，要学习这种天地精神。

第五十七章
以正治国　以奇用兵

▶[题解]

"以正治国，以奇用兵，以无事取天下"，是老子站在道家的立场上，针对当时社会所提出的执政纲领，或叫治国安邦之策。

在老子看来，引发春秋时期社会乱象的根本原因是"上之有为"，从而严重干扰了本该自然的社会秩序，所以老子强调"我无为而民自化，我好静而民自正，我无事而民自富，我无欲而民自朴"。老子希望天下的统治者守持内圣外王之道，给天下一个国泰民安。

▶[原文]

以正治国，以奇用兵，以无事取天下。

吾何以知其然哉？以此：

天下多忌讳，而民弥贫；

民多利器，国家滋昏；

民多伎巧，奇物滋起；

法令滋彰，盗贼多有。

故圣人云：我无为而民自化，我好静而民自正，我无事而民自富，我无欲而民自朴。

▶[直译]

以清静无为的道理治国，以出奇制胜的谋略用兵，以不干扰百姓的方略治理天下。

我根据什么知道这样做是对的呢？就是根据当今天下的这些现状：

天下的禁令越是增多，人民的生活就越发贫困；

民间的利器越是增多，国家的秩序就越发混乱；

人们的技巧越是增多，社会的秩序就越发失控；

国家的法令越是严苛，不法之徒越是增多。

所以圣人说：我（指君主）无为而治，民众自然会自我化育；我爱好清静，民众自然会端正品行；我不干扰民生，民众自然会勤劳致富；我无欲望贪求，民众自然会淳朴。

▶[读解]

文正武奇　定国安邦

"以正治国，以奇用兵，以无事取天下。"意即，以清静无为的道理治国，以出奇制胜的谋略用兵，以不干扰百姓生活的态度治理天下。

老子所说的"正"，指的是清静无为。解读《道德经》必须用"原汤化原食"的方法才能正确把握其意。《道德经》第四十五章说"清静为天下正"，实际上，清静就是"无为"，"无为"就是不妄为，要按规律办事。

"以奇用兵"，反映的是老子"有为"的一面，惩恶才能扬善，所以要用谋略，要出奇制胜。

"以无事取天下"，说的是不要干扰老百姓的生活秩序。春秋时期，是诸侯争霸、战乱不止的多事之秋，国家的人力、物力、财力，无一不来自民间。统治阶级为了一己私欲，横征暴敛，倾尽国力，到头来也还是难保江山稳固。所以，老子坚持认为，统治者的私欲、有为、争雄、折腾，是天下不安的根源。以无事取天下，天下才能安定长久。

"吾何以知其然哉？以此"，意即，我是根据什么来提出这种治国主张的呢？是根据以下这些现状提出来的。

忌讳愈多　人民愈穷

"天下多忌讳，而民弥贫。"意即，国家的禁令越多，百姓的生活越苦。这一点，直到现在仍有现实意义。我国在计划经济时期，曾经管得很死，一切都归国有和集体所有，人们的手脚被束缚，严重阻碍了生产力的发展，加上外部环境的敌视和封锁，所以在新中国成立后的三十年时间里，虽然综合国力比新中国成立前有了极大进步，但人民的日子仍然很穷。温饱问题，也就是穿衣吃饭问题，依旧是大问题。直至改革开放后，人民的生产生活没有太多束缚了，中国才开始走向了民富国强。人民是充满智慧的，关键是看国家的路子怎么走，政策法规怎么定。

利器愈多　国家愈乱

"民多利器，国家滋昏。"意即，民间的利器越多，国家的秩序越乱。这一点在当今世界范围内都是如此，宗教、派系、领土、资源之争没有尽时，民间武装、反政府武装林立，国家失去正常秩序，人民没有安全感，政府也没有安全感。混乱滋生，国无宁日。美国不禁枪，总出枪击案，滋昏无度。

春秋战国时期，各诸侯国的兵役制度是寓兵于民，打仗时集合起来就是兵，打完仗放回家去就是民。这样就容易产生不安定因素，民间械斗、官逼民反的事就容易发生。另外，有钱的豢养家丁，强梁者占山为王，形形色色的地方武装逞强一方，国家秩序必然混乱，古今中外都是如此。所以，我国把"禁枪"入法，这是中国智慧。

技巧愈多　邪恶愈甚

"民多伎巧，奇物滋起。"意即，人的技巧多了，社会的邪恶现象也就增多了。这一句，与第十八章的"智慧出，有大伪"意思相近。"奇"是就"正"而言的，奇物，就是新奇、怪奇之物。在整个篇章的语言环境里，奇物应当是引发邪恶的表象。"不贵难得之货，使民不为盗。"老子所说的奇物，当是珍稀宝贵的能引起人们欲望的东西。当今时代，奇物太多了，而高科技手段的犯罪也在增多，监听、监视、造假、网络诈骗层出不穷。

法令愈细　犯罪越多

"法令滋彰，盗贼多有。"意即，法令越多越细越严苛，就说明社会的乱象越多。法律法规的出台，往往都是在社会实践的后头，就像先有汽车上路，后有交通法规出台一样。老子认为，"法令滋彰"是治标。如果一个人不违法，法律对他就是没有用的。但如果治标不治本，不从道德入手解决人心的问题，有人把天地良知给"偷吃"了，盗贼必然会多。

上行下效　治本之法

"故圣人云：我无为而民自化，我好静而民自正，我无事而民自富，我无欲而民自朴。"意即，所以圣人说，我无为而治，民众自然会自我化育；我爱好清静，民众自然会端正品行；我不干扰民生，民众自然会勤劳致富；我无欲望贪求，民风自然会归于淳朴。

老子思想敏锐，看待事物入木三分。他坚持认为，一个国家的政治走向，社会民风的邪正曲直，完全是由上层决定的，这就叫"上行下效"。老子所说的"圣人云"，实际是借"圣人"之口把话说给君王们听，这是老子委婉地教育统治阶层的一种方式和手段，体现着老子的"直而不肆，光而不耀"。

圣人的无为、好静、无事、无欲，皆来自"道性"，它是人类道德观念的一种表现形式，是社会安定的思想防线，是从源头做起的治本之法。

▶[小结]

自古以来，儒家思想一直占据着中国封建文化的主流地位，儒家思想站在"入世"的立场上，是主张"有为"的，并且划定人伦秩序，将一切都描述得规规矩矩，非常细致，就连何为"君子"，何为"小人"，都说得清清楚楚。而老子所倡导的"无为而治"，则较难被人理解和实践。

在本章，老子将"无为"思想引入治国方略之中，并试图通过"有为"与"无为"的对比来凸显"无为而治"的妙用，其对中国传统文化的影响是深远的。汉朝建立初期，推崇黄老之学，国家休养生息，特别是在汉文帝执政期间，废除了从秦代遗留下来的严刑峻法，并减轻赋税，到了汉景帝时期，又进一步减轻刑罚和民众负担，从而使得天下太平，物阜民丰，人民安居乐业，这便接近于圣人之治，史称"文景之治"。

今时中国的"三农"政策,便是一种"无为"中的"有为","有为"中的"无为",国家还地于农,不干涉,不收税,只扶持,全国粮食连年大丰收。家中有粮,心里不慌,国人不再为温饱问题发愁了,这是国家复兴的基础。

第五十八章

祸福倚伏　孰知其极

▶[题解]

本章内容的主旨是以"无为"思想讲述道家的治国安民、修身处世之道。

首先,老子明确指出:"其政闷闷,其民淳淳;其政察察,其民缺缺。"这说的是如果国家政令宽松,人民会自然淳朴;如果国家政令严苛,民众会投机钻营。一个国家的政治走向,根子是在上面。

接下来是老子的名句,"祸兮,福之所倚;福兮,祸之所伏"。这说的是世事无常,没反没正,难以预料。但是人们都在沉迷于个人的认知,分不清祸福倚伏的玄机,结果会在认识和实践上出错。

那么,怎么做为好呢?老子在最后指出:"是以圣人方而不割,廉而不刿,直而不肆,光而不耀。"这种思想叫作恪守中道,也可以叫中庸、中和之道。儒释道三家圣人教化民心,启迪智慧,都立足此道。

老子的告诫两千多年来,润物无声地涵养了民族智慧,它教导人们全面地、辩证地看待问题、处理事务,要顺应自然,坦然面对,特别是要低调做人。

▶[原文]

其政闷闷,其民淳淳;其政察察,其民缺缺。

祸兮,福之所倚;福兮,祸之所伏。

孰知其极?其无正也。

正复为奇,善复为妖。人之迷,其日固久。

是以圣人方而不割,廉而不刿,直而不肆,光而不耀。

▶[直译]

国家的政治如果宽松清明,人民就会自然淳朴;国家的政治如果严苛失道,人民就会逆反钻营。

祸患的里面可能蕴含着福运,福运的里面可能隐伏着祸患。

谁能知道事物发展的最终结果呢?事物的发展总是运动变化着的。

正的有时候会转变成邪的,善的有时候会转变成恶的。人们受人类自身观念的迷惑,已经很长久了。

所以,圣人处理事务的原则,是守持道德的方正而不伤及别人,守持自己的廉洁而不伤害别人,守持自己的正直而不放肆,守持心地的光明而不炫耀。

▶[读解]

政策策略　国之生命

"其政闷闷,其民淳淳;其政察察,其民缺缺。"意即,如果国家的政令宽松清明,那么民众自然会忠诚淳朴;如果国家的政令严苛多禁,那么民众必然会逆反不羁。

"其政闷闷"，是指政令含德深厚，慎重稳妥。亦指政策宽松，不乱作为。

"其民淳淳"，是指民心淳厚，民风淳朴，人民可以在没有压迫的环境中自由生息。

"其政察察"，是指政令严苛，察考太甚，人们没有自由民主。

"其民缺缺"，是指心中逆反，服从缺失，上有政策，下有对策，民心不统，变生诸多不应有的社会乱象。

老子在第二十章中说："俗人察察，我独闷闷。"指的是世俗之人都活得明明白白、斤斤计较，唯独我寡言少语、无动于衷。这是圣凡之间"无为"与"有为"的差别。

有这么一个故事：20世纪80年代，一个平常人家的女孩出落得不错，父母期待她能找一个条件好一点的对象，可她却找了一个房产部门的瓦匠，家里坚决反对。一天，母女俩争执起来，妈妈揪着女儿头发将其扯到水缸边上，摸起菜刀在缸沿上磨得咔咔响，声称："你要是非得跟这个小瓦匠，我就剁了你！"姑娘说："死不了我就肯定嫁给这个小瓦匠！"妈妈一看吓唬不住，松开手便坐在地上放声大哭，姑娘噌地一下逃出家门，三年不归，与小瓦匠结婚生子了。后来小瓦匠当上了房产部门的副主任，一家人才和好。

家事与国事是大同小异的。家长严重干涉子女婚姻自由，其结果只能是子女逆反日甚，离家出走，导致母不慈，子不孝，都受煎熬。

过去在计划经济时期，国家对商品流通管得很严很死，民众是不许做买卖的，民间搞一点贸易活动，只能偷偷摸摸，名称上叫"投机倒把"，抓住了按不法分子论处。这就是"其政察察，其民缺缺"。

世事无常　难以预料

"祸兮，福之所倚；福兮，祸之所伏。"意即，祸患之中倚存着福运，福运之中隐伏着祸患。

"孰知其极？其无正也。"意即，谁知道事物的终极结果呢？事物的结果很难确定。

无正：就是无定，不确定。

人们都知道"塞翁失马，焉知非福"的典故。古时北部边塞有一位老者，人称塞翁。有一天，他养的一匹良马走失了，邻居们听说后都来安慰他，塞翁笑着对邻居说："马虽然丢了，但也未必就是坏事。"没过几天，走失的马又回来了，并且带回了一匹良种的胡马。邻居们又来祝贺他，说他太有福气了。他又笑着对邻居说："这也未必就是什么好事，说不定会招来祸患。"他的独生子非常喜欢这匹胡马，结果在骑马时摔断了一条腿。此时，赶上朝廷抗击胡人，他的儿子因为摔断了一条腿而躲过了战祸，而他的邻居多在战场上阵亡了。

塞翁的故事实际就是后人对老子"祸福观"的演绎，当然它体现的也是世事无常的真实。好非好，坏非坏，从容对待。

物极必反　知变达变

"正复为奇，善复为妖。"意即，正的，有时候会转变成邪的；善的，有时候会转变成恶的。

复：重复、反复之意。事物都有一个从量变到质变的过程。比如太注重营养，易吃坏身体；太娇惯孩子，易出逆子；人和人之间，太亲密无间，易受牵连。

"人之迷，其日固久。"意即，人类对自身所确定的概念、观念的执迷，以及对事物发生发展的不确定性的困惑，已经很久了。

这是老子的无奈。站在"道"的立场上看人间，人类的思维惯性都是相对的、狭隘的、自我的。所以人类需要知道、达变、用反，需要学会反向思考。"道"的理性，就是人类思维的反向。不过生活在现实中的人们，很难达到超凡脱俗的境界。

道在人间　理尚中庸

"是以圣人方而不割，廉而不刿，直而不肆，光而不耀。"意即，因此，圣人处世，能守持道德的方正而不伤害别人，守持自身的廉洁而不伤害别人，守持自身的正直而不放肆，守持心地的光明而不炫耀。

老子妙语连珠，讲的是人生修为，道德修养，或者叫作低调做人。"方而不割"与"廉而不刿"意思相近，差别微妙。"廉"即清廉、清正，"廉生明"。"刿"字本意是"刺伤"。如果国家政治清明，贪腐现象就会减少，所以廉洁的本身是保护人而不是伤人。例如，国家的廉政建设是出于对干部的保护。

"直而不肆"与"光而不耀"，意思相近，讲的都是"挫其锐，解其纷，和其光，同其尘"的意思。老子的"无为"表现形式多样，贯彻《道德经》始终。

▶[小结]

老子在本章所讲的政治观、祸福观、变化观、无为观，细品起来与儒家的"中庸""忠恕"之道相通。

就老子的祸福观而言，其本身说的就是世事难料，莫知其极。好事不一定就是好事，坏事不一定就是坏事，所以要保持平常心，好事来了不要得意忘形，坏事来了也不要垂头丧气，学会淡然面对潮起潮落。这样，才不会伤害自己，更不会伤及别人。

第五十九章
治人事天　俭省积德

《道德经》品读

▶[题解]

本章是讲修身治国之道。

老子提出:"治人事天,莫若啬。""啬"字在此不是指"吝啬",而是指俭朴节约,珍惜生命,涵养精神,积累德行。

一个人的内在品格情感,决定着一个人的命运前程。道家倡导修真养性,与儒家的"修、齐、治、平"异曲同工。不过,老子始终是站在"道"的制高点上,教导人们怎样做才能"深根固柢,长生久视",这便是老子本章要讲的内容。

▶[原文]

治人事天,莫若啬。
夫唯啬,是谓早服;
早服谓之重积德;
重积德则无不克;
无不克则莫知其极;
莫知其极,可以有国;
有国之母,可以长久;
是谓深根固柢,长生久视之道。

▶[直译]

　　修炼身心，效法天道，最好的方法是爱惜精力。
　　只有爱惜精力，才能在知和行上及早进入服从天道的状态。
　　及早地服从天道，就可以积累深厚的德行。
　　积累了深厚的德行，就可以无往而不胜。
　　无往而不胜，他的能量不可估量。
　　能量不可估量，则足可以治国安邦。
　　有了治国安邦之道，国家就可以长治久安。
　　这就是培根固柢，长久生存之道。

▶[读解]

精神内守　积累德行

"治人事天，莫若啬。"意即，修炼身心，效法天道，最好的途径是爱惜精力。

老子是修道之人，所以他说的"治人"，首先是指人的自我修养修行。在这方面，道家有一整套的修行养生之术。"事天"：可以理解为效法天道，修炼身心。道家认为，人本身就是天生的"自然物"，通过修炼让自己延年益寿，开启先天智慧，就是"事天"。

老子的文字，一贯简约，也是由博返约，所以在他的"治人事天"的简约的文字里，还涵盖着人身修行、社会稳定、国家治理等多个层面。用老子的话说："俭故能广。"

"啬"：小气，当用的财物舍不得用，联绵词叫"吝啬"。但在此用意不是"吝啬"，而是"稼穑"，即"收藏"之意，告诉人们要精神内守，涵养精气，少私寡欲，勿使精气神外泄。比如道家在养生方面，提倡"上士异床，中士异被"，指的是节欲，积精炼气。人如果开其门，济其事，就容易伤精折寿。精神身体都是如此。

所以，"莫若啬"就是节约，封藏内敛，养精蓄锐。这种理念用在治国上，就是无为、简政、放权。国家不折腾，国力就强盛。

"夫唯啬，是谓早服。"意即，在知和行上，懂得了俭约、内敛就等于及早及时地服从了天道。

"早"：及早、及时。所谓"上士闻道，勤而行之"。"服"：服从，顺应，照办。孔子叫"择其善者而从之"。

"早服谓之重积德；重积德则无不克；无不克则莫知其极；莫知其极，可以有国。"意即，及早及时地服从天道，就可以积累深厚的德行；积累了深厚的德行，就可以无往而不胜；无往而不胜，他的能力不可估量；能力不可估量，则足可以治国安邦。

老子的这段话是层层递进的，总的意思是从我做起，从修行做起，使自己达到"无为而无不为"的境界，讲的就是"修、齐、治、平"，内圣外王之道。

人的修行是渐进的、持续的。老子说："慎终如始，则无败事。"人的"定力"，也就是行为习惯很重要。日常中，人们很容易触景生情，心随境转，感情用事。要达到境随心转，保持理性，则需要一个深层次的修行过程。

有国之母　可以长久

"有国之母，可以长久；是谓深根固柢，长生久视之道。"意即，有了治国安邦的"道"，国家才可以长治久安。这就是培植根本，长久生存的道理。

老子认为，天地人间的终极依靠是道。尽管道体是虚无的，但是由它所衍生出来的理性，在指导实践上却是实实在在的。"有国之母"，就是行为有方，不离正道，这样就可以天长地久。

▶[小结]

老子创立道家学说的目的是，以修行的方式把人的生命来源、人生意义、存在方式、生命价值推求到了"天根"。当他通达了天道之后，再将道理告诉人们：怎样做才能人生平安，天长地久。做人、做事、治国、安邦，都是同一个道理。

本章内容的主旨是"莫若啬"，这是修真炼性的要领。也叫"成由勤俭破由奢"，其理相通。人的修行要爱惜精力，国家治理要简政放权，这就是圣人的智慧。

在修道者看来，本章内容全部是修炼密语，"治人事天"就是修炼身心，"莫若啬"就是精力，精力就是服从天道，服从天道就是积累德行，德行积累厚了，修炼有成了，得道了，人的能力便"莫知其极"。"国"在文中指身体，"母"在文中指道。

第六十章

治理大国　若烹小鲜

▶[题解]

老子在本章，讲了两句治世名言。

其一，是"治大国，若烹小鲜"。意思是国家治理，不要乱折腾。同时也在晓喻人们，大事成于细。

其二，是"以道莅天下，其鬼不神"。这是一种浩然正气，天道独尊精神。在接下来的层层推理之后，老子以"德交归焉"作为本章结语，所体现的是"道"的博大所构建的万类和谐与天人合一。

▶[原文]

治大国，若烹小鲜。
以道莅天下，其鬼不神；
非其鬼不神，其神不伤人；
非其神不伤人，圣人亦不伤人。
夫两不相伤，故德交归焉。

▶[直译]

治理大国的方略与烹制小鱼的方法是相通的。

以道性的博大面对天下，各种妖异便不会展露神通。

不是妖异不展露神通，而是神明护佑不得伤人。

不但神明护佑不得伤人，有道的圣人也不会伤人。

道、鬼、神、人之间都不相互伤害，那么世间的德行就会和谐交融而归于道统了。

▶ [读解]

经世治国　不要折腾

"治大国，若烹小鲜。"意即，治理大国的方略与烹制小鱼的方法是相通的，就是不要折腾。

老子哲学的灵魂就是"无为"，把"无为"思想细化到治国方略上，就好比厨师烹做小鱼，要轻翻少动，小心翼翼，否则鱼就破碎无形了。"为无为，事无事"，大事成于细，是老子"无为"中的真正"有为"。

一个大国，看上去可能很强大，但同样经不起折腾，历史上的许多强盛王国都在人们的争斗折腾中灰飞烟灭了。中国的十年"文革"，史称"十年浩劫"，等到1976年"文革"结束时，中国经济已经几近崩溃了。任何一个国度，不管采取什么制度，它的治国前提必须是保持社会稳定，不能生乱。如果做不到这一点，这个国家以及它的政权，就会生变。

道莅天下　万类和谐

"以道莅天下，其鬼不神。"意即，以道性的博大面对天下，一切鬼异的存在都不会展露神通。

我们解读《道德经》，必须贴近老子。从文中的表述来看，老子是承认有鬼神存在的。不过，老子相信"道"最大，世间的一切，都在"道"的一统之下。《黄帝内经》说："正气存内，邪不可干。"如果一个人生命力旺盛，正气浩然，外在病邪是不易沾身的。生命之要，是身心都要健康，最重要的是心理健康，只有心理健康了，身体才能健康，这是因为灵魂支配机体。

"非其鬼不神，其神不伤人。"意即，不是那些鬼异的存在不展露神通，而是有神明的护佑不得伤人。

这些冥冥之中的事情，对于生活在显在世界中的人们而言是很难理解的。在意识形态领域，凡是宗教界的人士都相信这个世界还有另一个侧面存在着。有显必有隐，这是辩证法。

中国古典名著《西游记》的主旨是演示佛法。佛法无边，道大无际，两者相通，表述不同。佛法对待邪魔鬼怪的态度，不是赶尽杀绝，而是安抚教化，使之改邪归正。孙悟空、猪八戒、沙和尚，曾经都是鬼怪，但是最后都被佛法收服，助唐僧西天取经而回归正道了。而九九八十一难中出现的其他妖魔鬼怪，最后也都被菩萨降伏或收服了。其反映的是大道的慈悲和包容。一切文学艺术都有一个灵魂，那就是意识形态的定位。艺术只是形式，表法才是真谛。真谛是教化人的。天地之间，"道"大，而掌握"道"的人才是具体的能见能知能为的"大"。

因为鬼神佛道无形，所以人间是很难说清的。做一个"以道莅天下"的人，则是最难能可贵的。

"非其神不伤人，圣人亦不伤人。"意即，不但神明护佑不会伤人，有道的圣人也不会伤人。

"神"和"圣"加在一起，叫作"神圣"。天下最神圣的事情，就是"不伤人"，换句话说，就是保护民生。这是治国方略之本。"治大国，若烹小鲜"是如此，"其鬼不神"也是如此。老子思想的落脚之点就是爱民治国，以人为本。

"夫两不相伤，故德交归焉。"意即，在道的一统下，人鬼神之间不相互伤害，那么，世间的德行就会和谐交融而归于道统了。

"道统"思想就是道本一元，万物一体。世界本来就是一个统一体，各类事物之间有着千丝万缕的联系，不可分割。但是由于人类认识的局限、私心的作怪，所以争斗之心难以止息。人类的分别心、是非观，是有偏差的，而佛道理论的教化，针对的正是这一点。

文中的"两不相伤"，指的是各类事物之间不互相伤害，而不是特指某两个对象。

"德交归焉"，就是德行交融归于一统，或叫回归一统。世界上的一切自然存在都是天地的造化，都应该是合理的，圣人的精神是和谐万类，天下大同。

[小结]

"道可道，非常道。""道"的深广，"莫知其极"。"治大国，若烹小鲜"是比较好理解的，而其后的"以道莅天下，其鬼不神"，讲的是构建天地和谐，其中可以包括人、鬼、神的关系。比如，佛道两家对待不正常死亡者的"亡灵"，采取的态度是"超度"，这是一种慈悲、善意、包容。

其实，现实中的"魔鬼"都是人的造作，是"人为"，是人打造出来的。战争的发动、犯罪的发生，其深层次的原因就是道德失序，背道而行。所以道德观念的建立，就是控制人间"其鬼不神"的基础。事情都是人做的，人若不道，就是魔鬼。

第六十一章
立世之道　谦卑处下

▶[题解]

在人类生活和社会交往中，老子提倡"谦卑处下"。这一思想取法于溪水成流，江河汇海，是低姿态的谦卑受益之道。

老子在本章提出"大国者下流"。"下流"就是"下游"，是对"谦卑处下"理念的生动描述，也是老子思想的自然出处。本章的论述，实际是针对当时诸侯争霸的乱象提出的，它是一种平和的劝解、由衷的告慰。直至今日，老子的思想仍然具有现实意义，仍在指导着一个古老民族在外交政策上的理性思维，即大国小国一律平等，谦卑克让，和则两利，斗则两伤。

▶[原文]

大国者下流，天下之交，天下之牝。

牝常以静胜牡，以静为下。

故大国以下小国，则取小国；

小国以下大国，则取大国。

故或下以取，或下而取。

大国不过欲兼畜人，小国不过欲入事人。

夫两者各得其所欲，大者宜为下。

▶[直译]

大国立世,要效法江河处下,溪水入流,正是天下生机的交汇之处,有如天下雌性的谦卑之所。

雌性常以谦卑安静取胜于雄性,这也正是它作谦卑处下而顺应天道的缘故。

故而大国以谦卑处下的姿态对待小国,则可以取得小国的依赖和依附;小国如果以谦卑处下的姿态对待大国,则可以取得大国的信任和支持。

所以,有的是因为主动谦下而取得信任,有的是因为自然谦下而被信任。

大国的想法不过是想扩大自己的势力范围;小国的想法不过是想依靠大国的势力。

如果两者都愿意实现自己的愿望,那么大国的姿态首先应该谦卑处下。

▶[读解]

海纳百川　谦卑受益

"大国者下流,天下之交,天下之牝。"意即,大国立世,应当谦卑谦让,怀柔四方。这就好比天下雌性的谦卑之所,正是天下生机的交汇之处,以此实现生机的存续和兴旺发达。

"下流":河流的下游,而绝不是"低级下流"。在《论语·子张》里,子贡提到过"君子恶居下流",意思是君子讨厌河流下方,因为脏东西都流向下游。道家是反向思维,是讲物性。所以,同样的一个词,意思是两回事。

地由谦卑而成海,天因空静而容星。老子所言的"下流",

就是谦卑包容，用在人身上，是为宽宏大量，君子雅量。做人不可以傲慢，国家不可以示强，示强就是削弱自己，不可长久。

"天下之交，天下之牝。"牝：音 pìn，雌性鸟兽。其天性要比雄性（牡）谦卑柔顺，所以物类的生机是在雌性这里交合交汇，这样才会有物种的延续，这是"道"。自然就是如此。

"牝常以静胜牡，以静为下。"意即，雌性常以安静的天性吸引雄性，以安静谦下来以柔胜刚，实现所愿，完成交配。

老子说理，都是"言有宗，事有君"，以理服人。天理就是最好的人文。老子一贯主张"守柔"，畅导"守柔曰强"。在老子眼里，刚强不是好事。

"故大国以下小国，则取小国；小国以下大国，则取大国。"意即，所以大国要以谦卑的姿态善待小国，这样就可以取得小国的依赖而归附大国。小国也以谦卑的姿态对待大国，这样就可以取得大国的信任而得到支持。

国与国之间，互信是合作的前提，合作永远胜于抗争，而最关键的则是真诚、包容。"海纳百川，有容乃大。"毛泽东曾说"不称霸"，邓小平也说"不当头"。中国伟人的智慧有着深厚的中国文化基因，也就是"道性"。

"故或下以取，或下而取。"意即，所以，有的是因为主动谦下而取得依赖和支持，有的是因为自己谦下而被信任和获得支持。

文中的"或"字，是代词，译为"有的"。"以取"与"而取"，是"以之取"和"而被取"，前者是主动，后者是被动。文中是指大国要高姿态，要主动；而小国则由于能谦卑使柔，而被接纳，是被动。

人们都熟悉"礼贤下士"这个成语，就是对贤士能人要尊重，以礼相待，谦卑处下才能养住能人，借力而行。刘备三顾茅庐诚请诸葛亮（字孔明）出山，才有蜀汉三分天下。一次正赶上孔明睡午觉，刘备不让书童唤醒孔明，而是立于屋前静候其醒，诸葛亮为其诚所感动，一生鞠躬尽瘁，死而后已。这就是老子的"或下以取"。

不争无忧　各得所愿

"大国不过欲兼畜人，小国不过欲入事人。夫两者各得所欲，大者宜为下。"意即，大国的愿望不过是扩大自己的势力范围，小国的愿望不过是加入大国的势力范畴。这样，两国都可以满足自己的愿望，而大国更应当主动谦下。

"兼畜人"："兼并畜养"的意思。"畜"，也有蓄积扩大土地人口的意思。总体来说，就是巩固扩大自己的势力范围。

"入事人"：加入大国势力范围，服从大国政治主张，尊重大国礼制的意思。

在中国封建社会的许多历史阶段，作为一个大国，我国周边有许多藩属国。这些藩属国有自己的王室朝廷，受宗主国的制约和保护，需要带着贡品，岁岁来朝，觐见宗主国皇帝，以表臣服。清末，袁世凯曾是驻朝鲜使节，并有驻军保护。1894年甲午战争后，腐朽的清朝政府自顾不暇，失去了宗主国地位，朝鲜成了日本的殖民地。

"大者宜为下"这句比较重要，因为大国的力量往往处于主导地位，而小国则属于弱势群体。大国能谦卑，则是真正的高姿态。只要诚心诚意，便能"诚者自成"。中国领导人深知此道，所以我国的外交政策，总体是柔性的，有弹性的，一贯主张用政治手段解决问题。

▶ [小结]

老子的智慧在中华大地上经久存续,已经成了中国人的文化基因、思维惯性,这也是中华民族虽然在近代饱经磨难,但仍能够重新崛起的精神底蕴。因为我们有文化,有圣哲,有中国智慧。

治国、做人、做事,道理是一样的。有时候,品阶越大,越谦和。谷穗成熟了,腰是弯的,而茅草熟了,秆是直的。谦和谦卑,是思想成熟的表现,是有品的表现。人生当有品,"品"在知道理,尊圣智。

立世之道,处下为上。

修行之道,"无为"为要。

第六十二章
道无弃人　有求可得

▶[题解]

老子著述《道德经》，揭示的是宇宙人生的真相，讲的是人类应该如何安顿灵魂，谋求平安长久。

"道"是无形的，普遍的，恒久存在的。所以，它是"万物之奥。善人之宝，不善人之所保"。"道"没有分别心，没有远近亲疏。只要人心向道，持守正道，都会获得人生平安与幸福。

老子在文中说"求以得，有罪以免邪"，似乎有点"有求必应"的意思，但是真正明理的人是靠内求，向心求，求自己。人如果心中有道，会随求随得，不求亦得。有道德的人是不会犯罪的，所以也就"有罪以免邪"。

▶[原文]

道者，万物之奥。

善人之宝，不善人之所保。

美言可以市，尊行可以加人。

人之不善，何弃之有？

故立天子，置三公，虽有拱璧以先驷马，不如坐进此道。

古之所以贵此道者何？

不曰：求以得，有罪以免邪？

故为天下贵。

▶ [直译]

道，是深藏万物、生养玄机的奥妙之所在。

是道德完善者的修身法宝，也是道德不完善者的修身指南与依靠。

美好的语言可以得到尊重尊崇，高尚的行为可以提升做人的品位。

即使人的品行不够完善，道也不会抛弃他。

所以，在天子即位、三公就职的时候，虽然举行先奉献拱璧，再奉献驷马的仪式，我看还不如坐下来论"道"作为献礼。

古时人们贵重"道"的原因是什么呢？

难道不是这样说的：有求就会得到，有罪也可以豁免吗？

所以，"道"才会被天下人所尊崇。

▶ [读解]

万物之奥　生命依靠

"道者，万物之奥。善人之宝，不善人之所保。"意即，"道"，是深藏天下万物、生养玄机的奥妙所在。它是道德完善者的修身法宝，也是道德不完善者的修身指南与依靠。

"奥"：含义深，不易懂的意思。因为"道"以隐而无名的形式真实存在着，既看不见，又摸不着，所以它很深奥、玄妙。

"善人"：道德品格完善的人，也可叫作善良的人。道德就在人间，有的人一生不知《道德经》，但这并不影响他们做一个好人，因为道德观念作为民族文化智慧，早已深入人心，影响深远。圣人的教诲、古人的经验、文化的传承，一直指导着人们的思维方式和行为习惯。不过，系统学习《道德经》，可以进一步启迪智慧，等于是求取"真经"。学习本身就是一种修行，可以增加精神的厚度，进而增加生命的长度，提升生命的质量。

"不善人之所保"，"所保"就是"保所"，即得到保护。依靠"道"，可以明理修心，端正言行，完善自我。老子的哲思，代表着人类文化的至高境界，虽然人类社会已经发展到今天这个模样，但是《道德经》思想的精髓是不会过时的。

道心圆满　道不弃人

"美言可以市，尊行可以加人。人之不善，何弃之有？"意即，美好的道德言论可以得到尊重和尊崇；美好的道德行为可以提升人的品位。即使人的道德品质不够完善，又有什么可以抛弃的呢？

"市"："市"的本意是买卖，交换。"尊"就是尊重、尊崇。

"加人"：就是增加人的美德、品位，是道德修养的成就。

"何弃之有"与"何罪之有"句式一致，是倒装句。把谓语"有"放在后面了，实际是"有何弃"。"有何罪"这一点，正反映道性的圆融、圆满、包容、接纳。世间万物，本无高低贵贱，好坏对错。只要存在，都是合理。唯有人很特别，智商高，能够创造出许多东西，包括观念，非得要以我为中心，分出来一个是是非非，但许多观念都是有局限性的、片面的、狭隘的、自私的。所以人类需要教育和教化。东西方文化虽有差异，但宗教的宗旨都是"仁慈""博爱"。圣意无弃人，都是天地的子民，"上帝的孩子"。人类如果都有这种情怀，事情就好办多了。

帝王将相　德应配位

"故立天子，置三公，虽有拱璧以先驷马，不如坐进此道。"意即，所以，在天子即位、三公就职的时候，虽然举行先奉献拱璧，再奉献驷马的仪式，我看还不如奉献上爱民治国的"道"。

老子的话很尖锐，他的言外之意是帝王将相最需要的是"道"，上层社会要以德配位，因为他们掌握着国家安危，社会走向。

"三公"：周朝时所设置的三个辅弼国君的官员，即太师、太傅、太保。相当于给国君讲天理人文、治国安邦之道的老师。《尚书·周官》说："立太师、太傅、太保，兹惟三公。论道经邦，燮理阴阳。"

"驷马"：四匹马拉的车，古时只有天子和王侯才有资格乘坐。"一言既出，驷马难追"，指的是驷马之车品质好，跑得快。"不如坐进此道"，老子的本意是，其他的都是形式，是表面功夫，不如安安稳稳地向上级进献道德理论。"坐"：有安安稳稳进行学习交流的意境。"进"：进献。古时进贡叫"进"。用现在的话说，老子主张建立一个弘扬道统的学习型政府。也就是说，上层社会，德应配位。

有求可得　有罪可免

"古之所以贵此道者何？不曰：求以得，有罪以免邪？故为天下贵。"意即，古时人们贵重此道是为什么呢？难道不是这样说的：有求就会有得，有罪也可以豁免吗？所以，道才会被天下人所贵重和尊崇。

"求以得"，即"求而得"。"而"是连词，表因果。"求"是因,"得"是果。相当于"有求必应"。

关于"求"的问题,人们常说"求人不如求己,求己不如求学",求"学"就是求"心",是向"内"求,不是向"外"求。假如通过烧香拜佛什么都能求来的话,可能都发财了。到头来,一切还是事在人为。历史是人类创造的,"域中有四大,而王居其一焉"。而所谓"有罪以免邪",是因为他不会犯罪,是"以之"免于犯罪。人的精神防线是第一道防线,比制度及法律更可靠。

▶[小结]

"道"的博大精深与奥妙无穷,首先表现在它的真挚圆融和广大包容上面,体现了平等、慈悲、博爱的精神,它视平民与天子没有什么区别。老子的"虽有拱璧以先驷马,不如坐进此道",表达的是一种无私无畏、无欲则刚的天地情怀。《道德经》的每个字、每句话,都能给我们带来精神的慰藉、生命的充实。

第六十三章
天下难事　必作于易

▶[题解]

本章内容，是老子"无为"思想的细化。在本章中，我们可以感悟到老子的"无为"实际是科学严谨的"有为"。本章，他讲了六个方面的道理。

一是"为无为，事无事"，做事不要节外生枝；二是"大小多少，报怨以德"，把大事化小，小事化了；三是"图难于其易"，从"易"处着手解决难题；四是"为大于其细"，不要急功近利，大事的成功是由一个个细小的环节累积而成的；五是"轻诺必寡信"，如果没有成事的能力和把握，不要轻易许诺，避免失信于人；六是学习"圣人犹难之"的行事态度，考虑问题要缜密，避免失败。

▶[原文]

为无为，事无事，味无味。
大小多少，报怨以德。
图难于其易，为大于其细；
天下难事，必作于易；天下大事，必作于细。
是以圣人终不为大，故能成其大。

夫轻诺必寡信，多易必多难。

是以圣人犹难之，故终无难矣。

▶[直译]

　　人的作为要遵循规律，有所为，有所不为。做事要周全严谨，不要节外生枝。生活追求要平淡，不要奢侈。

　　人间的恩怨，可以大事化小，繁多化少，要用德行化解恩怨。

　　解决难题，要从容易做到之处下手；完成大的事项，要从细节之处做起。

　　天下的难事，必须从易处着手来解决；天下的大事，必须通过一个个细节来完成。

　　因此，圣人从来不急功近利，妄自尊大，故而能够成就大事，展现大德大能。

　　轻易轻率地承诺承揽事情，往往会由于力不从心而失信于人。如果认为做什么事情都很容易，往往就会遇到许多难题。

　　因此，圣人做事总是好像把它看得很难，所以最后他没有难事。

▶[读解]

为而无为　周到做事

　　"为无为，事无事，味无味。"意即，人的作为要遵循法则，不能为所欲为；做事要考虑周全，避免节外生枝；生活追求要平淡平实，不要贪婪奢侈。

　　比如，有人承揽了一项工程，这是作为、做事，但是由于利益驱使，动了心机，偷工减料，工艺不精，结果出了事故。

老子把这种现象叫作"虽智大迷",得不偿失。"为无为,事无事",其实道理很简单,往往就是老百姓"心中有而口中无"的理性。人类私心作怪,实际就是最大的愚蠢。

"味无味":"味"是名词,前边的"味"处在谓语的位置上,便活用作动词,当做"吃"来讲,转译为"生活追求"。有的人吃饭追求膏粱厚味,结果营养过剩,"富贵病"就是这么来的,糖尿病、高血脂、痛风、高血压、心脏病、中风,都与饮食结构有关。病从口入,逐层发展。我有一位学佛的老友,吃素二十多年了,鹤发童颜,精神矍铄。

道家情怀　报怨以德

"大小多少,报怨以德。"意即,人间的是非恩怨,大事可以化小,厚多可以化少,要用德行化解怨恨。

根据文中的语言环境,"大小多少"指的是"大事化小,小事化了"之意,其办法是"以德报怨"。这一点,常人较难做到,人世间争名夺利、不肯吃亏的人很多。凡事斤斤计较,耿耿于怀,看破了,也放不下,冤冤相报何时了?

在对待怨恨冤仇这个问题上,儒家也有自己的观点。《论语·宪问》说:"或曰以德报怨,何如?子曰:何以报德?以直报怨,以德报德。"可见,孔子与老子在处理怨恨问题时的观点是有差别的,孔子主张"以直报怨",他说:"以德报怨,用什么报德呢?""直",就是直言不讳,按"世间法"法理解决,杀人偿命,欠债还钱。

道家与儒家的思想境界不同,所以观点有异。老子是站在"天根"看世间,说人道。孔子是站在人间,立人伦,讲人情。但两者并不矛盾,中国文化是多元的,足可以相互补充,兼融互用,各取所需。有的事情可以"以德报怨",特别是在处理人民内部矛盾上。有的事情必须"以直报怨",按法理处理,这才能体现公平正义。当今社会是法治社会,以法治国,以法理政,必不可缺,但道更有利于社会稳定。人不违法,法有何用?所以"道"的境界是最高的,其余的都属于"有为"。

从易从细　完成大事

"图难于其易,为大于其细;天下难事,必作于易;天下大事,必作于细。"意即,做大事、难事,要从细节做起。天下的难事,必须从易处着手才能解决;天下的大事,必须从细节做起才能完成。

老子的这两句是重复强调。难题有时很难破解,最好是找到解决难题的突破口。要做成大事,必须循序渐进,从细节上一步一步完成。中美在1972年建交以前,曾有二十多年政治上的严重对立,势不两立。随着世界形势的发展和国内形势的需要,两国间须化解对抗。一个偶然的机会,两国乒乓球队在日本世乒赛上发生了民间交往,毛泽东、周恩来两位伟人,抓住这个机会,促成了两国乒乓球队的交流互访,从而打破了两国不相往来的困难局面。周恩来说:我们靠小球转动了大球。这就是从易从细,完成难事大事的解决。

注重细节管理,现已成为社会上明理人的共识。制造一架大飞机,大小部件过万,任何一个环节出问题,都会造成风险。世间大大小小的事情,共同组成了一个系统工程。即便是做一个小菜,咸了不可,淡了也不好,调味就是细节。

圣人重小　而成其大

"是以圣人终不为大,故能成其大。"意即,因此,圣人从来不妄自尊大,急功近利,而是按规律办事,所以能成就大事,受人尊重尊崇。

老子道法自然，谨遵天理，所以成就了道家学说，没人否认他是圣哲。严谨求实，才能有所成就。老子已经谦卑到了不知所终，但却被道教奉为道德天尊、太上老君，他进入了"太清"境界。

轻诺寡信　出言要慎

"夫轻诺必寡信，多易必多难。是以圣人犹难之，故终无难矣。"意即，轻易地承诺和承揽事情，必然会造成失信于人。

如果轻率地认为什么事情都很好办，可能就会遇到很多难题。因此，圣人做事，总是把困难的一面考虑周全并设法解决，故而到最后就没有难事。

"圣人犹难之"的"犹"字，可有两种理解，一是做"如同"解，比如"虽死犹生"。本句有虽易犹难的意思。圣人对待事物的态度是，不把它看得很容易，而是视易如难，备加重视。二是做"犹豫"解，"犹豫"就是慎重，考虑周全，不轻易行动。但一旦行动起来，就能趋利避害，获得成功，不至于为难、受难。

▶[小结]

人类的生产生活，本身就要有所作为。但在"有为"的过程中，需要遵循"无为"原则，包括尊道贵德，少私寡欲，不争无忧，注重细节，避免失误。辩证法是讲变化的，"有为"中有"无为"，"无为"正是平安的"有为"。我们必须正确理解《道德经》的哲思，绝不能僵化地看待其中的某一个论点。"无为"绝不是不作为。

本章内容的思想精髓，是前后贯通、浑然一体的，需要我们串联起来感悟。

第六十四章
其安易持　未兆易谋

▶[题解]

本章内容，老子强调的是行事要防微杜渐，慎终如始，不重蹈前人覆辙，"辅万物之自然，而不敢为"等道理。本章是前一章"为无为，事无事"思想的延续。

"道"是宇宙的根源、天地的法则、人间的规范。在这一章里，我们可以领会到："道"就在身边，就在我们的生活日用之中。老子的教诲既是宏观的，同时又是触类旁通而深入细致的。他的每一句哲思妙语，都值得人们深入思考。

▶[原文]

其安易持，其未兆易谋。其脆易泮，其微易散。

为之于未有，治之于未乱。

合抱之木，生于毫末；九层之台，起于累土；千里之行，始于足下。

为者败之，执者失之。是以圣人无为故无败，无执故无失。

民之从事，常于几成而败之？慎终如始，则无败事。

是以圣人欲不欲，不贵难得之货；学不学，复众人之所过，以辅万物之自然，而不敢为。

▶[直译]

事物在安稳时容易把持，在没有反常时容易谋划，在脆弱状态下容易消解，在微小状态下容易散失。

（所以）要在事情尚未发生时就做好预防，在动乱尚未出现时就做好防范。

合抱的大树，是从芽苗长成的；九层的高台，是靠筐土累积的；千里的行程，是用脚步走完的。

自大妄为就会遭遇失败，执持功利就会失掉成功。所以圣人不自大妄为就不会遭受失败，不执持功利就不会失掉成功。

人们做事，常在做到接近成功的时候就失败了。如果态度慎终如始，就不会有失败。

因此，圣人所欲的就是少私寡欲，不贪图世间的浮华；圣人所做的就是不学人为造作，使人们走出精神过失的误区。以此来维护世间万物的自然状态，而不敢凭个人意志肆意妄为。

▶[读解]

人无远虑　必有近忧

"其安易持，其未兆易谋。其脆易泮，其微易散。"意即，事物在安稳状态下容易把持，在没有出现反常征兆时容易谋划管控。事物在脆弱时容易消解，在微小时容易散失。

泮：音pàn，散开，分解之意。"其脆易泮"和"其微易散"意思相近，都是把危险消灭在萌芽状态。

"为之于未有，治之于未乱。"意即，防止祸患的发生，要把事情做在未发生之前；治理社会的乱象，要在未乱之时着手。

人有惰性，得过且过，喜欢安乐享受。孟子说："生于忧患，死于安乐。"老子提醒人们，要有忧患意识，要防患于未然。"渴而穿井，斗而铸锥，不亦晚乎？"这就是中国人的文化传承。

在新中国成立前夕，毛泽东同志在党的七届二中全会上严肃提出了"两个务必"，"务必使同志们继续地保持谦虚谨慎、不骄不躁的作风；务必使同志们继续地保持艰苦奋斗的作风"。毛泽东博古通今，他把进京视为"赶考"，提出"绝不学李自成"。政治家总是高瞻远瞩，借鉴历史经验，防患于未然。"鱼不可脱于渊"，要永远和人民群众保持鱼水关系。

是非成败　都是积累

"合抱之木，生于毫末；九层之台，起于累土；千里之行，始于足下。"意即，合抱粗的树木，是从小小的嫩芽一点点长成的；九层之高的高台，是用一筐筐的土累起的；千里的行程，是靠脚来一步步走完的。

老子的本意是，无论事物发展得好与坏，成功与失败，都有一个循序渐进，由量变到质变的过程。而在人类社会中，人的作为就由人来掌控。"成也萧何，败也萧何。"执迷不悟，知错不改，得过且过，一意孤行就会承受失败；尊道贵德，严谨求实，循序渐进，持之以恒，就能承接成功。

人无妄想　则无失败

"为者败之，执者失之。是以圣人无为故无败，无执故无失。"意即，人们如果自大妄为就会遭遇失败，执持功利就会失掉所求。所以，圣人不自大妄为，也就没有失败；不执持功利也就容易成功而不会失掉什么。

袁世凯要逆历史潮流而动，复辟帝制，只做了八十多天皇帝，就在全国的讨伐中死掉了，正可谓"为者败之，执者失之"。

在现实生活中，有许多人争名夺利，投机钻营，机关算尽，到头来又有多少人"反误了卿卿性命"。有的人说自己"上当"了，倒不如说自己的初衷就是想占便宜，否则就不会"上当"。

慎终如始　则无败事

"民之从事，常于几成而败之。慎终如始，则无败事。"意即，人们做事，常常在接近成功的时候失败了。如果能够谨慎，持之以恒，就不会有失败发生。"几"，在古文中是"接近"之意。

"慎终如始"，也叫善始善终、持之以恒。即便事情快结束时，也要像开始时那样慎重。人的意志、品质、毅力、坚持很重要。很多时候，做事不坚持，就会前功尽弃。三心二意、朝三暮四的人，是很难做成大事的。

圣人致学　独崇自然

"是以圣人欲不欲，不贵难得之货；学不学，复众人之所过，以辅万物之自然，而不敢为。"意即，因此，圣人所欲的就是少私寡欲，不贪图世间的浮华；圣人所做的就是不学习世间的人为造作，使人们走出精神过失的误区。以此辅助天地万物自然天成的状态不受干扰，而不敢自大妄为。

对"欲不欲""学不学"的理解，必须根据《道德经》的整体思想展开，否则就会曲解《道德经》。人不可能没有欲望，圣人的欲望就是消解欲望，告诉人们少私寡欲。私心是魔，可以毁灭自己；欲望是火，可以吞噬自己。"学不学"，是指做什么样的"学问"。老子的学问是消减人们的狂妄自大、胡乱作为，告诉人们道法自然，按规律办事。

"复众人之所过"，是指从前人认识世界的误区中走出来。"复"，复返，返回，走出误区。人类处在地球上，国界内，家庭中，对宇宙人生的认识有局限性。自古以来，弱肉强食，争伐不断，人祸不断，而人为创造出来的许多理念，往往有悖天道。站在老子的境界里看天下，人类有太多私妄，所以就有许多过失。而道家佛家站得高，看得远，用宇宙人生的真相教化人，所以佛道两家能演化成"教"。

▶ [小结]

"凡事预则立，不预则废。"自古能成就大事者，都必善于筹谋，意志坚定，坚持到底。在本章，我们可以深刻地领略老子的"无为"实则是严谨的"有为"。特别是他的"复众人之所过"思想，是在提醒人们不要重蹈前人的覆辙，要以史为鉴，不犯理性错误。圣人的"学不学"，绝不是什么都不学，而是在做着警世的学问。本章，尽是警世名言，皆为天地智慧。

第六十五章
以智治国　国之贼也

▶ [题解]

"道"超物外，无私、无心、无智、无为，所以能恒存；人在物中，有私、有心、有智、有为，所以自身的存在及社会的安宁都难以长保。道性的清静无为与人性的多欲有为，正好是相反的。

老子站在道家的立场上，不厌其烦地劝解人们，要尊道贵德，放弃智巧诡诈，不要做"聪明反被聪明误"的事情。所以本章开篇老子便提出"古之善为道者，非以明民，将以愚之"的思想。长久以来，不悟《道德经》的人望文生义地曲解老子是倡导"愚民"政策，实乃是妄度"圣意"，"虽智大迷"。生产生活方面的知识和技能还是要学的，"政善治，事善能"，最重要的是要掌握做人做事的道理，不要"文而不化"。

▶ [原文]

古之善为道者，非以明民，将以愚之。
民之难治，以其智多。
故以智治国，国之贼；
不以智治国，国之福。

知此两者亦稽式。

常知稽式，是谓玄德。

玄德深矣，远矣，与物反矣，然后乃至大顺。

▶[直译]

古来善于推行大"道"的人，不是用"道"来教导人们聪明智巧，而是用"道"来教导人们质朴还纯。

民间乱象之所以难以治理，是因为人们智巧太多。

因此，用智巧来治理国家，是国家的灾祸。

不用智巧来治理国家，是国家的福气。

明白了这两种不同的治国方式之后，就是明白了一个法则。

长久处于明白法则的状态，就叫作进入了"玄德"状态。

玄妙的德，深奥啊！悠远啊！与世俗的理性相反啊！然后，便可进入万物和谐、返璞归真的状态。

▶[读解]

以道教民　大智若愚

"古之善为道者，非以明民，将以愚之。"意即，古来善于弘"道"的人，不是用"道"来使人变得智巧诡诈，而是用"道"来教导人们归于质朴。

"非以明民，将以愚之"，这里有两个"以"字，是"以之"或"以道"省略，因为前面承接的是"古之善为道者"，即"以道"来"明民"或"愚民"。

道家的观念与世俗的观念是相反的。道家不追逐名利，而世俗视名利为成功，为此，绞尽脑汁，有的人不惜去读什么"厚黑学"，脸厚心黑，机关算尽，与大道背道而驰，反而害了自己。

"明"字在《道德经》中有许多解读方法。在本章中可解读为"使……奸诈、智巧"。

为政之要　贵在真朴

"民之难治，以其智多。故以智治国，国之贼；不以智治国，国之福。"意即，民间的乱象之所以难以治理，是因为人们的智巧诡诈太多。所以，用智巧来治理国家，是国家的灾祸；不用智巧来治理国家，是国家的福气。

"知此两者亦稽式。"意即，认识了以智治国和不以智治国这两点的利弊，就是明白了治国的法则。

"稽"：考核、考查、稽查，引申为明白。"式"：古时指占卜的程式、规则。所谓"游戏规则"。

"常知稽式，是谓玄德。"意即，恒久地知道按规则办事，这就叫作玄妙的德。"玄德"在《道德经》中多次出现，在这里，指的是按规律办事，好的效果就自然而然地出来了。"德"是"得"，"得"是"效果"。

"玄德深矣，远矣，与物反矣，然后乃至大顺。"意即，玄妙的德深奥啊！悠远啊！与世俗的理性相反啊！然后，便可以进入万物和谐、返璞归真的状态。

"大顺"，是万物顺承于大道的状态，也就是和谐质朴的自然状态。

▶ [小结]

老子的"愚"，是一种超凡脱俗的超常智慧，世俗之人难以理解。他能看破天机，明白四达。老子想方设法告诉人们，人们如果能做到不为物累，不斤斤计较，不机关算尽，社会就会安宁。所以，他一贯反对人为造作，说"智慧出，有大伪"。

在意识形态领域，国家有教育和教化民众的责任。怎么教育？"上无为则民自化。"社会风气的好坏，是上面带动的。春秋时期，晋国的赵简子就做了一件"聪明"的蠢事，为了显示自己爱惜生灵，就命令邯郸一带的百姓定期抓一些鸟献上来，然后由他"放生"。有个门客说：如果你根本就不让抓这些鸟，岂不是更爱惜生灵？可见，人为的造作，是多么虚伪和愚蠢。真乃是"以智治国，国之贼也"。而春秋战国时期的天下大乱，正是因为人们的自私、狂妄和智多。

就道家的修真炼性而言，必须以"无为"的心态起步，去掉人的后天意识，"人心不死，道心不生"，这就是修道的"稽式"，或叫法则。做不到这一点，是进不了"得道"之门的。

第六十六章
江海处下　不争自成

▶ [题解]

老子的"道"取法于自然，自然的运行规律，同样适合人的生命活动和思维运动，所以做人的道理与物性的规律是一致的。

涓涓细流之所以能汇成江河湖海，是因为水性谦下，海纳百川。

所以老子在本章以"江海所以能为百谷王者，以其善下之，故能为百谷王"的自然道理，告诉人们"道"易知易行，就在眼前。江海是"无为"的，但是却到达了"无不为"的境界。

▶ [原文]

江海所以能为百谷王者，以其善下之，故能为百谷王。

是以欲上民，必以言下之。欲先民，必以身后之。

是以圣人处上而民不重，处前而民不害。是以天下乐推而不厌。

以其不争，故天下莫能与之争。

▶[直译]

江海之所以能成为天下河流汇聚之地,是因为它善于处在低下的位置,所以才能有百川的归往。

因而,圣人要想得到民众的拥戴,必须要在言行上对民众爱护谦下。要想成为引领社会前进的领导者,必须要把个人利益放在民众之后。

因此,圣人的地位虽然居于民众之上,但民众却不会感到负担沉重;虽然引领民众走在前面,但民众却不会感到前行中有妨碍。于是天下人乐于拥戴而不会厌弃他。

因为他不与人相争,所以天下也就没有人跟他相争。

▶[读解]

海纳百川　有容乃大

"江海所以能为百谷王者,以其善下之,故能为百谷王。"意即,江海之所以能够成为天下河流归汇之处,是因为它善于处在谦下的位置,故而能成为百谷归往汇聚之地。"王",归汇成大的意思。

大道至简。"满招损,谦受益",是人们都懂的道理,而老子则告诉人们如何做才能走向成功。

老子渴望　圣人治世

"是以欲上民,必以言下之。欲先民,必以身后之。"意即,因此,圣人要想得到民众的拥戴,必须以谦谨的言行尊重民众。要想做民众的领导者,必须要把个人利益放在民众的后头。

老子希望统治阶层能按照"圣人"的教导执政。因为自古以来，能够担当得起"圣人"称谓的人，屈指可数，而一般的帝王能做到圣明决策就很不容易了。自春秋战国始，中国的圣人只有两个，即孔子和老子，而孟子和庄子，被后世认为是"亚圣"。"圣人"一词在《道德经》一书中出现过三十余次，老子是希望统治者能够聆听圣人的教诲。

"欲上民，必以言下之"的"言"字，也并非仅仅指说话。帝王的政策政令，都在"言"的范围。古代帝王金口玉言、一言九鼎，所以帝王的话总是关系着国计民生。而"下之"，就是指民众的感受和福祉问题。

老子大智　正话反说

"是以圣人处上而民不重，处前而民不害。是以天下乐推而不厌。"意即，因此，圣人处在上层领导地位而民众不会感到有负担，处在前面引领地位而民众不会感到前行有阻碍。所以，天下百姓乐于拥戴而不会厌弃圣人。

在人类社会的历史发展进程中，无论是奴隶制还是封建制，都是极无平等可言的。家天下，世袭制，除皇家外，臣民都是奴仆，帝王们过着极尽奢华、从心所欲的生活，吃喝玩乐，大兴土木，广建宫殿，乐拥后宫佳丽三千，出巡时无度铺张，不知耗费国家多少资源；反观百姓，却是吃不饱，穿不暖，实乃"朱门酒肉臭，路有冻死骨"。

所以，老子说的"处上而民不重，处前而民不害"，是话有所指的。人民希望天下有明君圣主出现。周文王时，执政比较仁德，臣民有错，画地为牢（就是在地上画一个圈，让人站在圈里罚站反省），所以人民比较拥护他，也就是"乐推而不厌"。所以待到武王伐纣时，其人气则足以摧枯拉朽了。

以其不争　天下无争

"以其不争，故天下莫能与之争。"意即，因为他不与人相争，所以天下便没有人与之相争。

老子所处的春秋时期，是天下大争的时期，国与国争，人与人争，引发的是天下不宁和人间恩怨，没有义战。老子提德政、无为，是想从根本上解决人间的纷争问题，但谈何容易。在现实生活中，竞争无处不在，因为万物的生存过程就是一个物竞天择的过程。那么，如何才能在竞争中永远立于不败之地呢？这是一个彰显智慧的问题。老子并不反对竞争，并且也不反对战争，他反对的是恶性的竞争和战争，不用正义的战争去消灭非正义的战争，天下就不会太平。问题在于如何去"争"，老子的智慧是不争而成就大争，无为而成。我有一个亲属，20世纪80年代在村里当村长，待遇不多，管事不少。后来，他就不再参加村长竞选了。有两个人参与竞选，因为心里没底，所以都贿赂选民，乡政府得到举报后，立刻取消了这两个竞选者的候选资格，动员原村长还得参选接着干。这就是不争而成就大争，不争而成。

▶[小结]

每个人都是一个独立的生命个体，每个人都各自生活在不同的机缘、机遇和各自的理性当中，有些事是可以争取的，有些事是争不来的。少一点妄想执着，多一些自成自立，便是人生的不争自成。

不是你的，争来也守不住。不争无忧。

第六十七章
我有三宝　持而保之

▶[题解]

在本章，老子把他的三个悟道体会称为"三宝"，"一曰慈，二曰俭，三曰不敢为天下先"。在老子心目中，慈悯、俭约、无争，应当是做人的完美品格，也应当是做事的基本准则。

老子的判断是有道理的，在慈、俭、无争"三宝"之中，蕴含着巨大的可持续的能量，因为这是人间正道，"以战则胜，以守则固"。人们经常说"谋事在人，成事在天"，而老子说"天将救之，以慈卫之"。世间的事，偶然就是必然，人意就是天意。

▶[原文]

天下皆谓我道大，似不肖。夫唯大，故似不肖。若肖，久矣其细也夫！

我有三宝，持而保之。一曰慈，二曰俭，三曰不敢为天下先。

慈故能勇，俭故能广，不敢为天下先，故能成器长。

今舍慈且勇，舍俭且广，舍后且先，死矣！

夫慈，以战则胜，以守则固。天将救之，以慈卫之。

▶ [直译]

天下都说我的"道"太大了,似乎什么都不像。正是因为它太大了,所以似乎什么都不像。如果像什么具体东西,它早就细碎不存了。

我有三条宝贵的行为准则,一直秉持和保全:第一是慈爱;第二是俭约;第三是不敢在人世中争先。

因为有真诚的慈爱,才会有真诚的勇敢;因为有知行的俭约,才会有收益的广博;因为不敢在人世中争先,才能成为人群中的俊杰。

现在,如果舍弃慈爱而盲目勇敢,舍弃俭约而奢求广博,舍弃谦让而争名夺利,死路一条啊!

就慈爱而言,用于战争则可以获胜,用于守卫则可以巩固。上天要救助谁,就用慈爱来保护谁。

▶ [读解]

大象无形　有形非道

"天下皆谓我道大,似不肖。夫唯大,故似不肖。若肖,久矣其细也夫!"意即,天下都说我的"道"太大了,似乎什么都不像。正是因为它太大了,所以似乎什么都不像。如果像什么具体的东西,它早就细碎不存了。

"道"超物外,在有形之上,又在一切有形之中,世间的一切有形都是"道"的造化,但任何一个具体的东西都不能代表"道"。"道",具有超越性和内在性两种属性。所以,"道",什么都是,也什么都不是。"道"如果是一个具体的东西,那么它早就消亡了。"道"是大象,无相之象。

"肖"：像也。"不肖"就是"不像"。人们常说的"肖像""生肖"等中的"肖"，就是"像"。中国人有属相，属相可反映人的一定特征。

就物质层面而言，"道"是一种"无物之物"，充斥在整个宇宙时空里。物理学家们把充斥于宇宙真空里的"无物之物"，称作"反物质"，也叫"玻色子"，"基本粒子"，它以"波的形式存在"。波的运动，产生物质。所以，它有创造一切的可能，是创造物质世界的本原。世间的一切，不管是有形的还是无形的，都同属于"道"，所以"道"很大，它什么都是，也什么都不是，这叫作"大象无形"。

道德"三宝"　慈俭无争

"我有三宝，持而保之。一曰慈，二曰俭，三曰不敢为天下先。"意即，我有三条宝贵的知行原则，始终秉持和保全着：第一叫作慈，第二叫作俭，第三叫作不与天下人争先。

老子的这段话非常重要，可以视为天下人立世的知行准则、道心规范、生命智慧。

"慈"：慈爱，慈悯，慈悲。这是人类应有的一种情怀，也叫佛心道性。上天有好生之德，人间有悲悯之义。"慈"不是情感，情感会变。"慈"是情怀，它没有分别心，善待一切，隐恶扬善，惩恶扬善。慈悲是大爱，不会变。

"俭"：俭朴，俭省，俭约，也可包括简单。"简"是自然德象，也是人间美德。"成由勤俭破由奢"，是人类几千年生活经验的总结，历史上的改朝换代与人生败落，多与当事人的腐败奢靡密切相关。

"不敢为天下先"，关键在于"为"字。"为"字在此是指刻意作为、"有为"。一旦有了人为刻意，必定容易违背自然法则，结果必是背道而驰，所以做事就很难成功。"先"，指的是"争先"，"争先"无非就是争名夺利。有些名利上的事情，无须去争，人们认可你了，才是真的属于你了。

"三宝"之用　能量无穷

"慈故能勇，俭故能广，不敢为天下先，故能成器长。"意即，由于内心有慈悲、慈爱，所以能够产生无尽的勇气和勇敢；由于知行上能俭朴简约，所以能得到最广泛的拥护和推广；由于不刻意去争名夺利，所以能自然而然地成为济世良才。

为什么"慈故能勇"呢？慈是"道"，是天性，是正义。动物对下一代的爱是慈，母亲对子女的爱是慈，表现为自觉自发，无私无畏，关键时候异常勇敢。比如企鹅，在冰天雪地为下一代捕食，然后再从自己的口中将食物倒出来喂给下一代，这是天性的慈。母亲培养孩子，不管孩子是一个什么状态，母亲都不会厌弃。所以，"慈"是道性的伟大。

在佛家，佛的理性是"慈悲为怀"，佛的信念是"普度众生"，所以唐僧能做到历尽千辛到西天取经，修成正果。中国共产党的宗旨是一切为了人民，共产党人没有自己的利益，所以其从诞生那天起，经历了近三十年的艰苦奋斗，最终赢得了民族独立，人民解放。红军在长征之前有三十余万人，等到达陕北后，仅剩下不到三万人。为了正义，中国共产党勇敢前行，不屈不挠。正义的勇敢，是可以惊天地泣鬼神的。

为什么"俭故能广"？勤俭节约、艰苦朴素是正道。中国共产党所领导的人民军队为什么能攻无不克，战无不胜？是因为他们能做到不脱离人民，和人民群众同甘苦，共患难。毛泽东同志在陕北，在西柏坡时，把能吃上一顿红烧肉都看作最美好的奢望。所以，中国共产党人能得到全国最广大人民的响应。

相比之下，国民党反动派的军队，贪腐成风，脱离了人民，焉能不败。蒋介石在和蒋经国分析国民党失败的原因时说，不是共产党打倒了国民党，而是国民党自己打倒了自己。腐败了就是自己烂了，一推就倒，不打自倒。

凡事，其道理都是大同小异的。

"俭"，也可引申为"简"，俭朴就是简约。老子的文章就极尽简约，他说的几个字，可以引申出万千道理。假如他说得很具体，很细致，很明白，反而就失掉了涵盖力了，也就不会有几千年来人们不断猜想和破解了。但是，《道德经》的魅力有如《易经》，有志者人人都可以读，可以解，但是没有人能够做到全说明白，也没有人能超越老子。到头来，还是回归到《道德经》的原文中去，由博返约。

"俭故能广"，亦可理解为越是简单，越便于推广。比如电视机，制作起来很复杂，但使用起来很简单，在遥控器上一按就行了，便于推广。单位的名字也是，人们喜欢用简称，越是简单，越便于交流和传播。所以"简"是智慧。

"不敢为天下先，故能成器长。""器长"，就是人群中的领袖人物。一个具备德行、能力，吃苦在前、享受在后的人，肯定会得到人们拥戴的。在芸芸众生中，真正具备领导能力的人才并不是很多，有的几千人的单位甚至都选不出一个可担大任的领导者。毛泽东同志有大智慧，1955年国家评选出"十大元帅"，有人建议推选毛泽东做"大元帅"，毛泽东坚决不要，他不图虚名，这并不影响他的地位，乃为"器长"。

无源之水　一时之泻

"今舍慈且勇，舍俭且广，舍后且先，死矣！"意即，如果是心血来潮，舍掉慈悯而去逞强，舍弃俭约而去寻求广泛，舍弃谦让而去争先恐后，结果只有死路一条。

"慈"，是产生勇敢行为的内在动力，人的真正强大不是外在力气的强大，而是内心的强大。为什么共产党领导下的"小米加步枪"的军队能够战胜国内外强大的敌人？因为他们知道为什么打仗，为谁打仗。正义之师，心中有对人民的慈爱。反过来，反动军队不知道为谁打仗，为什么打仗，所以关键的时候他们怕死，他们逞的是一时之勇。"舍慈且勇"，就是无本之木，无源之水。

"俭"，是人的道德魅力。中国共产党在延安时期，生活极度艰苦，但是全国的救亡志士，把延安视为革命圣地，不断涌去。如果共产党人不秉持这个"俭"字，可能就很难在西北立足，也不会有全国人民的响应和凝聚。

正因为由于有了慈和俭，人民"乐推而不厌"。

天将救之　以慈卫之

"夫慈，以战则胜，以守则固。天将救之，以慈卫之。"意即，就慈爱而言，用于战争则可以获胜，用于守卫则可以巩固。上天要救助谁，就用慈爱来保护谁。

为什么"夫慈，以战则胜，以守则固"呢？因为正义战争目的明确。中国人民的抗日战争、解放战争、抗美援朝战争，都是以弱胜强。黄继光可以用身体去堵机枪眼，董存瑞可以舍身炸碉堡，这种舍生取义的行为在反动军队里是不可能出现的。这是一个道义问题。

"天将救之，以慈卫之。"老子讲得比较隐晦，我们很难说清老子指的是什么。但是，人间的一切，都"事在人为"，"谋事在人，成事在天"。有时候古人所说的"天"，指的就是人心。"公道自在人心"，人心纯正，道法自然，自然就会水到渠成。

▶ [小结]

　　本章内容是老子修道的重要心得。依老子的智慧,他对事物的价值判断是准确的。

　　我想,学习感悟《道德经》的人们,如果能够真正领悟和奉行"一曰慈,二曰俭,三曰不敢为天下先"的真意,便可以平安吉祥、乐享天年了。

第六十八章
善战不怒　善胜不与

▶[题解]

老子所处的春秋时期，是诸侯争霸，战端四起，社会政治形态由奴隶制向封建制转型的大动荡时期。老子的《道德经》，可以说是时代的产物。他站在天道的立场上，反对战争，同时，他又面对着人间的浮躁，不得不提出他对战争的看法。

老子在本章中提出的"不武""不怒""不与""不争"，既有他的"反战"态度，又有他的"应战"智慧。老子论道不持立场，但他相信正道沧桑。在前一章里他说的"天将救之，以慈卫之"，讲的就是道德的力量。有人说《道德经》像是一部兵书。其实，老子与孙武都是参透自然道理的圣哲，所以他们关于战争的思想，才会有惊人的相似之处。

▶[原文]

善为士者，不武；

善战者，不怒；

善胜敌者，不与；

善用人者，为之下；

是谓不争之德，是谓用人之力，

是谓配天古之极。

▶[直译]

善于统兵的人,绝不崇尚武力;
善于作战的人,不会怒而动兵;
善于克敌制胜的人,避免正面交锋;
善于用人的人,对人态度谦下。
这叫作不争之德,这叫作借人之力。
这叫作符合天道且古来就有的最高准则。

▶[读解]

战争原则　不尚武力

"善为士者,不武。"意即,善于领兵统兵的人,绝不崇尚武力。

"士",在古时候是指"卒之帅也",是指将帅。"为士"是指统兵领兵的人。当然,级别可高可低,古代皇帝经常御驾亲征。

战争是政治的继续,是国与国之间,政治集团与政治集团之间解决矛盾的最后手段。战争的原则,是消灭敌人,保存自己。战争的结果,必然是生灵涂炭,是自然生态及社会生态遭到严重破坏。"兵无常势,水无常形",许多时候,弱者因为作战方法运用得当,往往能够打败气势汹汹的强者。

所以,动武这个关乎生死的问题,是政治家、军事家们非常重视的问题,"不得已而用之"是共识。《孙子兵法》说:"兵者,国之大事,死生之地,存亡之道,不可不察也。"

善战不怒　善胜不与

"善战者,不怒;善胜敌者,不与。"意即,善于作战的人,不怒而动兵;善于克敌制胜的人,避免正面交锋。

"不怒"就是保持头脑冷静,不逞匹夫之勇,全面分析形势,作出正确谋略。人在发怒的时候,头脑是发热的,人是冲动的,不顾一切的,所以大将风度是泰山崩于前而不惊。《孙子兵法》说:"主不可以怒而兴师,将不可以愠而致战。"意思是,决策者不可以因为一时愤怒兴师问罪,发动战争。将领不可以因为一时愤怒就挑战迎战。必须权衡利弊,深谋远虑。

"不与",就是尽量避免正面交锋,这才是"善胜敌者"。《孙子兵法》说:"不战而屈人之兵,善之善者也。"毛泽东同志在指导中国革命各个历史阶段的军事斗争期间,无数次地运用避实就虚、善胜不与、灵活机动的战略战术,保存自己,消灭敌人,使革命力量不断壮大。即便是在有了攻坚能力的解放战争中,还是以和平方式解放了北平,使这座文明古都得以保全。

善用人者　礼贤下士

"善用人者,为之下。"意即,善于用人的人,以礼谦下。这是一个常识问题、智慧问题、礼节问题,也是中国古时的文化传统。古代帝王在任命文武大臣时,叫作"拜相""拜将",以礼相托。在礼贤下士中,有情感,有信任,有托付,有责任,这是一种心灵沟通。人怕敬,不怕横。二人同心,其利断金。

不争之德　天古至则

"是谓不争之德,是谓用人之力,是谓配天古之极。"意即,这叫作不争之德,这叫作借人之力,这叫作符合天道且古来就有的最高行为智慧与准则。

"配天"：符合自然。"古之极"：古来就有的最高准则。老子认为，无为不争，是最高智慧，是最佳的行为准则。由于不争，往往成就大争，其中的奥妙，只有智者才能领悟。不争之德，既可以用于日常，又可以用于战争，这需要人们去领悟。

▶[小结]

"以正治国，以奇用兵，以无事取天下"是贯穿《道德经》全书的治世思想。本章的不武、不怒、不与、不争，是老子"无为"原则在军事领域的体现，也是智者的政治谋略。尽管古时的战争已与现代的不能同日而语，但是，在战争的原则以及战略战术方面，人们还是十分重视古代圣哲的天地智慧的。

我们应该记住一句话：古今中外，好战必亡，妄战必危，柔可胜刚，善胜不与。

第六十九章
抗兵相加　哀者胜矣

▶[题解]

本章内容是前两章有关战争思想的承续。

在本章，老子把他的"无为"思想延展到军事斗争的战略战术上，他反对主动挑起事端的非正义战争，提出"吾不敢为主而为客"的策略，这样可以赢得道义上的主动，可以出师有名。在战术上，要重视敌人，不露形迹，"行无行，攘无臂，扔无敌，执无兵。"老子相信，守慈守柔的正义战争，可以战胜挑起事端的非正义战争。所谓"抗兵相加，哀者胜矣"，是老子对战争结果的道德判断。

▶[原文]

用兵有言："吾不敢为主而为客，不敢进寸而退尺。"
是谓行无行，攘无臂，扔无敌，执无兵。
祸莫大于轻敌，轻敌几丧吾宝。
故抗兵相加，哀者胜矣。

▶[直译]

兵书战策上有这样的话："我不敢在战争问题上主动采取攻

势,而是要采取守势。不敢贸然前进一寸,而是后退一尺。"

这就是说,虽然有战争行动,却像没有行动一样;虽然有力量抵抗,却像没有力量抵抗一样;面对着敌人,要时刻保持警觉;虽然持掌着兵器,却像没有兵器一样。

祸患没有比轻视敌人更大的了,轻视敌人将会丧失我的制胜法宝。

因此,两军对抗生死对决的时候,守柔守慈的一方可以获得最后的胜利。

▶ [读解]

用兵之道　守柔曰强

"用兵有言:'吾不敢为主而为客,不敢进寸而退尺。'"意即,在兵书战策上有这样的话:我不敢主动发动战争或是采取攻势,而是甘愿采取守势进行自卫反击。不敢贸然进攻而前进一步,而是甘愿退却审时度势随机应敌。

这里老子讲的是战争态度和斗争策略问题。

凡属正义之师,养兵是为了积极防御,"人不犯我,我不犯人",用兵需要出师有名,是"不得已而用之",这样可赢得民心,获得广泛同情和支持。毛泽东说"兵民是胜利之本"。

而非正义战争,往往恃强凌弱,气势汹汹,带有强烈的欺压、掠夺、野蛮性质。面对着突如其来的进犯者,迎战一方往往在战争初期要采取守势,摸清情况,审时度势,调整力量,进行反击。这是战争原则和战争艺术问题。

十四年抗日战争和三年解放战争,中国人民面对着军事力量异常强大的敌人,采取的就是以柔克刚的军事斗争策略。抗战初期,毛泽东同志写出了《论持久战》,把抗日战争分为三个阶段，第一个阶段是"战略防御"阶段，保存有生力量，化整为零，绝不把鸡蛋放在一个篮子里。第二个阶段是"战略相持"阶段，深入敌后，放手发动群众，壮大人民武装力量，不断消耗敌人。第三阶段是"战略反攻"阶段。由于世界反法西斯联盟的共同努力，抗战胜利要比预想来得更快些。待1945年抗战胜利时，八路军的力量已由原来刚到陕北的三万人，壮大到了接近一百万人。1946年蒋介石拥兵四百万，公然撕毁国共两党和平协议，叫嚣三个月消灭共产党军队，解放战争爆发。人民解放军主动放弃大城市，"让开大路，占领两厢"，"以农村包围城市"，仅用三年多的时间，便从根本上打倒了国民党的反动统治。

兵无常势　不露形迹

"是谓行无行，攘无臂，扔无敌，执无兵。"意即，这就是说，军事行动，要做到像没有行动一样；军事动作，要做到像没有动作一样；面对着敌人，要时刻保持警觉；掌握着兵器，要做到像没有兵器一样。

"行无行"：指的是行军、列阵要隐秘，虚虚实实，真真假假，兵不厌诈。

"攘无臂"：指的是军事行动、军事意图要保密，不可让敌方知道行动。

"扔无敌"：指的是"扔"掉"无敌"思想，要时时戒备警觉，"轻敌几丧吾宝"。扔无敌，就是不要轻敌。

"执无兵"：指的是不要因为兵多将广，武器精良，拥兵自重，而成为骄兵。也就是说，不要暴露自己的真正实力。

战争要害　莫过轻敌

"祸莫大于轻敌，轻敌几丧吾宝。"意即，战争的要害没有比轻视敌人更大的了，轻敌几乎丧尽了我的制胜法宝。

老子在第六十七章讲"我有三宝"，慈、俭、不敢为天下先。"慈故能勇"，是正义战争的精神动力。"俭故能广"是维持官兵关系的思想基础。"不敢为天下先"，可以避免轻敌冒进，深入险境。老子的"三宝"，是他的修道心得，同样适用于战争策略。哲学思想是具有普遍指导意义的。修身、为政、用兵，都需要哲思。

抗兵相加　哀者胜矣

"故抗兵相加，哀者胜矣。"意即，所以，两军对抗，旗鼓相当，哀愤的一方容易取得胜利。

战争是一个过程，能够取得最终胜利的，往往是正义的一方。站在道义的立场上看战争，正义永远能战胜邪恶。这一点，已被无数的历史事实所证明。在二战以前，地球快被帝国主义列强瓜分完了。但是，一旦被压迫的一方觉悟了，反抗了，殖民主义者也就都滚回老家去了。

"哀"，慈哀、哀愤，是正义的心态，是反抗者的内在动力。抗美援朝战争中，中国人民志愿军"雄赳赳、气昂昂，跨过鸭绿江，保和平，为祖国，就是保家乡"。抗美援朝，保家卫国是正义的。人民知道为什么打仗，战士们勇于献身，所以尽管力量悬殊，但能最终赢得胜利。

▶[小结]

就战争问题而言，骄兵必败，哀兵必胜，是人们普遍认同的观点。老子说:"抗兵相加,哀者胜矣。"是因为"哀兵"是出于"不得已"而被迫反击,被卷入战争。"狭路相逢勇者胜","勇"是内心,"敢"是外显。"慈故能勇","慈"与"哀"是"同出而异名"的表达,"哀"是悲愤而被迫参战,"慈"是有着匡扶正义的必死决心,所以"哀者胜"与"勇者胜",有相通之处。

毛泽东同志博古通今,在他的军事思想和战争艺术里,始终充满着中国先民的圣哲智慧。正是这种智慧,能"无中生有"地战胜一切敌人。

第六十九章 抗兵相加 哀者胜矣

第七十章
知我者希 则我者贵

▶[题解]

《道德经》一书五千余字,语言质朴简约,阐述事理有根有据。他力求把天道的合理引入人间,使天道人道并行而不悖,以此克服人间的浮躁,使人心得以安顿,使社会得以安定。

所以,老子不厌其烦地把"道法自然"的道性本质告诉人们:要清静无为,少私寡欲,守柔谦下,不争无忧。这些道理,是"甚易知,甚易行"的。但是,由于人间的私欲,特别是上层社会的自私狂傲作怪,因而人类社会一直处在躁动、"有为"欲得之中。人们总是经常性地"背道而行"。老子淡观天下,发出了"知我者希,则我者贵"的感叹。

▶[原文]

吾言甚易知,甚易行。
天下莫能知,莫能行。
言有宗,事有君。
夫唯无知,是以不我知。
知我者希,则我者贵。
是以圣人被褐怀玉。

▶ [直译]

我的道理很容易明白,也很容易实行。

但是天下却很少有人明白,也很少有人实行。

我的言论是有宗旨的,指导做事是有根据的。

正是因为人们对"道"无知,所以也很难了解我,理解我。

实在是了解我的人很少,而能按照我的话去做的人也就更加可贵了。

因此,得道的圣人就好像是外面穿着粗布的衣服,而内里却怀持着美玉一样,人们很难看清道德理性的美好。

▶ [读解]

大道简易　难知难行

"吾言甚易知,甚易行。天下莫能知,莫能行。"意即,我所说的道理非常容易明白,也非常容易实行。但是,天下却很少有人真的明白,也很少有人真的实行。

为什么会是这样呢?

因为道心与人心是相反的。道心无知无欲,无争无求,以无心为心。而人心则有情有欲,有争有求,有所作为。尽管道理很容易明白,都会说"生不带来,死不带去",但是,往往都是看破了也放不下。人世间普遍的价值追求就是乐享荣华富贵,都想在人前活出个"人样"来。所以人心很浮躁,人的欲望水涨船高,没有尽时。能够知道知足常乐,就很不容易了。因此,人间的悖道行为很多。

正是因为如此,所以人类需要文化和教化。老子的道德文化,有着深浅两个层次:"深"的一面是他已经把"道"的存在推究到了"天根",即宇宙的根源,常人很难懂,不可知,加上文辞古奥,所以一般人都说读不懂《道德经》,这是现实。而"浅"的一面,则很好懂,但难做到,让人们做到清静无为、少私寡欲,太难了。

老子的话是隐晦的,叫"方而不割""直而不肆",他所说的"天下莫能知,莫能行",是应当有所指的。老子所处的时代还是奴隶制社会,能够读书识字有文化的人,都是奴隶主阶层,是帝王将相,也正是这一部分人,才是制造天下乱局的引领者。在那段历史时期,人们崇尚"得"之风气,都忙于争霸,或忙于自保,没人听劝,就连孔子也很不得志,也照样被困于陈蔡。所以在本篇的字里行间,我们可以隐约感觉到老子的无奈与感愤。

老子之妙　世俗难懂

"言有宗,事有君。夫唯无知,是以不我知。"意即,我的道德言论,是取法于自然的,各有宗旨来源,用它来指导做事,是经得起实践验证的。然而,正是由于世俗社会对道德真谛的无知,所以人们很难理解我和了解我。

在人类思想文化领域中,老子的思想应当属于智慧的顶级。老子对"道的本体"的了解与描述,是常人所难以理解和相信的,因为那是第四意识状态,也叫意识真空状态下的认知。常人只相信"有",而没法理解"有生于无"。以致在今时的社会科学领域,人们已把道家理论归类为形而上学,或称"玄学"。老子发现了宇宙真空里的"无物之物",并确认它正是构成宇宙万有的本原,"两者同出而异名,同谓之玄。玄之又玄,众妙之门"。老子的话着实难懂,但却正是宇宙整体的终极真实。

老子所说的"夫唯无知",指的是人们对"道"的"无知",

并没有贬义。"不我知"是倒装句,是"不知我"。老子在第二十章中说:"我独异于人,而贵食母。"他没有常人追名逐利、斤斤计较的心思,他的内心世界是宇宙天机,他能做到遁世无闷,独立无惧,大智若愚,所以世俗之人较难理解他,了解他。

大德君子　被褐怀玉

"知我者希,则我者贵。是以圣人被褐怀玉。"意即,能够了解我的"道",并理解我的人,是很稀少的,而能按照我的道理去做的人也就更显得珍稀可贵了。所以圣人在人间,外表穿的是粗布外衣,内里怀持的则是精华美玉,人们很难领悟圣贤的内心世界。

自古以来能够深彻感悟老子修行有得的人,着实很少,像庄子、河上公、张道陵、葛洪、吕洞宾等一样的人,可谓屈指可数。人的修行得道之路很难,其中也有机缘问题。但是对于老子思想的传播,还是可以持乐观态度的。在西方世界,《道德经》一书的发行量仅次于《圣经》,美国哲学家威尔·杜兰特在《世界文明史》中说:"除《道德经》之外,我们将要焚毁所有的书籍,而在《道德经》中寻得智慧的妙要。"此言虽然夸张,但是在现代文明社会中,人们对老子的智慧也是大加认可的。两千多年来,老子思想的诸多简易理性,已经融入了人们的日常生活之中。"知足者常乐",就是老子"知足之足,常足矣"的衍化。林则徐的名句"海纳百川,有容乃大。壁立千仞,无欲则刚",正是《道德经》思想得到传承的写照。

▶ [小结]

在有的解读《道德经》的版本中,有人提出老子思想"是否过时"的问题。如果这个问题能够成为问题,那么,《道德经》一书已经问世两千多年了，为什么还要质疑呢？老子提倡"道法自然"，当今社会实行法治，而两者似乎无法等齐。但是，《道德经》所构筑的是人间秩序的精神防线，它是"为无为""事无事"。一个不违法的人，法律对他形同虚设，毫无意义，而那些知法犯法、执法犯法的人，则正是在说明着道德的无奈，只能是依靠法律对其做出惩戒了。

所以，道德教育，特别是深层次的道德教育，永远是人类社会治理的第一道防线，而法制则是无奈的最后防线。假如执政者都能感悟一些《道德经》，少一些浮躁、贪婪、争夺、求取，国家的治理可能会减轻许多负担。

第七十一章
圣人不病　以其病病

▶[题解]

本章语言简约，中心是阐述"知"与"不知"的问题，提醒人们要有自知之明。

在无限的宇宙时空里，人的生命过程是极短暂的，同时人们所接触的社会面，也是十分有限的。因此，一个人在一生中所获取的知识，以及所建立的观念，是很有限的，或者是很狭隘的。所以老子说："知不知，上；不知知，病。"文字虽少，但内涵深刻，发人深省。

▶[原文]

知不知，上；
不知知，病。
夫唯病病，是以不病。
圣人不病，以其病病，是以不病。

▶[直译]

知道自己还有太多的不知道，这种态度是值得崇尚的啊！
本来不知道，却认为自己知道，把无知当有知，这种态度便是谬误了。

正是因为担心出现谬误,所以能慎重妥善地避免谬误。

大德圣人之所以不出谬误,是因为他担心出现谬误,所不容易出现谬误。

▶[读解]

价值判断　圣凡有异

"知不知,上;不知知,病。"意即,知道自己还有许多的不知道,这种态度是值得崇尚的啊!而把不知道当作知道,或是把无知当作有知,这种态度便是谬误。

老子的话,越是简约、简单,解读难度越大,可能是因为"俭故能广"的缘故吧。所以自古以来,人们对《道德经》的解读总是见仁见智,莫衷一是。

"知不知"这句,可以有三种解读法:①知道自己还有许多的不知道。②知道,也认为自己不太知道。③知道,也当作自己不知道。

这三种解读法,在不同的人文环境里,在不同的思想境界中,都能说得通,这是老子智慧的高妙,是"俭故能广"的效应。

对于人类的全部认知,我们总体上可以把它分为两大类。

第一类是人们生产生活所需的知识和技能。人类的社会分工,千奇百怪,三教九流,各有千秋,有许多人一生只以一种特长谋生。社会行当,千差万别,隔行如隔山。儒家说:"知之为知之,不知为不知,是知也。"儒家思想是讲"入世"的,讲的是人伦,所以比较好懂。所以人们会认为儒家讲得有道理,懂就是懂,不懂就是不懂。因为知识和技能都是实实在在的有形的东西。

第二类，就是人们的观念认知问题，也就是人们的世界观、人生观、价值观的问题。这是灵魂层面的东西，是无形的，是意识形态领域的知识。灵魂支配机体。正是这种无形的东西，决定着人生能否平安长久。也就是先做人，后做事的问题。

关于"塑魂"的知识，道家的见解所揭示的是宇宙人生的终极真实。可惜，圣人的境界与智慧太高，人们看不见，摸不着，做不到。所以老子说："上士闻道，勤而行之；中士闻道，若存若亡；下士闻道，大笑之。不笑，不足以为道。"从古到今，真读懂《道德经》的人很少。

道家说"无"，佛家说"空"，佛道两家的宇宙人生观念，与世俗社会的价值追求是相反的。在人世间，人们普遍追求的是"有"和"得"。特别是在春秋战国时期，道家思想尚未传播，佛家思想尚未进来，在那个崇尚以"得"为荣的大争之世里，人们注重的是"有"和"得"，所以老子在本章中的话语，是暗含着无奈和讽刺的，更是警世的劝诫。

"不知知，病。"老子可能是在告诫和提醒诸侯们，不要把无知当有知，"金玉满堂，莫之能守"。"天下神器，不可为也，不可执也。为者败之，执者失之。"真的是"万里长城今犹在，不见当年秦始皇"。一切都是滚滚长江东逝水，争来争去，只落得个生灵涂炭，民不聊生。自古以来，社会动荡，犯罪频发，都是有些人的价值观惹的祸。特别是春秋时期，一国之君如果头脑发昏，把无知当有知，非得提前走向国破家亡不可。所以老子才发出了"不知知，病"的感叹。

无为无败　无执无失

"夫唯病病，是以不病。圣人不病，以其病病，是以不病。"意即，大德圣人之所以不出谬误，是因为他担心出现谬误。正是因为担心出现谬误，所以才能够有效地避免谬误。

《道德经》一书，有三十多处提到"圣人"，圣人就是有着崇高道德和智慧的人。其实，人世间的圣人是屈指可数的。老子的本意是希望人间的统治者要按照圣人的智慧行事，这样就少出谬误了。

"病"是毛病、错误、谬误的意思。"病病"，是动宾词组，前一个"病"是名词活用做动词，可解读为忧虑、担心，所以"病病"就是"担心出毛病"。圣人行事严谨，按规律法则办事，大德之人，唯道是从。在老子心中，"道"才是最可靠的，是人生的终极依靠。这就是世界观和方法论问题。

就人类道德而言，其关键就在于"利他"还是"利己"问题。大德孔子的"己所不欲，勿施于人"，已被联合国列为人类共识。圣人最大的德行是少私寡欲，忘我利人。"圣人不病"的关键，是没有贪取之心，不为物累，不为贪扰，时时戒惧。所以"无为故无败，无执故无失"。这是真正的大智慧。

▶ [小结]

人类的认知问题，是永无止境的，因为时空是无限的，所以人类对宇宙真理的探索永无止境。《庄子·养生主》说："吾生也有涯，而知也无涯。以有涯随无涯，殆已！"一个人，乃至整个人类，永远都不会比自然更伟大。在自然面前，我们必须要承认自己的存在是非常渺小的，我们对宇宙自然的认识是非常有限的。人们如果盲目自大，狂妄自大，就会贻误终生。所以老子认为"知不知"才是真正的智慧。有太多的时候，人的弊病就在于自己都不能认识自己，所以有太多的人自以为是，自食其果。

第七十二章
民不畏威　则大威至

▶[题解]

本章是老子针对春秋时期的政治时弊，对统治阶层提出的道德劝诫，深具警世意义。

春秋时期的社会统治奉行的是"王道"，"溥天之下，莫非王土；率土之滨，莫非王臣"，统治阶级过的是穷奢极欲的生活，而社会底层，则承受盘剥，水深火热。"民不畏威，则大威至"，所折射的就是当时社会的危象。所以老子以道德立场向统治阶层提出了劝谏和告诫。

▶[原文]

民不畏威，则大威至。
无狎其所居，无厌其所生。
夫唯不厌，是以不厌。
是以圣人自知不自见，自爱不自贵。
故去彼取此。

▶[直译]

当民众不再畏惧权力威迫的时候，那么官逼民反的威胁祸乱就来了。

不要搅扰民众的安定生活，也不要厌烦民众的谋生之路。

只有不欺压民众，才不会令民众讨厌。

因此有道的圣人具有自知之明而不自我炫耀，自觉爱惜德行操守而不自恃高贵。

所以要舍去自见自贵，保持自知自爱。

▶ [读解]

为政逞强　官逼民反

"民不畏威，则大威至。"意即，当民众不再畏惧权力威迫的时候，那么，社会不稳的巨大危险就来到了。

自古以来，"人随王法草随风"。如果天下政通人和，社会当是安定祥和的。古时，老百姓怕官，因为官是掌权执法的。当掌权者昏庸，吏政严苛，民不聊生时，则易发生民变，即所谓官逼民反，民不得不反。这种情况在中国历史上常发生，并能成为改朝换代的导火索。"反者道之动"，官府逼民太甚，反过来民就会逼官。老子所揭示的，既是社会现状，也是社会规律，它是令统治阶层深省的警世之语。

这句话有两个"威"字，第一个"威"字是指威迫、欺压；第二个"威"是指反弹回来的威胁、危险、祸乱。王弼在注解"大威"时说："上下大溃矣，天诛将至。"这就涉及了政权存亡问题。西周末期，周厉王实行酷政，滥用极刑，国人怨声载道，忍无可忍，于公元前841年发生暴动。周厉王出逃十四年未再归国，客死他乡，从此周王室一蹶不振，日渐衰微。周朝的历史，老子是很清楚的。

中国的名著《水浒传》，讲的都是官逼民反的故事。社会现象，小中有大，大中含小，都是历史借鉴。

官不厌民　民不生厌

"无狎其所居，无厌其所生。夫唯不厌，是以不厌。"意即，不要搅扰民众的正常生活，不要烦扰民众的谋生之路。只有不厌烦民众，民众才会不厌烦你。

"狎"音xiá，狎昵、狎侮，指亲近而态度不端正。引申为骚扰、干扰、扰乱。

"厌"字连续出现三次，前一个指的是欺压、压迫、干扰，后两个指的是讨厌、厌烦、反感、反抗。老子用词很微妙，有时候难用一种意思表达清晰，因为它们的界限是含混的，不确定的。

讨厌与生厌是正相关的，老子表达的是辩证法思想。

圣凡比较　教化凡庸

"是以圣人自知不自见，自爱不自贵。故去彼取此。"意即，因此，有道的圣人具有自知之明而不会自我炫耀，自觉地爱惜自己的德行操守而不自以为贵。所以，人们要学会去除自恃自贵，保持自知自爱。

"圣人"一词，在《道德经》中是"道德智慧"的代名词。

"自知"就是自知之明。"明"什么？明"道"，《道德经》一书讲的全是"道"。"不自见"就是"不自现"，不彰显自己，不突出自己，无我无私，无欲无争。如果太突出"自我"，就很容易毁坏自我，俗话叫"人怕出名猪怕壮"。自私自利会把人打造成魔鬼。

"自爱不自贵"，意思与上一句相近。"自爱"是爱惜自己的道德操守、人格名节；"自贵"是太看重自己，会傲慢骄矜，行为离群，招人讨厌。

老子鼓励人们要舍弃自见自贵，要保持自知自爱，这是大德的知行智慧。

▶[小结]

君与民，是一个国家的两个侧面，合则两益，分则两伤。老子明确地反对暴力，告诫统治阶层要自知自爱，不要自贵自见。上层社会的不自觉，往往是天下不安的根源所在。

道本一元，天下一体，爱护他人，就是爱护自己。圣人的思想经过几千年的传播，今时的人们已经很明了了。

第七十三章
天网恢恢　疏而不失

▶[题解]

天地之间，人类须面对的最大的问题是生死存亡问题。当然死是必然的，没有老死便没有新生。关键是人类如何才能活得相对平安长久，善始善终。《道德经》一书的全部思考，似乎都是站在天道的角度上，试图解答和解决这一问题。

"天网恢恢，疏而不失"，老子形容的是天地规律与法则，其虽然无影无形，但任何事物都不能从中逃脱。"道"的规律是柔弱胜刚，不争善胜，不言善应，不召自来，不为自成。老子希望人们效法天道，不要用刚使强，不要足智多争，不要自寻死路。

▶[原文]

　　勇于敢则杀，勇于不敢则活。
　　此两者，或利或害。
　　天之所恶，孰知其故？是以圣人犹难之。
　　天之道，不争而善胜，不言而善应，不召而自来，繟然而善谋。
　　天网恢恢，疏而不失。

▶ [直译]

勇于逞匹夫之勇则会招致杀身之祸,勇于守柔无争则会使生命得以保全。

这两种情形和结果,一个有利,一个有害。

天道的好恶,谁能知道其中的缘故呢?圣人也以此为难。

自然的法则是,不需要争斗而善于获胜,不需言语而善于响应,不需召唤而自动到来,宽舒和缓而善于谋定。

自然法则的罗网广大无边,虽疏松无形,但却没有漏失。

▶ [读解]

物壮则老　守柔曰强

"勇于敢则杀,勇于不敢则活。"意即,勇于逞强,争强好胜,则容易招致杀身之祸;勇于守柔,谦卑退让,则容易使生命得以保全。

老子的话,不能光从字面上去理解,否则,"勇于不敢"便成了胆小怕事,从而埋没了"慈故能勇"的德行。"勇于不敢"是一种修行,它比"勇于敢"要难得多。一个是理性,一个是冲动。圣人的心是慈悯的,他反对武力,反对恃强凌弱。

"此两者,或利或害。天之所恶,孰知其故?"意即,"勇于敢"和"勇于不敢"这两种知行,一个有利,一个有害。天道的好恶,谁知道其中的缘故呢?

道,是老子的发现,不是老子的发明。他对事物的规律和法则提出了疑问:为什么会是这个样子呢?没有人知道。因为这是事物的本来面目,没有为什么,也不为什么。大象无形,大仁无仁,大爱无爱。

道本无为　而无不为

"天之道，不争而善胜，不言而善应，不召而自来，繟然而善谋。"意即，自然的规律和法则是，不需要去争而自然获胜，不需要言语而自然响应，不需要召唤而自然到来，舒缓宽和而善于谋定。繟：音 chǎn，宽舒和缓的意思。

天无意志，天地造化的一切都是自然天成的。一切存在，都是合理的。而唯有人，主观能动性太强，特别是一旦有了私妄之后，便以个人意志轻举妄动，背道而行，多争，多言，多谋，多动，同时也多遇坎坷和失败。

说到底，老子还是在他所处的天下纷争的躁动时代里，规劝人们虚静守柔，回归道统。尽管现在已时过境迁，但是道法自然的道理是永恒的。

天道人道　并行不悖

"天网恢恢，疏而不失。"意即，自然规律和法则这张天网恢宏无边，它虽然稀疏无形，但绝无漏失。

老子的这句话，现在已变成"法网恢恢，疏而不漏"了，意思是作恶必遭惩罚。

道生万物，支配万物，裁判万物，无处不在，看似漫无边际，却贯穿于万事万物的始终。天理即是人心，人世间永远是有道义存在的。善恶到头终有报，绝不是虚言，只是时间问题。

▶[小结]

日月经天，牵扯出一年四季；江河纬地，哺育着万物峥嵘。大自然在自然运作中，无争无言。春天该来的时候就来了，燕子该回的时候就回了。在道家眼里，无争无求，无欲则刚，可

《道德经》品读

以天长地久。有争有求，多欲则折，事与愿违。老子的道理，出于悲天悯人、爱民治国，它未曾光显过，也未曾失落过，正所谓"不生不灭，不垢不净，不增不减"。大道永恒，疏而不失。茫茫宇宙，道贯其中。

第七十四章
民不畏死　莫以死惧

▶[题解]

本章言语直接，是老子对当时的天下暴政提出的严厉谴责和不满。

人命关天，是天下最大的道义。但是在"王道"社会里，统治者可以凭借权力，以一己之私为标准擅断善恶，顺其者昌，逆其者亡，或是发动战争，或是施于严刑，视人民生命为草芥，随心所欲地剥夺他人生命。当人民没有生路的时候，便会以死相拼，这便是暴政的结局。老子强烈反对滥用杀伐，即使有人该杀，也要通过"司杀者杀"。他告诫天下，滥开杀戒是会伤到自己的。

▶[原文]

民不畏死，奈何以死惧之？
若使民常畏死，而为奇者，吾得执而杀之，孰敢？
常有司杀者杀。
夫代司杀者杀，是谓代大匠斫。
夫代大匠斫，希有不伤其手矣。

▶[直译]

当人们到了连死都不怕的时候，还怎么能用死亡来威胁他们呢？

如果要让人们真的害怕死亡，就要尊重生命，而对那些邪恶的人，我们可以抓起来杀掉他。这样，谁还敢作恶找死呢？

对于生死的判决，要有主管生杀的机构去依律处置。

如果不经过司杀程序，以权代法想杀就杀，这就像代替木匠砍木头一样。

代替木匠砍木头的人，则很容易伤到自己手啊！

▶[读解]

压迫过甚　必是反抗

"民不畏死，奈何以死惧之？"意即，当人们已被逼迫到求生无路而要以死相拼的时候，那么，再用死亡来威胁他们又能有什么用呢？

求生，是生命的第一法则，动物如此，植物亦如此。人没有不爱惜生命的，没有不怕死的。但是在横竖也是个死的时候，人便也就无所畏惧，以死相拼了。

秦时的陈胜、吴广大泽乡起义，就是因为要经过千里跋涉到远方去服徭役，但因山高路险风雨阻挡而延误了行期，按秦律逾期未到就要被问斩。进也是死，退也是死，没有活路，不如反了，死也死个轰轰烈烈。所以，戍卒一叫，揭竿而起，便点燃了全国的反秦怒火，衍生出了秦朝的早亡。秦灭六国，可谓强大，但是暴政当道，其统治仅仅存续了十五年。

老子的话很好懂。人们都知道，不可欺人太甚，事物都有反弹效应。

尊重生命　使人畏死

"若使民常畏死，而为奇者，吾得执而杀之，孰敢？"意即，要让人们真正害怕死亡，就要尊重人们的生存权利，不要滥用杀刑。而对那些作恶的人，我们必须把他抓起来杀掉，这样，就没有人敢胡作非为了。

战争是杀人的机器，暴政是吃人的魔鬼。整个春秋战国时期，道统失序，仁义不兴，争王争霸，天下动荡。统治阶级视人民生命为草芥，强权苛政杀人如麻，人民的生存权利得不到保障，所以会求生艰难而轻死。如果想让人民重视生命，畏惧死亡，就要尊重人民的生存权利，不要滥杀无辜。

但是，对那些"为奇者"，该杀的必须要杀。"为奇"："为"，作为、行为。"奇"，行为不端，作恶。面对这种情况，要惩恶扬善，消除祸害。把该杀的杀了，人们就不敢胡作非为了。

杀人要慎　司杀者杀

"常有司杀者杀。"意即，对于剥夺人的生存权利问题，要慎重严谨，要有专门的司法机构执掌生杀大权，决定生死。

对于今时的人们而言，老子的这句话好像无关紧要。但是在古代，帝王的喜怒哀乐、反复无常，则直接决定着一个人的生死荣辱，有时甚至出现诛九族的酷刑。中国几千年的奴隶制和封建制，谁知有多少冤魂命丧九泉。老子著述惜墨如金，我们或可通过"常有司杀者杀"几个字，在不经意间，能够感受到它的历史作用和人文价值。它或许在两千多年来，对许多皇帝起到过提醒作用。

代人砍木　自伤其手

"夫代司杀者杀,是谓代大匠斫。夫代大匠斫,希有不伤其手矣。"意即,那么,代替执掌刑律的人去杀人,这就像是代替木匠去砍木头,而代替木匠去砍木头的人,很少有不伤到自己手的啊!

"斫"音 zhuó,即砍的意思,用斧头砍木头。

老子的比喻用词古拙,他在暗示帝王:你不是木匠去做木匠活儿,不但活儿做不好,而且还容易伤到自己的手。老子的话,既是讥讽,也是告诫。对于明君圣主来说,这句话可以发人深省。

▶[小结]

老子的著述,是有着深刻的人文环境和历史背景的。爱民治国,警世劝君,安定天下,是他诉说道家思想的路线图。老子的著述之所以得以长存,一是因为天道方能永恒,二是因为大德自然长久。

第七十五章
上之有为　乱世之源

▶[题解]

爱民治国，是老子弘道的主旋律。他作为得道高人，静观春秋天下乱局，告知人们"上无为则民自化"，其言外之意不言而喻。

本章内容，老子明确地告诉世人，人民饥饿、难治、轻死的根本原因，是"上之有为"，是统治者的"食税之多"和"求生之厚"，把人民推上了水深火热、生存无望的轻死境地，天下焉能不乱？

"夫唯无以生为者，是贤于贵生。"老子从"道"的高度，告诉人们如何看待人生，如何爱护生命。

▶[原文]

民之饥，以其上食税之多，是以饥。
民之难治，以其上之有为，是以难治。
民之轻死，以其上求生之厚，是以轻死。
夫唯无以生为者，是贤于贵生。

▶[直译]

人民陷于饥馑，是因为统治者刮税太多，所以人民才会饥饿。

人民难以统治，是因为统治者胡作非为，所以人民难以治理。

人民轻视生死，是因为统治者只顾自己生活享受，不顾他人死活，所以人民轻死。

那么，唯有不追求生活享受的人，才比过分看重自己生命的人高明。

▶[读解]

民生之要　以食为天

"民之饥，以其上食税之多，是以饥。"意即，人民之所以陷于饥饿状态，是因为统治者收税太多，所以人民难以温饱。

老子的话一针见血。春秋时期，统治阶级根本不顾民众的死活，刮尽民脂以自用。老子当时在河南天子脚下做事，而孔子所讲的"苛政猛于虎"的故事，发生在鲁国的泰山脚下，可见，天下乌鸦一般黑。民不聊生，社会怎能安稳？

上梁不正　下梁必歪

"民之难治，以其上之有为，是以难治。"意即，民众之所以难以治理，是因为统治者胡作非为，所以社会不安，难以治理。

"上之有为"，包括的内容可以是多方面的，比如：称王争霸，发动战争，对国力的消耗是巨大的；修城造宫，劳民伤财，人民经常背井离乡服徭役；严刑酷法，强权镇压，使人民怨声载道。统治阶级对民众压迫得越狠，所积累的社会矛盾就越多越大。民不聊生，则盗贼多有；欺人太甚，则反抗频繁。

一个国家的前途走向,风气好坏,民心向背,根本在于政治导向、政权引领。所以几千年来,中国民众对于国家的期盼,就是有明君圣主出现。然而,昏君误国的事,却时常发生,其深层次的原因,是君主身居权力的顶峰,太过自见自贵了。同时,家天下的体制,正是滋生昏庸的有效土壤。

尽管中国古代的奴隶制和封建制社会已经成为历史了,但老子的思想并不会过时。历朝历代,贪污腐败,上行下效,官商勾结,胡作非为,屡禁不止。所以,政治清明,是国家治理的根本所在。

民之轻死　因无生路

"民之轻死,以其上求生之厚,是以轻死。"意即,民众之所以轻视死亡,是因为统治者只顾自己,压迫太甚,人民求生无望,所以轻视死亡,以死相拼。

"轻死",民不畏死,横竖是个死。这是一个危险的信号。

"求生之厚",是指统治者的生活极尽奢华,政治上为所欲为,经济上盘剥百姓,人民的生存和生活得不到保障,"朱门酒肉臭,路有冻死骨"。据说慈禧用膳少则几十道菜,多则二百道菜,可以不吃,但必须有。统治阶级的奢靡,可见一斑。

道德养生　无以生为

"夫唯无以生为者,是贤于贵生。"意即,那么,唯有不追求生活享受的人,才比过分看重自己生命的人高明。

"无以生为",就是不要把自己的生存质量、生活水平、生命养护当成自己的要务。事实上,越是注意吃好喝好,反而越容易把身体搞坏。传说秦始皇想长生不老,派徐福到扶桑去寻长生不老药,结果徐福带着三千童男童女一去不复返了。始皇帝享尽人间荣华富贵，四十九岁就驾崩了。

道家养生，讲究恬淡虚无，修真炼性，讲究"志闲而少欲，心安而不惧，形劳而不倦"，不为财累，不为物扰，这是一种"无以生为"的人生态度，它比"贵生"要智慧得多。心是真我，身是皮囊。人的养生，重在心静。

老子最后这两句是用"道"的智慧来告诫君王和警醒世人的。

▶[小结]

从第七十一章到第七十五章，老子所述的内容比较相近，重在提醒统治阶层不要把"无知"当成"有知"。老子的思想是极其深邃的，在这几章中，他的文字充满愤怒和讽谏。

在大德身上，我们看到了"慈故能勇"。老子抨击了时弊，教化着苍生。

第七十六章

强大处下　柔弱处上

▶[题解]

　　守柔曰强，柔能胜刚，是老子阐述"道"性本质、启迪人生智慧、论述无为思想的基本观点，或叫文化理性。

　　道性是虚无的、柔弱的、无显的，没有人会感觉到它的存在，但它却无处不在，永恒地支配着世间万物。而在这个显在世界里，人们则很难做到真诚的理性，人类喜欢占有，喜欢强大，喜欢用强。特别是春秋战国时期，在道统失序、仁义不兴、人间争伐不止的情况下，天下没有真正的强者。周朝初年的七十多个诸侯国，在春秋末期被兼并成了七个。秦始皇统一六国后，秦也只能存在十五年的时间。霸王项羽可谓强大，天下无敌，但也很快自刎乌江。

　　老子说的"强大处下，柔弱处上""坚强者死之徒，柔弱者生之徒"，是出于对物性的观察，是对于道性的阐发。

　　有人把圣人的理性称为"先知先觉"，这是因为天道永恒。"天网恢恢，疏而不失"，"道"永远是宇宙存续的终极真实。

▶[原文]

　　　　人之生也柔弱，其死也坚强。
　　　　万物草木之生也柔脆，其死也枯槁。

故坚强者死之徒，柔弱者生之徒。
是以兵强则不胜，木强则兵。
强大处下，柔弱处上。

▶[直译]

人在活着的时候，身体是柔软的，死了以后就变得僵硬了。

草木在有生机的时候，枝叶是柔软脆弱的，死了以后就变得枯槁干硬了。

所以，坚强僵硬是死亡的特征，而柔软脆弱是生机的表现。

因此，兵力强大是败亡的征象，树木粗直是被砍伐的象征。

强大过头的事与物容易走向衰亡，柔弱的事与物反而居于上位。

▶[读解]

物性昭彰　便是人理

"人之生也柔弱，其死也坚强。万物草木之生也柔脆，其死也枯槁。"意即，人在活着的时候，身体是柔软的、自如的，而人在死了之后，身体是僵硬的、无知觉的。草木在活着的时候，枝叶是柔软的、脆弱的，而死了之后，枝叶是枯槁的、干硬的。

老子说理，一向是"言有宗，事有君"。他以生和死的两种不同特征为根据，来说明"坚强"是死象，这叫作"言有宗"，即理论有出处。用这个道理来告诉人们，不要用强、争强、逞强，这样有危险，这叫作"事有君"。老子论道，一事一理，可谓不厌其烦，苦口婆心。

"故坚强者死之徒，柔弱者生之徒。"意即，所以坚强僵硬是死亡的象征，是自寻死路的表现；柔软示弱是生机的特征，是生存的表现。

历数古今中外天下强者，强秦覆灭，西楚灭亡，拿破仑兵败，希特勒自杀，曾几何时，他们是何等强大，但是很快都落得个"强梁者不得其死"的结局。人的思想亦不能僵化，不能固执，要开放、守柔，不断使境界得到提升。

兵强则不胜，木盛则折，飓风来时，伏草唯存，这个道理世人皆知，唯有智者，才能勤而行之。

兵强则灭　木强则折

"是以兵强则不胜，木强则兵。强大处下，柔弱处上。"意即，因此，兵力强盛则很容易招致毁灭，树木强直则很容易招致砍伐。强大是败亡的特征，用强是下策；柔弱是生机的表现，守柔是上策。

二战时期，日本有航空母舰二十余艘，这助长了他们要称霸太平洋的野心。穷兵黩武，挑战人类良知，最终，"樯橹灰飞烟灭"。

▶ [小结]

世间道理，无大无小，一理得通，理理皆通。人太要强、太逞强，易受伤害。总有些血气方刚的人行事鲁莽而惹祸上身，总有些刚愎自用的人众叛亲离。

自古以来，中国智慧，打造出的是太极武功，刚柔并济，以柔克刚；而西方文化，打造出的是拳击决斗，两败俱伤。老子说："强大处下，柔弱处上。"道的妙用，"莫知其极"。

第七十七章
天道合理　自调盈虚

▶[题解]

本章内容，老子以人们拉弓射箭为例，来讲述自然之道——"损有余而补不足"。紧接着，老子直接指出"人之道则不然，损不足以奉有余"，这是老子对统治者的尖锐批判。

两千多年来，老子的思想之所以不能成为皇权统治下的正统文化，正是因为老子一概不言"忠君"，而是一味地进行劝诫。上层社会所要的，都是臣服和进贡，而底层社会所承受的，总是奉献和困苦。天道与人欲之间，自古就存在着相反的差别。

"孰能有余以奉天下，唯有道者。"所以自古以来，人们把败政的皇帝都称为"无道昏君"。得此名者，休矣。

老子的语言"直而不肆"，细细品味，犀利无比。

▶[原文]

天之道，其犹张弓欤？
高者抑之，下者举之；
有余者损之，不足者补之。
天之道，损有余而补不足。
人之道则不然，损不足以奉有余。

孰能有余以奉天下，唯有道者。

是以圣人为而不恃，功成而不处，其不欲见贤。

▶[直译]

自然的规律，难道不是像拉弓射箭一样吗？

弓抬得过高就把它压低一些，压得过低就把它抬高一些。

弦拉得太满就把它放松一些，弦拉得不足就把它再拉紧一些。

自然的法则，就是减损过剩的而补充不足的。

但人间的情况则不是这样，而是减损不足的来奉送给有余的。

谁能做到把有余的力量奉献给天下不足呢？唯有彰明大道的人。

因为有道的圣人虽有所作为但不自恃己能，做事成功而不居功占有，他不愿意表现出自己的贤能。

▶[读解]

自然之理　泻实补虚

"天之道，其犹张弓欤？"意即，自然的法则，难道不像是拉弓射箭吗？

天，是指自然之"天"。道，是指法则，也是道理。其，在疑问句中表反诘，译为"难道"。欤，表疑问。

老子用拉弓射箭来比喻天道维持自然平衡的道理。

"高者抑之，下者举之；有余者损之，不足者补之。"意即，弓箭抬得过高的时候就向下压一压，抬得有些低的时候就向上举一举；弓弦拉得太紧的时候就松一松，拉的不紧的时候就再补点力。

在自然界这个大系统中，气候的变化、生态的平衡，是自调自控的，此消彼长，此长彼消，总体维持在一个动态平衡的状态。四季的循环、物种的延续，都存在着平衡问题，特别是生物链系统。自然界安排得很合理，即"损有余而补不足"。

在中医临床上，有一个很重要的治疗原则叫"补虚泻实"，即"虚则补之"，"实则泻之"。"补虚"包括滋阴、养血、益气、助阳；"泻实"包括活血、化痰、清热、消食、导泻等等。如果认证准确效果必然良好。中医的理论就是"天人之学"，自然之理。

私欲贪婪　悖逆天道

"天之道，损有余而补不足。人之道则不然，损不足以奉有余。"意即，自然的规律，是减损有余的而补充不足的；而人世间的法则是，减损不足的而奉养有余的。

老子的这句话，直指统治阶级的盘剥。在人类社会中，往往是富的越富，穷的越穷，两极分化。从奴隶社会到封建社会，统治阶层占有着生产资料，具有分配权，很容易疯狂地聚敛财富。社会风气败坏，趋炎附势，搜刮民财，行贿受贿，巴结权贵。人们为了一己之私，乐此不疲，不知天道为何物。

唯有道者　兼济天下

"孰能有余以奉天下，唯有道者。"意即，谁能做到把有余的力量奉献给天下的不足呢？只有彰明大道的有德之人。

有道的人是奉献型的人。老子接下来评断是这样的："是以圣人为而不恃，功成而不处，其不欲见贤。"意即，因此，有着崇高智慧和道德的人，有所作为但不恃己能，事业成功而不居高自处，他不愿意贪恋名利地位彰显自己。

"见贤"："见"，即"现"，彰显之意。"贤"，名誉、地位。"不欲见贤"就是光而不耀，不贪图名利地位。

▶[小结]

老子"天之道，其犹张弓欤"的评断，是有其内涵深意的。在道家眼里，"天网恢恢，疏而不失"，天道人道，并行不悖。自古以来，没有哪个王朝能江山永固，一概是"金玉满堂，莫之能守"。大贪官和珅可谓富可敌国，但是最终一切占有化为乌有。"货悖而入者，亦悖而出"，这是天道。用老百姓的话说，叫"不从好道来的也就不从好道走"。老话"富不过三代"的说法，虽然不能一概而论，但也是有规律的，因为人一旦有钱有势之后，其思维方式就变了，行为方式也容易走形，所以走下坡路是很容易的，"败家子"的出现有时不可避免。

所以，人需要修行。圣人的德行智慧就在于"为而不恃"，说白了就是不居功，不占有。

第七十七章　天道合理　自调盈虚

第七十八章

受国之垢　谓社稷主

▶[题解]

在《道德经》中，有多篇文章提到水，老子认为水的特性最接近道性。

本章内容的主旨是，老子希望一国之君要具备水的德行，守柔、谦下、聚拢、蓄力，既能攻坚克难，有所担当，又能承担国家忧患。在老子看来，一国之君的德行太重要了。老子在告诉世人，什么样的人才能担当一国之君。

老子评断事物时习惯于"正言若反"，其深邃的思想内涵，给后世人们留下了太多的遐想空间，悟不尽，解不完。

▶[原文]

天下莫柔弱于水，而攻坚强者莫之能胜，其无以易之。

弱之胜强，柔之胜刚，天下莫不知，莫能行。

是以圣人云：受国之垢，是谓社稷主；受国不祥，是为天下王。

正言若反。

▶ [直译]

天下万物没有比水更柔弱的了,但是攻坚克强的力量却没有什么能胜过水,因为水的特性是无法替代和不可改变的。

弱可以胜强,柔可以胜刚,天下没有人不知道,却也没有人能做到。

因此,圣人说:能够承受和担当国家的屈辱,才可称得上一国之主;能够承受和担当国家的灾难,才可成为一国之君。

正面的言论,听起来像是相反的。

▶ [读解]

老子希望　人心若水

"天下莫柔弱于水,而攻坚强者莫之能胜,其无以易之。"意即,天下万物没有比水更柔弱的了,但是攻坚克强却没有什么能超过水,也没有什么东西能代替它,改变它。

水性之柔,以无形为形,避高趋下,润养万物,不忌清浊,善归汇成势,一旦奔涌,便具排山倒海之力。没有什么力量能超过水,改变水。

"弱之胜强,柔之胜刚,天下莫不知,莫能行。"意即,以水为例,柔弱胜刚强,天下没有人不知道,却也没有人能做到。

老子希望,天下人心都能"若水"。但是,道理很好讲,也很好懂,而做起来是很难的。"人往高处走,水往低处流",此话没有错,关键的是,人要学习水,无为、不争、随形、谦下、润物、济生。"后其身而身先,外其身而身存",这是老子的智慧,以此实现"无为而无不为"。李白说"抽刀断水水更流",道出了水之柔性的可爱和可怕。水之大,可以汇成汪洋大海,形如一体；水之小，可以进入无间之内，滋养万物；水之升，可以成云布雨；水之降，可以入地成泉。水，可清可浊，可凝可化。天下万物，没有什么能超过水的能力和德行的。

孔子说智者乐水，是因智者在水性中能感悟出许许多多的东西。如果要问老子所爱，他可能说"我爱水"。因为道是无形，而水则以无形为形。以水论道，岂不快哉！水性要比道性好理解，因为它能见能说，通过它来说直接而深刻。

君心若水　可王天下

"是以圣人云：受国之垢，是谓社稷主；受国不祥，是为天下王。"意即，因此圣人说：能够承受和担当国家的屈辱的人，才可称为君主；能够承受和担当国家灾难的人，才能成为国家的君王。

作为君王，站在国家权力的塔尖上，是很辛苦、艰难的。国家的安危、贫富、祸福、内政外交、百官治理、百业废兴、文治武功，都需要劳心应对，决断决策。特别是当一个国家处于积贫积弱，充满内忧外患，人心不稳，社会动荡之时，君主的智慧和能力则显得更为重要。承受屈辱艰难，力挽狂澜，拯救国家于危亡，正是英雄造时势，抑或时势造英雄的关键所在。君主需要有水的品格，润物涤污。

"沧海横流，方显出英雄本色。"清朝末年，朝廷腐败无能，西方列强以坚船利炮撞开国门，瓜分中国，民族危亡，备受屈辱。孙中山先生领导了民主革命，推翻帝制，建立了中华民国，国民尊中山先生为"国父"，这是一种民族危亡中的担当，可谓"受国之垢，是谓社稷主"。

以毛泽东同志为代表的中国共产党人，在帝国主义宰割、封建主义剥削、官僚资本主义压迫下，苦苦寻求民族独立、人民解放之路，历尽艰苦卓绝，百折不挠，经过二十八年的浴血奋斗，最终建立了中华人民共和国，使这个古老的民族又以崭新的面貌站立在世界的东方。这就叫作"受国不祥，是为天下王"。中国人民如不抗战，投降日本就等于亡国。

国家领袖的胸怀和气魄是博大的。海纳百川时，一切污垢也同时归汇，他需要有澄清和沉淀的能力，有荡涤一切污泥浊水的魄力。

中国的改革开放之路，是伟人邓小平发起的，那需要极大的政治智慧和勇气。没有改革开放、和平发展，则没有今日中国的伟大复兴。

做大事很不容易，既要经历艰辛，还要承受屈辱、非议、打击。想做好一国之君，必须无我忘我，必须要有圣人之志，否则必将一事无成。

老子说："正言若反。"他的本意是告诉世人，做君主不是为了享受、图名贪利，而是要有所担当，且必须担当，否则不配得此称谓。

▶[小结]

在中国古代社会发展的历史长河中，从夏王朝开始，国家沿用的都是世袭制。总体情形是，能够实现改朝换代的开国君主，多数懂得励精图治，但其家天下中的接班人，往往容易良莠不齐，或有许多不懂事的继承人都得被迫登基，依赖重臣辅弼。千秋功罪，任由后人评说；万载风云，无非潮起潮落。

老子的爱民治国之心，是深邃的、认真的。他告诉世人，做"天下王"的一个重要标准，是要有水性德能，其中包括"受国之垢"和"受国不祥"，要能吃苦担当。

第七十九章
天道无亲　常与善人

▶[题解]

"和大怨，必有余怨，安可以为善？"是本章论述的主题。

春秋时期，天下大争，国与国之间攻城略地，弱肉强食，信义如纸。一国之内，统治阶级与被统治阶级之间矛盾重重，各部族之间仇杀不断。满天下怨声载道，人世间的爱恨情仇，助燃着天下大乱。儒家孔子奔走呼号，宣传着仁义礼智信；道家老子惯看秋月春风，知其根源是道统失序，人心不古，私欲纷争。

因此，老子冷静地告诉世人，"有德司契，无德司彻。天道无亲，常与善人"，天道永远是主宰人间正义的裁判者。

▶[原文]

和大怨，必有余怨，安可以为善？
是以圣人执左契，而不责于人。
有德司契，无德司彻。
天道无亲，常与善人。

▶[直译]

当大的仇怨得以停息与调和之后，一定会有内心的余怨难以消解,这样,怎么能算彼此间的怨恨就妥善解决了呢?

因此,有道的圣人手持着债权左契,但不向债务人追讨债务。

有德的人,就像君子手持借据而不讨要一样大度;而无德的人,就像追缴税收一样计较严苛。

自然法则没有偏亲偏爱,但会永远帮助有道之人。

▶[读解]

人间深怨　消解很难

"和大怨,必有余怨,安可以为善?"意即,人世间的深重的怨恨,停息调和之后,人的记忆是很难彻底消解的,这样怎么能算彼此的怨恨就妥善解决了呢?

"大怨",我们可以想象为古代的吞城掠地、战场伤亡、人际仇杀、官场争夺、阶级矛盾、利害冲突。一些表面的、直接的、白热化的矛盾冲突停息之后,或者调停之后,人们的记忆是难以消失的,这就引出了"必有余怨"。

老子的思想是极具穿透力的。有时候,人间的"世仇"或者叫"血海深仇",具有传承性、潜伏性、报复性。在人类的思维中,历史的记忆很难消失,所以许多时候,冤冤相报,很难了了。

那么,老子就提出了疑问:"安可以为善?""安",是疑问代词,哪里。"为善",是妥善解决,彻底消解。老子的意思是,既然还留有余怨,哪里能算得上彻底清除怨恨了呢?既然有余怨,就是还存留着冤冤相报的种子,所以问题还是没能从根本上解决,还有"君子报仇,十年不晚"的可能。古时候,皇帝杀人,诛灭九族,为的是斩草除根,害怕报复。人类的思维,要比动物可怕得多。

特别是在世界范围内,民族之间的矛盾与仇恨,化解起来需要相当长的时间。有时在外交上可以做出姿态,但是国民的记忆是深刻的,很难泯灭。

大德在世　不事结怨

"是以圣人执左契,而不责于人。"意即,因此,具有大德智慧的人,宽厚待人,手里虽然掌握着契约存根,但是他却不去主动追讨,问责于人。

"持左契",是指古代人们约定的事情或是借款,要把契约写在木板上,然后劈成两半,甲乙双方各执一半。左契,相当于存根,由债权人掌握,履约时对茬合在一块以示凭据。有德的人虽然持掌着债权存根,但不事追讨,不斤斤计较,宽容待人,兼济天下。具有这种德行,他便不可能与人发生争执,也不可能产生怨恨。

老子著述,文简而朴拙,他以"圣人执左契,而不责于人"为例,意在弘扬不争无忧的道理。如果天下人都能效仿圣人,何来"大怨"？唯有道德天下,才能从根本上清除怨恨。

战国时期,齐国宰相孟尝君是位名士,门客三千,财资丰厚,食邑万户。他的门客冯驩到其封地薛邑收债,见收成不好,便宣布富足者到期当还,贫困者一概减免。"烧契买义",成为历史美谈。后来孟尝君被罢免了相位后,回到薛地,受到了百姓的竭诚拥戴。而类似孟尝君这样做出义举的人,古今中外是大有人在的。

有德宽容　无德多争

"有德司契,无德司彻。"意即,有德的人,信守契约,且宽容待人，绝不争执；无德的人，如同催捐逼税，计较严苛，易招怨愤。

"彻"，是指周朝规定国民按收成交租的税收制度。"司彻"，是指执行收租的人。周朝的税收制度是"十取其一"。

关于"司契"和"司彻"问题，老子是用它们来做比喻，也是在做比较。"司契"是民间信义，"司彻"是国家法律，前者比较灵活，后者当然严苛。若遇战时或荒年，民不聊生，百姓是很苦的，衣食无着，以何交租？官民之间，矛盾重重，可以变生许多不测。在老子看来，"无德司彻"就是一种压迫和盘剥。

天道无亲　常与善人

"天道无亲，常与善人。"意即，自然法则是没有意志、没有远近亲疏的，但是，它总是能够自然地帮助遵循规律、道德完善的有德之人。

在中国古人的思想观念中，对"天"的理解总体上分为两个层面。

第一层面，认为"天是主宰"。因为古人对天地自然的变化莫测缺少科学的理解，所以普遍存在着天地崇拜，认为在冥冥之中，天上肯定有一个"主宰"，所以皇家要带头祭天拜地，祈求护佑、国泰民安，认为天人之间，互有感应。古代朝廷设"钦天监"，观天象，测人事，判断凶吉。这种观念，在人们心中扎根很深，流传深广。

人们常说"谋事在人，成事在天"，似乎是相信"天意"，相信"顺其自然"。没有人能说得清楚"天"到底是怎么回事，它总是神秘莫测的。

第二层面，认为"天即自然"，"天然"，天地造化，本来如此，它永远没有为什么。

老子说的"天道无亲"中的"天"，是指"自然之天"，"道"是指法则。天的法则是铁定的，所以它永远站在尊道贵德者的一边，谁走正道，谁就收正果，"天网恢恢，疏而不失"。所以，人们做事，还是要靠自己，一切都是"事在人为"。而"成事在天"，就是顺其自然了。

人们常说"战胜自我"，这是大智慧，也叫"人定胜天"，心静则定，定则胜天，这个"天"，就是自己，自己就是一个小天地。

孔子说"知者乐，仁者寿"。智者无我无私，没有所求不得这一苦，心无挂碍，所以能自得其乐。仁者与世无争，没有烦恼扰乱气血，百脉和畅，所以能健康长寿。

所以，天道人道并行不悖，关键是要自己解放自己。人类，永远需要自己解放自己，自己解救自己。道德的智慧，就是天地的神力。其中的奥妙，深不见底。

▶[小结]

老子的著述，朴拙、简约、古奥，前后文之间，行文跳跃，但逻辑紧密。他的重要论点，往往都放在最后作为结语，而前面的都是论证论据，或是提出问题。

在本章，他试图告诉人们，和大怨，不如不结怨。而留下余怨，仍是积怨。所以读《道德经》，不要满足于字面上的意思，而要感悟没有明说的无字之处。

第八十章

小国寡民　返璞归真

▶ [题解]

道家思想根植于"道法自然",而人类在利用自然和改造自然的同时,往往能超越自然。特别是人们的私心和欲望,每每给自身的生存制造太多的不安和灾难。

春秋时期,天下大乱,社会动荡不安,征伐不断,都是为了称王争霸,或是勾连自保。天下乱象,如何平定?一时间百家争鸣。儒家呼吁要恢复周礼,王道安邦;道家倡导恢复道统,返璞归真。孔子、老子两位圣贤,就是在这样的乱世背景下产生的。

小国寡民,简单生活,不动智巧,尊重生命,人际和睦,天下和谐,这是老子心中的"理想社会"。这比朝廷的奢华、战场的厮杀、民生的凋敝,要美丽得多。

尽管老子的"无为"思想无法阻断人类社会的无穷欲念,但是两千多年来,道家精神亦不失为烈日下的树荫、大漠中的清泉,当人们需要的时候,它是可以救济身心的。

▶ [原文]

小国寡民,使有什伯之器而不用,使民重死而不远徙。

虽有舟舆，无所乘之，虽有甲兵，无所陈之。使民复结绳而用之。

甘其食，美其服，安其居，乐其俗。

邻国相望，鸡犬之声相闻，民至老死，不相往来。

▶[直译]

国土要小一点，人口要少一点。即使有着很多的先进器具也不必使用，让民众珍惜生命而不远走他乡。

虽有舟船车辆，却无须乘坐使用；虽有武装力量，却没有战争阵势。使民众回归到结绳记事的简单生活中去。

在生活追求上，要觉得吃什么都香，穿什么都美，居处安定，乐享其俗。

邻国之间彼此相望，鸡鸣狗叫之声可以相互听到，但是民众一辈子都不相往来。

▶[读解]

各守田园　扩张无益

"小国寡民"，意即，国土可以小一点，人口可以少一点。

老子的"小国寡民"一语，是说给当时忙于开疆拓土，攻城略地，蠢蠢欲动的诸侯们听的。大国凭借国力不断地扩张，小国岌岌可危，设法自保，远交近攻，拉拉扯扯，没有信义可言，这是当时天下的基本形势。吴王夫差和越王勾践之间的斗智斗勇，也就发生在老子生活的时期。从吴越春秋里，我们便可知天下人心的善恶难分，真伪难辨。西施之美对越国来说可谓江山不负美人，美人换江山。对于越王勾践的作为，蒲松龄写诗说："苦心人，天下负，卧薪尝胆，三千越甲可吞吴。"那是一种复国复仇的报复。

对于天下的争夺，老子是无可奈何的，他只能告诉人们"名可名，非常名"，一切都不可为，不可得。一切豪杰无非都是为人间躁动推波助澜的匆匆过客，他们带给百姓的，无非是战争的苦难、生命的无保。

老子提出"小国寡民"的观点，是告诉人们，要安守本分，各守田园。春秋时期的"国"，是周天子分封给诸侯们的属地，有大有小，周初时有七十多个，等到公元前475年之后的战国时期，天下已兼并到只剩下七雄了。

后世有许多人质疑批判老子"小国寡民"之说，真可谓"今人不见古时月"。老子的政治思想是当时的时代产物，而道家之所以成为道家，是因为诚实地忠于自然。

试看今天，大国仍在博弈中忙碌，厉兵秣马，冲突四伏。而一些小国，自得其乐，他们没有令世人瞩目的焦点，也没有成为众矢之的的烦恼。瑞士不结盟，以做表为生，以银行为业，人民富足，乐享生活。因为恪守中立、诚信，天下财富都聚于这个山地小国，两次世界大战都与瑞士无关。小国非小，何乐不为。老子的话，总是有道家的哲理的。

放弃战争　尊重生命

"使有什伯之器而不用，使民重死而不远徙。"意即，即使有了十倍百倍于手工效率的器物也没必要使用，让民众重视生命而不远走他乡、背井离乡。

"什伯"，是什、佰。秦以前，天下各国汉字不统一，所以写法不同，古今有异。弓箭就是人的手臂能力的延伸，等于十倍、百倍地提高了人的肢体能力。刀剑要比石器锋利得多。老子反对战争，反对把人类的发明用于私欲的争夺，所以他说

"使有什伯之器而不用"，是规劝人间要止战。

"使民重死而不远徙"，本意也应当是止战。征伐他国，行军打仗，生死难料。没有人是不看重生死的，但是朝廷要打仗，百姓要爱国，所以人们无论是被迫还是自愿，其实都是在准备赴死，都是对生死的轻视。

老子的言辞表述，一向晦涩不显，《道德经》一书的难懂之处，就在于此。各守家园，不动用武力，不外出征战，保全人民生命，当是老子言论的本意。

远离浮躁　简单心智

"虽有舟舆，无所乘之，虽有甲兵，无所陈之。使民复结绳而用之。"意即，虽然有船舶车辆，但没有可乘用的用处，虽然有自己的武装力量，但没有征战的敌人。让民众回复到结绳记事的简单生活中去。

老子的这一段，显然是针对王侯们说的。没有战争、远征，就不需要用车船运送粮草辎重，武装力量、盔甲兵器也就没有用武之地。这就是"无所乘之"和"无所陈之"。

"使民复结绳而用之"，指老子对人心纯朴的向往，同时也反映出老子对天下浮躁的反感。古时的人们，生活简单，思想朴实，没有那么多的繁文缛节，复杂关系。

有人说，老子主张复古倒退。对于一个修道得道的人来讲，他肯定崇尚上古的天真。即使是当今时代，当人们厌倦了闹市里的喧嚣之后，仍渴望到城外的山水间享受一时的幽静，亲近自然可以更替一下内心的躁气。

随着时间的推移，人类可能越来越承认老子的天道论是永恒的真理。

少些奢望　活出自然

"甘其食，美其服，安其居，乐其俗。"意即，生活上，不论吃什么都感觉很甜美，不论穿什么都认为很好看，生活居处安定有序，入乡随俗乐在其中。

"甘其食，美其服"的"甘、美"二字，都是形容词，其处在谓语位置时，是形容词活用作动词，构成意动用法，所以"甘其食，美其服"就须译为"认为吃什么都香甜甘美，穿什么都觉得好看"。只有这样读解才能符合老子的本意。

其实，人类的生活过程，活的是理念，主要是你要追求什么，需要什么。有的人一生吃素，他觉得很香，而吃荤的人可能就觉得不可思议，会担心缺乏营养。

灵魂支配机体。人们往往被自身的许多浮躁的观念所支配着，压迫着，从而活得很不自在，很不自然。以其食为美，以其服为美，以草庐为安，以入俗为乐，这是老子的嘱咐，这样做便接近自然，也是随机随缘，和谐顺便。

邻国相望　相安无事

"邻国相望，鸡犬之声相闻，民至老死，不相往来。"意即，邻国之间彼此相望，鸡鸣狗叫之声可以相互听到，但是，两国民众活到老死都不相往来。

这是老子期望的睦邻友好、相安无事的和平场景，或者叫作没有兵戎相见的美好局面。

"民至老死，不相往来"的表述，有许多时候被人们误解了，他们认为这是封闭、守旧、愚民、倒退。所以，读《道德经》时绝不能囿于字面。老子用字，有时只说"阴"，不说"阳"，有时也"阴阳莫测"。"不相往来"，也可能在说好好居家过日子，没事别乱串门。像春秋战国时的合纵连横、挑拨离间、朝秦暮楚、围魏救赵之类，都是利益驱使而人心乱动惹的祸，到头来没有一家安稳过。天下人之间的利益追逐，机关算尽，是是非非，恩恩怨怨，在道家眼里是无奈的、无聊的、愚蠢的。老子的"民至老死，不相往来"，应当指的是不要兵戎相见。

▶[小结]

　　本章内容，是老子所描述的道家的政治思想追求、理想社会。尽管人类社会的文明发展已经不可能再回到古代，人们的欲望也没有什么力量能够阻止，但是，老子的思想就像他的道一样，依旧可以寂然不动而莫知其极。现今的明理之人，都主张从简生活。

　　人类智慧的发展已经经历了数百万年的漫长岁月，而人类文明的高速发展，也仅仅是近几千年，抑或几百年的事情。历史的发展没有止境，由人类社会几千年或是几百年的历史，根本没法推断和证明未来的走向和样子。人们生活在一个相对的时空里，所以人们所造作出的一切道理、观念、理念，都是相对的、狭隘的，是有时效性的、不可长久的。

　　唯有道，才是人类社会的终极依靠，而老子的智慧，定能经得起时间的考验。或许再过两千多年，老子的道理依旧是道理。

第八十一章
信言不美 善者不辩

[题解]

古人尚九，配天之数。《道德经》九九八十一章道德专论，本章内容当是对全书的总结，也是对道德标准的基本评判。

《道德经》中的思想之所以不能成为像儒家一样的封建社会的主流文化，是因为老子的见地不是安排人伦，更不讲孝亲忠君、仁义礼智，而是站在天道的高度上，"信言不美"地直指人间诟病，评断上层昏庸，呼唤世人觉醒。

老子言论简约，"善者不辩"，"知者不博"，他把天理直接引向人间，希望统治者既王且圣，智慧圣明，以此爱民治国，安定天下，济益众生。

老子的内心是极其慈悯的，他在本章的最后告诉人们："天之道，利而不害；圣人之道，为而不争。"天道人道应当合一，其中的关键在于人的悟道修行、灵魂觉醒。

[原文]

信言不美，美言不信。
善者不辩，辩者不善。
知者不博，博者不知。

圣人不积,既以为人已愈有,既以与人已愈多。

天之道,利而不害;圣人之道,为而不争。

▶[直译]

真实的话不动听,动听的话不真实。道理清楚不用巧辩,巧辩多为强词夺理。大智简朴无须广博,学识广博未必合道。

圣人大德不为物累,不积私存,既定事实是,付出愈多而回报愈厚,给予越多而得到越多。

自然法则,是利益万物而不加伤害;圣人的品格,是有所作为而不争名夺利。

▶[读解]

道德之美　简单朴实

"信言不美,美言不信。"意即,可信而实在的话,不一定美丽动听,美妙动听的话,不一定可信实在。

这一句,可以理解为老子对全书表述的评价,老子言辞简朴古拙,"言有宗,事有君",字字无虚,实事求是,文风随机随意,不刻意修饰。

同时,这也是老子对人世间道德真伪的一种辨析评断。真话无须美,假话美连环。所以有智慧的人们都说:"你说出花来我也不信。"民间也有一句老话:"良药苦口利于病,忠言逆耳利于行。"人类面对着多彩的世界,有时真假难辨,善恶难分,所以老子告诉人们辨认的方法。看看商家的广告,某保健品说几乎能包治百病,明眼的人一见便知,言过其实了。口若悬河的人,往往缺少信实。智者不言,多言不智,人们都知注意防范说话天花乱坠的人。

"善者不辩，辩者不善。"意即，善良的人不巧辩；巧辩的人不善良。

道德完善的人，用真心说话，而巧辩的人，其动机一定比较复杂，所以才会"无理辩三分"。老子用五千余言道尽宇宙玄机、人间万象，开启道德智慧，字字珠玑，只说理，不辩解。

"知者不博，博者不知。"意即，大道至简，能够了解大道的人，知识未必广博，而知识广博的人，未必真知大道。

在社会分工上，"术业有专攻"，精通一行，足可受益终身。人类所创造的文化和文明，实在是数不胜数了，但一个人的能力十分有限，所以需要干一行，爱一行，精一行，整合起来，才是力量。

就《道德经》的道理而言，读完全书后，能够领悟做到少私寡欲、守柔不争、无为清净等要领，且能举一反三，规范言行，足可以使自己安适终生，或可达到"无为而无不为"的境界。人心定了，就有自身具足的本性智慧自然发光。

当今社会，信息爆炸，无稽之谈、网络八卦、商业诱惑，社会欺诈，搞得人心很乱。人在浮躁中，形神脱解，有时判断力很差，定力很弱，不知有多少人在歧途上徘徊，或是落入自掘的陷阱。

圣人不积　大彻大悟

"圣人不积，既以为人己愈有，既以与人己愈多。"意即，有道的圣人不为自己积蓄财物，他尽自己的能力帮助他人，给予他人，越是这样，得到的回报反而越多。

这是一个"舍得"之理，"舍"即是"得"。人们常说，帮助他人就是帮助自己。孟尝君焚契市义，其失意后仍得到了民众拥戴。付出必有回报，这种回报，未必是钱财，或可是健康、快乐、平安、逢凶化吉。

圣人的不积,也未必是钱财上的不积,老子、孔子集毕生精力,把他们的感悟留给后世,功德盖世,死而不亡。一个修行的人,他可能没有多少钱财对外布施,但照样可以助人为乐,帮人排忧解难,宣传道义,修正风气,对人们进行心灵的安顿。这类善举,佛家叫"法布施"。

天道人道　并行不悖

"天之道,利而不害;圣人之道,为而不争。"意即,自然的法则,是利益万物而不加伤害;圣人的品格,是有所作为而不争名利。

老子希望,人们效法大道,学习圣人,利而不害,为而不争。这是老子写作本书最后的结语,殷殷希望,切切告勉,彰显出大德不朽的精神和至道的品格。

▶[小结]

《道德经》一书,自古讲解者无法计数,但很少有人真懂老子,更没人能超越老子。我们如能把《道德经》最浅显易懂的一面领悟了,做到了,就很不容易了。

圣凡之间,有差距,无鸿沟,所谓"佛法在世间,不离世间觉",只要人觉了、悟了,就是一个有觉悟、有道德的人。

贴近《道德经》,淡静人生,平安人生,乐享人生,作为人生。有所为,有所不为,自然成就智慧人生。

后　　记

　　癸卯初夏，新冠疫情渐去，享有中国道教"第一福地""第八洞天"之美誉的江苏茅山，大小峰峦叠翠，处处云雾缥缈，溪流潺潺润山谷，松竹映秀隐宫观，呈现出她那美丽而玄妙的容颜，喜迎天下有缘游人与广大善信的游览与朝拜。

　　为了出版我与董在权教授合著的已经沉睡了多年的书稿——《〈道德经〉品读》，我落实了一个独家赞助单位，又联系好出版社，并对书稿逐段逐章、逐字逐句地反复修改。为了寻求修行感悟灵感，为了身心的健康，为了能够为社会作点有益的贡献，为了总结自己结缘茅山福地三十一个春秋的风霜雨雪，为了圆我 1993 年春天创意、策划、建造茅山露天太上道祖圣像的梦中梦，为了一半还给祖宗一半留给岁月，为了年过甲子退而半休的道教生活与生活道教……我每天清晨四点左右漱洗之后，有时沿着上山的柏油公路跑步到茅山元符万宁宫太上道祖圣像之前；有时沿徒步登茅山大茅峰峰西古道，快行至半山处北转而下行，经过喜客泉又上行过华阳洞至茅山元符万宁宫太上道祖圣像之前；有时直接从茅山众妙之门处，沿非常道徒步登临大茅峰巅，再沿下山柏油公路跑步到茅山元符万宁宫太上道祖圣像之前。坚持每天清晨上山运动一圈，风雨无阻，阴晴无妨，天天汗流浃背，日日神清气爽。九九八十一天，白天接待来自五湖四海的来访宾客与处理各种道教杂务，夜深人静抽空修改一章书稿。如此这般，从初夏到仲秋，其中的酸甜苦辣与无限喜乐，只能意会，难以言表。似乎太上道祖有感有应，使我昼夜思路清晰，时时灵感泉涌。虽然没有像十八年之前编著《茅山道教》与《茅山揽胜》两书过程中，在精神疲惫、灵感欠佳、漫步茅山古道时有一黑一白两条小狗相陪，却迎来了几位毕业于不同大学、不同专业年轻弟子的相伴。

受新冠疫情影响的第五届国际道教论坛进入倒计时之际，我们的书稿也完成了最后的修改，寄交东南大学出版社。本次在茅山举办的第五届国际道教论坛的主旨是"崇道尚德，与世偕行"，而我们即将出版的《〈道德经〉品读》也是"崇道尚德"的体现，下面计划出版的《〈阴符经〉品读》更是"与世偕行"的行动。忙完9月在茅山万寿宫举办的第五届国际道教论坛暨世界道教联合会成立盛会，又忙完11月25日至12月7日在茅山乾元观举办的为期九天九夜的全球性道教罗天大醮法会暨江苏道教文化艺术节后，便收到东南大学出版社传来的书稿一校稿，于是乎，我又日日夜夜，一字一句、一段一章，反复校正，不断完善。"空谈误道，实干兴教。""阴符"三百字是轩辕黄帝的经典，"道德"五千言是太上老君的宝典。阴符真修行，道德大文章；守阴符法宇宙小，尊道贵德乾坤大。

　　本书在出版过程之中得到了下列同道与社会诸君的支持、指导、关心和帮助：独家赞助出版而一再言明不留名的常州某善信；我的研究生导师中共中央统战部原资深佛道教文化研究专家，现四川大学道教与宗教文化研究所兼职教授、博士生导师，华侨大学兼职教授，中国道教学院特聘教授，香港道教学院特聘教授，中国道教文化研究所研究员，中国佛教文化研究所研究员朱越利教授；出版人江苏凤凰职业教育图书有限公司朱永贞总经理、李丰女士；江苏省社会科学院杨岚教授；南京大学出版社张婧妤编辑；中国道教协会李光富会长特别助理李国梁道长；中国道教协会中国道教文化研究中心研究员周永慎道长、田诚启道长；中国道教协会副会长袁志鸿道长；中国道教协会副会长、浙江省道教协会会长董中基道长；茅山道教协会会长杨世华道长；句容市道教协会会长徐朝文道长；茅山道讯编辑室主任何春生道长；茅山道教文化研究中心主任潘一德道长；句容市道教协会副会长郑志平道长等。在书稿校对过程中，又得到新收徐州弟子宁杰、天津弟子张乃元的数次细心校对协助，还有昼夜操劳家务的爱妻谢紫琳与聪明伶俐的二女儿李涓子的无干无扰、默默奉献。在此一并致谢，诚祝各位平安喜乐、幸福吉祥、福生无量、如意永康。由于时间仓促，修为有限，故亦祈广大有缘读者能够大斧正之，见仁见智，或点或评，同感同悟，共修共行，以便数年之后，我们修订再版，以不断服务社会，日益修行自己。因为修行是世界上最美好的事情，因为《道德经》是全球人类文化灵魂的结晶，因为优秀的道教文化需要玄门弟子的多维空间弘扬与立体时间普法。

　　大道至简，真水无香。快快乐乐的工作，健健康康的生活，逍逍遥遥的日子，就是实实在在的大修行与明明白白的真修行。

　　修行永远在道路上，
　　感悟永远在行动中，
　　上善永远在活水下。

中国道医文化研究发起人
江苏道医文化研究会（筹）负责人
江苏茅山非常道团队总策划
江苏道医文化传媒有限公司总经理
茅山青竹道人　李永刚
2023年12月16日于茅山风景区大茅峰西脚下青竹斋

新闻学与传播学经典丛书·中文版系列

变化中的时间观念
Changing Concepts of Time

(中文版)

[加]哈罗德·伊尼斯(Harold Innis) 著
何道宽 译

中国传媒大学出版社